卫生法律法规导读

主　编　刘建文　张　虹　曹宇航

副主编　刘　薇　陈　燚　孔　丽

西南交通大学出版社

·成　都·

图书在版编目（C I P）数据

卫生法律法规导读 / 刘建文，张虹，曹宇航主编
. —成都：西南交通大学出版社，2020.4（2021.8 重印）
ISBN 978-7-5643-6802-9

Ⅰ. ①卫… Ⅱ. ①刘… ②张… ③曹… Ⅲ. ①卫生法
–中国–高等职业教育–教材 Ⅳ. ①D922.16

中国版本图书馆 CIP 数据核字（2020）第 051703 号

Weisheng Falü Fagui Daodu

卫生法律法规导读

主　编 / 刘建文　张 虹　曹宇航

责任编辑 / 赵玉婷
助理编辑 / 姜远平
封面设计 / 原谋书装

西南交通大学出版社出版发行
（四川省成都市金牛区二环路北一段 111 号西南交通大学创新大厦 21 楼　610031）
发行部电话：028-87600564　028-87600533
网址：http://www.xnjdcbs.com
印刷：四川森林印务有限责任公司

成品尺寸　185 mm × 260 mm
印张　18　字数　446 千
版次　2020 年 4 月第 1 版　印次　2021 年 8 月第 2 次

书号　ISBN 978-7-5643-6802-9
定价　54.00 元

课件咨询电话：028-81435775
图书如有印装质量问题　本社负责退换

编 委 会

主　编　刘建文　张　虹　曹宇航

副主编　刘　薇　陈　燚　孔　丽

编　委　（按姓氏笔画排序）

王　莉　孔　丽　叶　忠　吉晓晨　刘　利
刘　玮　刘　薇　刘建文　羊思远　李林方
吴静蓉　张　羽　张　虹　张　曦　陈　燚
陈垣君　曹宇航　常潇丹　曾　雯　雷　丽
廖若汐

前 言

随着我国医药卫生事业的不断发展，社会对深化医教协同、推进医学教育改革等方面也提出了进一步的要求。党的十九大报告中明确指出要实施健康中国战略，深化医药卫生体制改革，全面建立中国特色基本医疗卫生制度、医疗保障制度和优质高效的医疗卫生服务体系，健全现代医院管理制度。为了响应十九大“实施健康中国战略”以及《国务院办公厅关于深化医教协同进一步推进医学教育改革与发展的意见》等文件的要求，为了实现高职高专医药卫生人才培养目标，培养出一批掌握卫生法律法规知识、具备现代法治精神、能够适应当今卫生行业需要的高素质医药卫生人才，我们围绕着高职高专医药卫生类课程设置标准以及国家执业医师资格考试大纲的要求，按照现行的卫生法律法规条文编写出本教材，供医药卫生类各专业使用。

教材共分为二十三章，其中第一章由李林方编写；第二章、第四章由刘利编写；第三章由吴静蓉编写；第五章由吉晓晨编写；第六章由陈垣君编写；第七章由曾雯编写；第八章由刘薇编写；第九章由羊思远编写；第十章、第十三章由曹宇航编写；第十一章由陈燚编写；第十二章由雷丽编写；第十四章由叶忠编写；第十五章由刘建文编写；第十六章由王莉编写；第十七章由刘玮编写；第十八章由常潇丹编写；第十九章由孔丽编写；第二十章由张虹编写；第二十一章由张曦编写；第二十二章由张羽编写；第二十三章由廖若汐编写。

本教材在编写过程中，参考了部分国内外已出版的相关著作和文献，限于篇幅未能将作者一一列明，在此一并致以衷心的感谢！由于编者学术水平有限，经验不足，书中错误与疏漏在所难免，还望各同行以及广大读者批评雅正。

编 者

2020 年 3 月

目　录

第一章

卫生法基础知识

【学习目标】

（1）掌握卫生法的概念与分类、卫生法的作用。
（2）熟悉卫生法的形式、效力和解释相关内容。
（3）了解卫生法的守法、执法和司法相关程序。
（4）培养对卫生法律的敬畏之心，增强遵法守法意识。

第一节　卫生法的概念、分类和作用

一、卫生法的概念

卫生法学（Health law）是研究与卫生法律相关的社会现象及其发展规律的一门学科，属于社会科学。

卫生法可以分为形式意义上的卫生法和实质意义上的卫生法。形式意义上的卫生法，是指以“卫生法”为名称的法律。我国目前还没有一部以“卫生法”为名称的法律。实质意义上的卫生法，是指以“卫生”为对象的各种法律规范。我国虽然没有形式意义上的卫生法，但已经有实质意义上的卫生法。

目前，学术界对卫生法的概念表述较多但并不统一。多数学者对卫生法的表述如下：卫生法是指由国家制定或者认可，并由国家强制力保证实施的旨在调整和保护人体生命健康活动中形成的各种社会关系的法律规范的总称。这一概念主要包括以下几层含义。

（一）卫生法是卫生法律规范的总称

卫生法律规范分为两大组成部分，一是国家专门制定的卫生法律、行政法规和规章，二是规定于其他法律、行政法规和规章中关于卫生的条款。它们均属于卫生法律规范的范畴。

（二）卫生法以法律权利、法律义务为主要内容

卫生法的主要内容包括卫生法律规范规定的法律权利以及法律义务。在卫生法领域中，法律权利是指卫生法律规范规定的法律关系的主体可以自己做出某种行为，还可以要求他人做出或不做出某种行为；法律义务是指卫生法律关系的主体依据卫生法律规范必须为一定行为或不为一定行为，以保证权利人的权利得以实现。

（三）卫生法调整的对象是卫生社会关系

卫生社会关系主要分为两类：一类是卫生行政关系，它主要指经卫生法确认，在依法从事卫生行政管理过程中形成的具有行政意义上的权利义务关系。在卫生行政关系中，卫生行政机关与行政相对人的地位不对等。卫生行政监督就是一种典型的卫生行政关系。另一类是卫生民事关系，它主要指经卫生法确认，在提供卫生服务的医疗机构与接受医疗卫生服务者之间形成的具有民事意义上的权利义务为主要内容的关系。医患关系就是一种典型的卫生民事关系。

二、卫生法的分类

（一）按照制定卫生法的立法机关来分类

因制定卫生法的立法机关的不同，卫生法主要有以下分类：

1. 卫生法律

卫生法律是由全国人民代表大会及其常务委员会制定颁布的有关卫生方面的规范性文件。

2. 卫生行政法规

卫生行政法规是指由国务院根据宪法和法律制定和颁布的有关卫生方面的规范性文件，如《公共场所卫生管理条例》。

3. 地方性卫生法规

地方性卫生法规是指地方人民代表大会及其常务委员会，在法定权限内制定、颁布的有关卫生方面的规范性文件。

4. 卫生行政规章

卫生行政规章按制定的主体来分，可分为：国务院卫生行政部门制定发布的卫生行政规章；省、自治区、直辖市人民政府制定发布的卫生行政规章；省、自治区、直辖市人民政府所在地的市和经国务院批准的较大的市的人民政府发布的卫生行政规章。这三种类型的卫生行政规章的法律效力等级是不同的，国务院卫生行政部门制定发布的卫生行政规章的效力高于省、自治区、直辖市人民政府制定发布的卫生行政规章，在全国有效；省、自治区人民政府制定发布的卫生行政规章的效力高于其下级人民政府制定发布的卫生行政规章。

（二）按照卫生法调整对象的不同分类

因卫生法调整对象的不同，主要分为如下几类：

1. 宏观层面的卫生法

宏观层面的卫生法主要是指宪法层面的卫生法。宪法是国家的根本大法，具有最高法律效力，它在宏观层面上规定了卫生法某些原则性的条款。如《中华人民共和国宪法》第二十一条第一款之规定：国家发展医疗卫生事业，发展现代医药和我国传统医药，鼓励和支持农村集体经济组织、国家企事业组织和街道组织举办各种医疗卫生设施，开展群众性的卫生活动，保护人民健康。

2. 相关领域的法律

在职业卫生领域主要有《中华人民共和国职业病防治法》《中华人民共和国尘肺病防治条例》等；在食品安全领域主要有《中华人民共和国食品安全法》《中华人民共和国食品安全法实施条例》《乳品质量安全监督管理条例》等；在环境和学校卫生领域主要有《公共场所卫生管理条例》《学校卫生工作条例》等。

3. 医事法律

医事法律主要规定医疗机构与医务人员的职业准入以及医疗服务人员的执业行为等事宜，即主要规定国家医疗机构与医疗服务人员之间的关系。如《医疗机构管理条例》。

4. 医疗保障法

世界上第一部医疗保障法律《企业职工疾病保险法》诞生于 1883 年的德国。医疗保障法属于社会法学的范畴，是指一个国家为保障公民的健康权，按照保险原则为解决公民防病治病问题而筹集、分配和使用医疗保险基金的相关法律。在我国医疗保险由政府统一经办，主要分为三种，一是适用于企业职工的劳保医疗制度，二是适用于机关事业单位工作人员的公费医疗制度，三是适用于农村居民的新型农村合作医疗制度。

5. 医疗损害赔偿法

医疗损害赔偿法主要是指医疗机构及其医疗人员在医疗过程中因过失，或者在法律有明确规定的情况下（无论有无过失），造成患者人身损害或者其他损害的，应该承担相应损害赔偿责任的法律。现阶段主要由《中华人民共和国侵权责任法》进行规定，其在第七章共计 11 条里明确对医疗损害责任以及在医疗损害责任主体、行为主体、主观要件、发生范围、责任方式等方面进行了规定。

三、卫生法的作用

法律的作用是指其对人与人之间所形成的社会关系所发生的一种影响，它表明了国家权力的运行和国家意志的实现。卫生法的作用可以分为规范作用和社会作用。两者之间的关系是：规范作用是手段，社会作用是目的。

（一）卫生法的规范作用

规范作用是从卫生法调整人们行为的社会规范这一角度提出来的。它主要分为五个方面：

1. 指引作用

指引作用是指卫生法作为一种行为规范，为人们提供某种行为模式，指引人们可以这样行为、必须这样行为或不得这样行为，从而对行为者本人的行为产生影响。如《中华人民共和国执业医师法》第二十二条的规定引导医师在执业活动中履行相应义务。

2. 评价作用

评价作用是指卫生法作为一种社会规范具有判断、衡量他人行为是否合法或者有效的作用。评价作用分为专门的评价和一般的评价，前者是指经法律专门授权的国家机关、组织及其成员对他人的行为所作出的评价，其特点是代表国家，具有国家强制力，产生法律约束力，因此又称效力性评价。如：公安机关依照《中华人民共和国治安管理处罚法》的规定对阻碍医师依法执业，侮辱、诽谤、威胁、殴打医师或者侵犯医师人身自由、干扰医师正常工作、生活的行为进行处罚。后者是指普通主体以舆论的形式对他人行为所作的评价，其特点是没有国家强制力和约束力，是人们自发的行为，因此又称为舆论性评价。如医生甲对病人乙辱骂医生丙的行为进行批评，指出病人乙的行为是违法行为。

3. 教育作用

教育作用是指通过卫生法的实施，对人们今后的行为发生直接或间接的诱导影响。这种作用的对象是一般人的行为。有人因违法而受到制裁，固然对一般人乃至受制裁人本人有教育作用。反过来，人们的合法行为以及其法律后果也同样对一般人的行为具有示范作用。

4. 预测作用

卫生法的预测作用，即依靠作为社会规范的卫生法，人们可以预先估计到他们相互之间将有怎样的行为以及行为的后果等，从而对自己的行为做出合理的安排。如《中华人民共和国侵权责任法》第五十四条规定了医疗损害责任的归责原则，患者在诊疗活动中受到损害，医疗机构及其医务人员有过错的，由医疗机构承担赔偿责任。医疗机构及其医务人员是否有过错，就决定了医疗机构与患者之间的关系及其后果，即是否承担赔偿责任。

5. 强制作用

卫生法的另一个规范作用在于以国家暴力制裁、惩罚违法犯罪行为以维护法律秩序，它是保障卫生法得以实施的最后屏障。这种规范作用的对象是违法者的行为。法的强制行为不仅在于制裁违法犯罪行为，而且还在于预防违法犯罪行为，增进社会成员的安全感。如《中华人民共和国刑法》第三百三十六条规定了非法行医罪，对情节严重的非法行医行为规定了相应的刑事处罚种类。

（二）卫生法的社会作用

卫生法的社会作用是从卫生法在社会生活中要实现一种目的的角度提出来的。其主要社会作用如下：

1. 卫生法维护阶级统治方面的作用

法所体现的统治阶级的意志，不是统治阶级意志的全部，而是其中上升为国家意志的那部分，即马克思、恩格斯所指出的“被奉为法律”的那部分统治阶级意志。通过卫生立法使党和国家在卫生领域的意志上升为国家意志，使党和国家在卫生方面的政策得以具体化、法律化，成为具有相对稳定性、明确规范性和国家强制性的法律条文。通过卫生立法以充分贯彻党的卫生政策，维护社会卫生秩序，以保证国家对卫生工作的领导。

2. 卫生法维护社会公共利益，执行社会公共事务方面的作用

一是整合卫生资源，组织卫生管理活动以满足社会卫生需求，实现公共卫生利益，即防病治病，保障公民的生命健康；二是规范卫生行政行为；三是促进经济的发展，推动医学科学的进步。

第二节　卫生法的形式、效力和解释

一、卫生法的形式

卫生法的形式，是指卫生法的具体外部表现形态，也就是通常说的卫生法的渊源。根据我国宪法和法律的规定，我国卫生法的渊源主要有以下几种：

（一）宪　法

宪法是国家的根本大法，是治国安邦的总章程，适用于国家全体公民，在卫生法律体系中具有最高法律效力。《中华人民共和国宪法》是由我国最高国家权力机关全国人民代表大会及其常务委员会制定。我国宪法中规定了医疗卫生的许多原则性条款，是我国卫生法的重要渊源，是制定卫生法的重要依据。

（二）法　律

法律作为卫生法的渊源，其制定机关为全国人民代表大会及其常务委员会。目前我国仅有全国人民代表大会常务委员会制定了卫生法律，如《中华人民共和国传染病防治法》《中华人民共和国母婴保健法》《中华人民共和国献血法》《中华人民共和国药品管理法》等。卫生法律是我国卫生法体系的主体部分，是卫生法的直接渊源。卫生法律的法律效力仅次于宪法。

（三）行政法规

行政法规是我国最高行政机关国务院以宪法和卫生法律为依据，针对某一特定的领域而制定的规范性法律文件。卫生行政法规分布于卫生领域的各个方面，如《突发公共卫生事件应急条例》《传染病防治法实施办法》《疫苗流通与预防接种管理条例》《艾滋病防治条例》等。

（四）地方性法规

地方性法规，是指法定的地方国家权力机关依照法定的权限，在不同宪法、法律和行政法规相抵触的前提下，制定和颁布的在本行政区域范围内实施的规范性文件。

《中华人民共和国立法法》第七十二条规定：省、自治区、直辖市的人民代表大会及其常务委员会根据本行政区域的具体情况和实际需要，在不同宪法、法律、行政法规相抵触的前提下，可以制定地方性法规。设区的市的人民代表大会及其常务委员会根据本市的具体情况和实际需要，在不同宪法、法律、行政法规和本省、自治区的地方性法规相抵触的前提下，可以对城乡建设与管理、环境保护、历史文化保护等方面的事项制定地方性法规，法律对设区的市制定地方性法规的事项另有规定的，从其规定。

（五）行政规章

行政规章分为部门规章和地方政府规章。卫生行政规章不得与宪法、法律、行政法规以及上级和同级地方性法规、自治法规相抵触。

根据《中华人民共和国立法法》第八十、八十一、八十二条的规定，国务院卫生行政部门和具有行政管理职能的直属机构，可以根据法律和国务院的行政法规、决定、命令，在本部门的权限范围内，制定规章（部门规章）。部门规章规定的事项应当属于执行法律或者国务院的行政法规、决定、命令的事项。涉及两个以上国务院部门职权范围的事项，应当提请国务院制定行政法规或者由国务院有关部门联合制定规章。

省、自治区、直辖市和设区的市、自治州的人民政府，可以根据法律、行政法规和本省、自治区、直辖市的地方性法规，制定规章（地方政府规章）。

（六）自治条例、单行条例

自治条例和单行条例是民族自治地方反映本地政治、经济、文化和其他方面的特殊情况，从本地特殊情况出发而制定的规范性文件。自治条例、单行条例的制定机关是自治区、自治州、自治县的人民代表大会。其法律地位相当于地方性法规，法律效力仅限于自治权管辖的范围。

（七）卫生标准

卫生标准是卫生法的特殊表现形式，它将卫生法律、行政法规的规定加以具体化、细化。如《生活饮用水卫生标准》《医疗事故分级标准》。

（八）法律解释

法律解释是指有关机关对卫生法律、行政法规、规章所作出的解释。如《最高人民法院关于修改〈关于审理非法行医刑事案件具体应用法律若干问题的解释〉的决定》。

（九）国际条约

国际条约是指我国作为国际法主体同外国缔结的双边、多边协议和其他具有条约、协定性质的文件。卫生国际条约虽然不属于我国国内法的范畴，但其一旦生效，除我国声明保留的条款外，对我国具有约束力。如《国际卫生条例》。

二、卫生法的效力

卫生法的效力是指卫生法具体生效或适用的范围，即卫生法律规范在什么时间、什么地点对什么人发生法律效力。卫生法的效力分为三种，即对人的效力、时间效力及空间效力。

（一）卫生法对人的效力

卫生法对人的效力，是指卫生法对谁有效，适用于哪些人。在世界各国的法律实践中先后采用过四种对人的效力的原则，即属人主义原则、属地主义原则、保护主义原则和以属地的原则为主，与属人主义、保护主义相结合的原则这四种原则。

1. 属人主义原则

即法律只适用于本国公民，不论其身在国内还是国外，非本国公民即使身在该国领域内也不适用。

2. 属地主义原则

即法律适用于该国管辖地区内的所有人，不论是否是本国公民，都受法律约束和法律保护，本国公民不在本国，则不受本国法律的约束和保护。

3. 保护主义原则

即以维护本国利益作为是否适用本国法律的依据，任何侵害了本国利益的人，不论其国籍和所在地域，都要受该国法律的追究。

4. 以属地主义为主，与属人主义、保护主义相结合的原则

即既要维护本国利益，坚持本国主权，又要尊重他国主权，照顾法律适用中的实际可能性。

我国采用的是第四种原则。根据这一原则，我国卫生法对人的效力主要包括三个方面：

（1）对中国领域内的所有人有效。包括中国公民、外国人和无国籍人。

（2）在中国境外的中国公民，也应遵守我国卫生法并受其保护。

（3）对卫生法律、法规、规章规定的公民、法人和组织有效。如《中华人民共和国执业医师法》适用于依法取得执业医师资格或者执业助理医师资格，经注册在医疗、预防、保健机构中执业的专业医务人员；《医疗机构管理条例》适用于从事疾病诊断、治疗活动的医院、卫生院、疗养院、门诊部、诊所、卫生所（室）以及急救站等医疗机构。

（二）卫生法的时间效力

卫生法的时间效力，是指卫生法在什么时间开始生效、在什么时间终止生效以及对其生效前的行为和事件是否具有溯及力。

1. 卫生法的生效时间

卫生法的生效时间通常有两种：

（1）从法律公布之日起生效。如《中华人民共和国母婴保健法实施办法》第四十五条规定，本办法自公布之日起施行。

（2）法律本身规定了生效的具体时间。如《处方管理办法》于2006年11月27日经中华人民共和国卫生部部务会议讨论通过，2007年2月14日发布，2007年5月1日起施行。

2. 卫生法终止生效的时间

卫生法终止生效的时间通常有：

（1）明示的废止，即在新法或者其他法律中明文规定废止旧法。一种是新的法律公布生效时，明文规定原有的同类法律废止。如《医疗事故处理条例》第六十三条规定：本条例自2002年9月1日起施行。1987年6月29日国务院发布的《医疗事故处理办法》同时废止。另一种是由有关机关颁发专门的决议、决定，宣布废除某些法律、法规、规章，从宣布废除之日起，该法律、法规、规章即停止生效。

（2）默示的废止，即在适用法律中，出现新法与旧法冲突时，适用新法而使旧法事实上被废止。

3. 卫生法的溯及力

法律规范的溯及力，是指法律规范对其生效前发生的事件和行为是否适用。如果适用即有溯及力，反之则没有溯及力。在一般情况下，卫生法采取不溯及既往原则，但为了更好地保护公民、法人和其他组织的合法权益而作的特别规定除外。

（三）卫生法的空间效力

法律的空间效力，是指卫生法在哪些地域范围内发生效力的问题。在我国，卫生法适用于主权管辖范围内的全部领域，包括领土、领海、领空和底土，以及作为领土延伸的驻外使馆、在外船舶及飞机（航空器）。

由于制定卫生法律的机关不同，具体的空间效力有所区别。

（1）在全国范围内生效：卫生法律、行政法规、部门规章等在全国范围内有效。

（2）在局部地区生效：地方性卫生法规、政府规章、自治条例、单行条例等只在制定者管辖的行政区域内有效。

三、卫生法的解释

卫生法的解释是指相关国家机关、组织或个人，为适用和遵守卫生法，根据有关法律规定、政策、公平正义观念、法学理论和惯例对现行的卫生法律规范、法律条文的含义、概念、术语以及适用的条件等所作的说明和解释。按照解释的主体和解释的法律效力的不同，卫生法的解释可以分为正式解释和非正式解释。

（一）正式解释

正式解释是相对于非正式解释而言的，又称有权解释、官方解释、法定解释，是指国家专门机关在法定的职权范围内对法律和法规条文的含义所作的具有法律效力的说明。依据解释主体的不同，正式解释分为立法解释、司法解释、行政解释三类。

1. 立法解释

立法解释是指由制定法律规范的机关对法律规范所作的解释。立法解释的作用在于使法律含义明确化、具体化，完善、补充法律漏洞。如《医疗机构管理条例实施细则》第八十八条就对《医疗机构管理条例》诊疗活动及医疗美容进行了立法解释。

2. 司法解释

司法解释包括审判解释和检察解释两种，是指国家最高司法机关在适用法律过程中对具体应用法律问题所作的解释。审判解释，是指最高人民法院对审判工作中具体应用法律问题所作的解释。检察解释，是指最高人民检察院对检查工作中具体应用法律问题所作的解释。如《最高人民法院关于审理非法行医刑事案件具体应用法律若干问题的解释》。

3. 行政解释

行政解释是指有解释权的行政机关包括国务院和卫生部、有解释权的地方人民政府在依法行使职权时，对卫生法律、法规的适用问题所作的解释。如卫生部《关于进口药品管理的补充通知》就属于行政解释。

（二）非正式解释

非正式解释，是相对正式解释而言的，又称为无权解释、非官方解释、无效解释，是指没有经国家授予法律解释权的主体对卫生法作出的没有约束力的解释。它可以分为学理解释和任意解释。

1. 学理解释

学理解释是指宣传机构、社会组织、教学科研单位或学者、专家、法律工作者等非官方主体对卫生法律规范所作的阐明与解释。虽然这种解释在法律上没有任何的约束力，但是对于正确理解及使用卫生法律规范，推动卫生法学的发展，具有十分重要的意义。

2. 任意解释

任意解释是指一般公民、社会团体、诉讼当事人、辩护人、代理人等按照自己的理解对卫生法所作的解释。这种解释对司法机关、行政机关适用法律只有参考价值，没有法律效力。

第三节　卫生法的守法、执法和司法

卫生法的实施，是指卫生法在社会生活中被人们实际施行，包括卫生法的守法、卫生法的执法和卫生法的司法。

一、卫生法的守法

卫生法的守法，也称卫生法的遵守，是指公民、社会组织和国家机关严格按照卫生法的规定行使权利，履行义务。

（一）卫生法的守法主体

卫生法的守法主体，包括一切国家机关、武装力量、政党、社会团体、企事业组织，全体中国公民，在中国领域内的外国组织、外国人和无国籍人，卫生法律、法规、规章特别规定的公民、法人和组织。

（二）卫生法的守法范围

卫生法的守法范围包括所有的卫生法律规范性文件，主要有：宪法、卫生法律、卫生行政法规、地方性卫生法规、卫生自治条例和单行条例、我国缔结或加入的国际卫生条约、协定等。

（三）卫生法的守法内容

卫生法的守法是卫生法实施的一种基本形式，其内容不仅指履行卫生法律规定的义务，还包括享受卫生法律规定的权利。

二、卫生法的执法

卫生法的执法也称卫生法的执行，指国家卫生行政机关以及法律、法规授权的组织依法对特定的对象或事件进行管理适用卫生法律、法规的活动。卫生法的执法既有抽象的卫生行政行为，也有具体的卫生行政行为。前者指以不特定的人或事为管理对象，制定或发布具有普遍约束力的规范性法律文件，后者指卫生执法主体依据卫生法对特定人、特定事物、特定对象等作出了直接对行政相对人产生法律后果的行政行为。本书涉及章节主要讨论具体卫生行政行为。

（一）卫生法执法的特点

1. 执法的主动性

卫生行政执法是为了实现国家卫生行政管理职能的一种活动，它必须依职权积极自觉地采取行动，主动地而不是被动地进行行政执法，否则，就可能失职或是玩忽职守。

2. 内容的广泛性

卫生行政执法是国家卫生行政机关在行政管理过程中实施卫生行政法律规范的行为，其内容非常广泛，目前为止，专门的卫生行政法规已有 40 个之多，分布于卫生领域的各个方面。

3. 对象的具体性

与卫生行政立法的抽象性和普遍性特征相比较，卫生行政执法具有具体性和个案性等特征。卫生行政执法属于一种具体行政行为，它主要是针对具体的人员和具体的事件所采取的行政行为。

4. 效力上的强制性

卫生行政执法是法定的行政机关实施、适用行政法律规范的行为，是贯彻、执行国家意志的手段，因而它必然具有国家意志的拘束力和法律规范的执行力。在行政执法过程中，如果行政管理相对人违反行政法律规范或不履行行政法律规范中所规定的义务时，就会受到行政处罚或行政强制，以达到维护公共利益和社会秩序的目的。

（二）卫生行政执法合法的四要件

判断卫生行政执法行为是否合法，必须具备如下几个方面的条件：

1. 主体合法

作出卫生行政执法行为的主体必须是具有该项卫生行政执法权力的机关或者法律、法规授权的机关。其他任何组织和个人不得行使或不能越权行使卫生行政执法权力。

2. 在职权范围内进行

卫生行政执法的主体必须依法在自己的职权范围内实施行政执法行为，这样才具有法律效力。

3. 内容合法

卫生行政执法行为的内容必须合法与合理。

4. 程序合法

实施卫生行政执法行为的整个过程必须符合卫生法律、法规和规章的规定。违反法定程序的卫生行政行为即使事实清楚、证据充分也会导致无效。

（三）具体卫生行政执法行为

卫生法领域的具体卫生行政执法行为主要是以下几类：

1. 卫生行政许可

卫生行政许可是指卫生行政主体依据卫生行政相对人的申请，依据卫生法律、法规、规章等规范性法律文件进行审查，准予其从事与卫生管理有关的特定活动的行为。如卫生局对设立个体医疗诊所的许可，就属于卫生行政许可。

2. 卫生行政处罚

卫生行政处罚是指卫生行政机关为维护公民、法人或其他组织的合法权益，依法对卫生行政相对人违反卫生行政法律规范但尚未构成犯罪的行为给予惩罚或者制裁。《中华人民共和国行政处罚法》规定了警告，罚款，没收违法所得、没收非法财物，责令停产停业，暂扣或者吊销执照、许可证，行政拘留等六类行政处罚措施。

3. 卫生行政强制

卫生行政强制措施是指卫生行政机关为了预防或者制止正在发生或者可能发生的违法行为、危险状态以及其他不利后果，而对违反卫生法律规范的卫生行政相对人的人身或者财产进行强行限制的一种措施。卫生行政强制措施主要有：责令改正，强制洗消处理，强制隔离治疗，强制医学观察，责令公告收回、封存、查封，其他法律、行政法规规定的强制措施等。

4. 卫生行政裁决

卫生行政裁决是指卫生行政主体依照卫生法律授权，对平等主体间发生的与行政管理活动密切相关的特定的民事纠纷进行审查，并作出裁决的卫生行政执法行为。

5. 卫生监督检查

卫生监督检查是指卫生行政机关为了实现行政管理的目标和任务，依法对卫生行政相对人遵守卫生法律规范和履行卫生行政机关的决定、命令的情况予以察看、监督的行政执法行为。其主要方法和手段包括：检查、调查、审查、勘验、检验、查验、抽验、监测、登记、统计等。

三、卫生法的司法

卫生法的司法即卫生法的适用，通常是指国家司法机关根据法定职权和法定程序，具体应用卫生法律处理案件的专门活动。

（一）卫生法适用的特征

卫生法的适用，具有如下特征：

1. 法定性

国家机关对具体案件的处理，无论是在程序上还是在实体上，都必须严格依据法律规定。

2. 权威性

国家机关尤其是司法机关的活动是以国家名义进行的，司法裁决一旦发生法律效力，任何组织和个人都必须执行，不得擅自修改和违抗。

3. 被动性

司法过程的启动总是以具体案件的发生为前提，在大多数案件中，司法活动必须由当事人的诉讼行为来启动。

4. 独立性

人民法院依法独立行使审判权，人民检察院依法独立行使检察权，不受行政机关、社会团体和公民个人的干涉。

5. 目的特定性

卫生法适用的根本目的是保护公民的生命健康权。这是由国家发展卫生事业的目的以及卫生法的立法宗旨决定的。

6. 强制性

卫生法的适用是以国家强制力为后盾和保障而实施卫生法的活动。经国家司法机关做出的法律文书，任何当事人都必须执行。其他社会规范虽然具有一定的强制力，但不是国家强制力。国家强制力是以国家的强制机构如军队、警察、法庭、监狱等为后盾的，表现为对违反法律者采取国家强制措施。

（二）卫生法适用的基本要求

在我国，依照法律体制和司法体制，法律适用的主体是人民法院和人民检察院，它们共同行使司法权。卫生法适用的基本要求是正确、合法、及时，三者是不可分割的统一整体，缺一不可，不可偏废。

“正确”，要求各级司法机关适用法律时，对案件确认的事实要准确，证据确凿，在此前提下依据法律，准确定性，做出公正判决。“合法”，要求各级司法机关审理案件时要合乎法律规定，依法司法，做到主体合法、权限合法、程序合法。“及时”，要求各级司法机关审理案件时要提高工作效率，保证办案质量，及时办案，及时结案。

本章小结

卫生法学是中国特色社会主义法律体系的重要组成部分，而卫生法基础知识的学习则是这门课程的灵魂及精髓，是卫生法学的基础理论。通过学习本章，旨在掌握卫生法的概念、分类和作用，卫生法的形式、效力和解释，卫生法的守法、执法和司法等卫生法学的基础知识，为后面章节具体卫生法律制度的学习奠定基础。

巩固练习

1. 单项选择题

（1）某县人民政府作出有关规范该县集贸市场卫生秩序的决定，这一行为属于（　　）。

A. 行政立法行为　　B. 抽象行政行为

C. 具体行政行为　　D. 行政执法行为

（2）《最高人民法院关于审理非法行医刑事案件具体应用法律若干问题的解释》属于（　　）。

A. 立法解释　　B. 行政解释

C. 司法解释　　D. 学理解释

（3）卫生部对《中华人民共和国食品卫生法》具体应用问题所做的解释，属于（　　）。

A. 立法解释　　B. 行政解释

C. 司法解释　　D. 学理解释

（4）四川省人大常委会发布的《四川省实施〈中华人民共和国食品卫生法〉办法》属于（　　）。

A. 宪法　　B. 政府规章

C. 地方性法规　　D. 自治条例

2. 多项选择题

（1）我国卫生法的形式有（　　）。

A. 宪法　　B. 法律　　C. 行政法规

D. 地方性法规　　E. 习惯　　F. 国际条约

（2）卫生法的作用是（　　）。

A. 维护社会卫生秩序　　B. 保障公共卫生利益　　C. 规范卫生行政行为

（3）以下属于《中华人民共和国行政处罚法》规定的行政处罚种类的是（　　）。

A. 警告　　B. 罚金

C. 剥夺政治权利　　D. 责令停产停业

（4）卫生法适用的基本要求是（　　）。

A. 正确　　B. 合法

C. 及时　　D. 便民

3. 简答题

（1）卫生法的概念是什么？

（2）我国卫生法的法律渊源有哪些？

第二章

传染病防治法

【学习目标】

（1）掌握传染病的法定分类，传染病的预防，传染病疫情报告、通报和公布要求。

（2）熟悉传染病及传染病防治法的概念、疫情控制、疾病救治、监督管理、保障措施、各级组织机构及个人法律责任。

（3）了解传染病防治法的立法过程。

（4）培养传染病防治的法律素养，提高保护人民身体健康的意识，增强社会责任感。

第一节　概　述

一、概　念

传染病是指由于具有传染性的致病性微生物（细菌、真菌、病毒、衣原体、立克次体、寄生虫等）侵入人体后，产生的具有传染性，在一定条件下造成流行的疾病。

传染病防治法是指在调整预防、控制和消灭传染病的发生、发展和流行，保障人类身心健康、公共卫生活动和社会适应过程中产生的各种社会关系的法律规范的总称，隶属于行政法的范畴。

《中华人民共和国传染病防治法》（以下简称《传染病防治法》）于1989年2月21日第七届全国人民代表大会常务委员会第六次会议通过，2004年8月28日第十届全国人民代表大会常务委员会第十一次会议修订后于2004年12月1日起实施，又于2013年6月29日根据第十二届全国人民代表大会常务委员会第三次会议《关于修改〈中华人民共和国文物保护法〉等十二部法律的决定》修正。制定《传染病防治法》的目的是为了预防、控制和消除传染病的发生与流行，保障人类健康和公共卫生。

我国《传染病防治法》规定：国家对传染病防治实行预防为主的方针，防治结合、分类管理、依靠科学、依靠群众。

二、传染病的法定分类

根据《传染病防治法》的相关规定及国务院卫生行政部门的调整规定，现列入的传染病共有 40 种，其中甲类 2 种，乙类 27 种，丙类 11 种。

（一）甲类传染病（2 种）

甲类传染病又称为强制管理性传染病，包括鼠疫、霍乱。

（二）乙类传染病（27 种）

乙类传染病包括传染性非典型肺炎、艾滋病、病毒性肝炎、脊髓灰质炎、人感染高致病性禽流感、麻疹、流行性出血热、狂犬病、流行性乙型脑炎、登革热、炭疽、细菌性和阿米巴性痢疾、肺结核、伤寒和副伤寒、流行性脑脊髓膜炎、百日咳、白喉、新生儿破伤风、猩红热、布鲁氏菌病、淋病、梅毒、钩端螺旋体病、血吸虫病、疟疾、人感染 H7N9 禽流感、新型冠状病毒肺炎。

（三）丙类传染病（11 种）

丙类传染病包括流行性感冒、流行性腮腺炎、风疹、急性出血性结膜炎、麻风病、流行性和地方性斑疹伤寒、黑热病、包虫病、丝虫病，除霍乱、细菌性和阿米巴性痢疾、伤寒和副伤寒以外的感染性腹泻病、手足口病。

上述规定以外的其他传染病，根据其暴发、流行情况和危害程度，需要列入乙类、丙类传染病的，由国务院卫生行政部门决定并予以公布。

对乙类传染病中传染性非典型肺炎和炭疽中的肺炭疽，采取本法所称甲类传染病的预防、控制措施。其他乙类传染病和突发原因不明的传染病需要采取本法所称甲类传染病的预防、控制措施的，由国务院卫生行政部门及时报经国务院批准后予以公布、实施。需要解除依照前款规定采取的甲类传染病预防、控制措施的，由国务院卫生行政部门报经国务院批准后予以公布。

2020 年 1 月 20 日，国家卫生健康委员会发布 2020 年第 1 号公告称，经国务院批准，将新型冠状病毒感染的肺炎纳入乙类传染病，并采取甲类传染病的预防、控制措施。

省、自治区、直辖市人民政府对本行政区域内常见、多发的其他地方性传染病，可以根据情况决定按照乙类或者丙类传染病管理并予以公布，报国务院卫生行政部门备案。

三、传染病防治相关组织机构

国务院卫生行政部门主管全国传染病防治及其监督管理工作。各级人民政府领导传染病防治工作。各级疾病预防控制机构承担传染病监测、预测、流行病学调查、疫情报告以及其他预防、控制工作。医疗机构承担与医疗救治有关的传染病防治工作和责任区域内的传染病预防工作。城市社区和农村基层医疗机构在疾病预防控制机构的指导下，承担城市社区、农村基层相应的传染病防治工作。

第二节　传染病预防

为有效预防传染病，我国《传染病防治法》对政府、政府有关部门、卫生专业机构、公民和法人的权利和义务都作出了详细规定。以下重点介绍卫生部门的有关职责和公民与法人的义务。

一、预防传染病的有关国家制度和卫生行政部门的职责

为预防传染病，国家实行以下有关制度：① 预防接种制度；② 对儿童实行预防接种证制度；③ 传染病预警制度；④ 传染病报告制度；⑤ 传染病疫情信息公布制度；⑥ 传染病疫情通报制度。以上各项制度的贯彻、执行，主要由各级卫生行政部门组织实施。

二、疾病预防控制机构的职责

各级疾病预防控制机构应对传染病的发生、流行及其影响因素进行监测，尤其应对国外发生、国内尚未发生或者国内新发生的传染病进行监测。同时本法对国家级、省级、设区市级及县级疾控机构的职责作出了原则分工。

三、医疗机构的职责

医疗机构必须严格执行国务院卫生行政部门规定的管理制度、操作规范，防止传染病的医源性感染和医院感染。医疗机构应当确定专门的部门或者人员，承担传染病疫情报告、本单位的传染病预防控制以及责任区域内的传染病预防工作；承担医疗活动中与医院感染有关的危险因素监测、安全防护、消毒、隔离和医疗废物处置工作。

四、公民和法人的义务

（1）对被传染病病原体污染的污水、污物、场所和物品，有关单位和个人必须在疾病预防控制机构的指导下进行严格消毒处理；拒绝消毒处理的，由当地卫生行政部门或者疾病预防控制机构进行强制消毒处理。

（2）在国家确认的自然疫源地计划兴建水利、交通、旅游、能源等大型建设项目的，应当事先由省级以上疾病预防控制机构对施工环境进行卫生调查。建设单位应当根据卫生部门

的要求采取必要的传染病预防、控制措施。施工期间，建设单位应当设专人负责工地上的卫生防疫工作。工程竣工后，疾病预防控制机构应当对可能发生的传染病进行监测。

（3）生产经营用于传染病防治的消毒产品、生活饮用水和涉水产品，应当符合国家卫生标准和卫生规范。消毒产品单位和消毒产品，都应当经省级以上人民政府卫生行政部门审批。

（4）传染病病人、病原携带者和疑似传染病病人，在治愈前或者在排除传染病嫌疑前，不得从事法律、行政法规和国务院卫生行政部门规定禁止从事的易使该传染病扩散的工作。

我国《传染病防治法》第十六条还规定：国家和社会应当关心、帮助传染病病人、病原携带者和疑似传染病病人，使其得到及时救治。任何单位和个人不得歧视传染病病人、病原携带者和疑似传染病病人。这种规定将有利于传染病患者的管理和传染病的预防。

第三节　疫情报告、通报和公布

一、疫情报告

（一）疫情报告单位和人员

任何人发现传染病病人或疑似传染病病人时，都有义务及时向附近的医疗保健机构或者疾病控制机构报告。原卫生部制定的《传染病信息报告管理规范》中明确确定：各级各类医疗机构、疾病预防控制机构、采供血机构均为责任报告单位；其执行职务的人员和乡村医生、个体开业医生均为责任疫情报告人。传染病报告实行属地化管理。传染病报告卡由首诊医生或其他执行职务的人员负责填写。

（二）疫情报告要求

1. 总要求

责任报告单位和责任疫情报告人发现疫情按属地管理原则和规定的内容、程序、方式、时限及时报告，不得隐瞒、谎报和缓报。

2. 报告时限要求

（1）发现甲类传染病和乙类传染病中的肺炭疽、传染性非典型肺炎、脊髓灰质炎的病人或疑似病人时，或发现其他传染病和不明原因疾病暴发时，应于 2 小时内将传染病报告卡通过网络报告；未实行网络直报的责任报告单位应于 2 小时内以最快的通讯方式（电话、传真）向当地县级疾病预防控制机构报告，并于 2 小时内寄出传染病报告卡。

（2）对其他乙、丙类传染病病人、疑似病人和规定报告的传染病病原携带者在诊断后，实行网络直报的责任报告单位应于 24 小时内进行网络报告，未实行网络直报的责任报告单位应于 24 小时内寄送出传染病报告卡。

（3）县级疾病预防控制机构收到无网络直报条件责任报告单位报送的传染病报告卡后，应于 2 小时内通过网络直报。

（4）其他符合突发公共卫生事件报告标准的传染病暴发疫情，按《突发公共卫生事件信息报告管理规范》要求报告。

3. 其他要求

（1）疾病预防控制机构应当及时收集、分析、调查、核实传染病疫情。接到甲类、乙类传染病疫情报告或者发现传染病暴发流行时，应当立即报告当地卫生行政部门和国务院卫生行政主管部门。

（2）港口、机场、铁路疾病预防控制机构以及国境卫生检疫机关发现甲类传染病病人、病原携带者、疑似传染病病人时，应当按照国家有关规定立即向国境口岸所在地的疾病预防控制机构或者所在地县级以上地方人民政府卫生行政部门报告并互相通报。向社会公众提供医疗服务的军队医疗机构，发现疫情时应当按照国务院卫生行政部门的规定报告。

二、疫情通报

卫生行政部门应当及时向辖区内的疾病预防控制机构和医疗机构通报传染病疫情以及监测、预警的相关信息。接到通报的疾病预防控制机构和医疗机构应当及时告知本单位的有关人员。

国务院卫生行政部门应当及时向国务院其他有关部门和各省、自治区、直辖市人民政府卫生行政部门通报全国传染病疫情以及监测、预警的相关信息。毗邻的以及相关的地方人民政府卫生行政部门，应当及时互相通报本行政区域的传染病疫情以及监测、预警的相关信息。县级以上人民政府有关部门发现传染病疫情时，应当及时向同级人民政府卫生行政部门通报。中国人民解放军卫生主管部门发现传染病疫情时，应当向国务院卫生行政部门通报。

三、疫情公布

国家建立传染病疫情信息公布制度。国务院卫生行政部门定期公布全国传染病疫情信息。省、自治区、直辖市人民政府卫生行政部门定期公布本行政区域的传染病疫情信息。传染病暴发、流行时，国务院卫生行政部门负责向社会公布传染病疫情信息，并可以授权省、自治区、直辖市人民政府卫生行政部门向社会公布本行政区域的传染病疫情信息。公布传染病疫情信息应当及时、准确。

第四节　疫情控制

传染病疫情控制是指当传染病发生、流行或暴发流行时，为阻止传染病的发展、扩散及蔓延而采取的紧急措施。对传染病疫情的控制由疾病预防控制机构和医疗机构实行分级分工管理制度。一般将甲、乙、丙三类法定传染病分别实施强制管理、严格管理和监测管理。

一、医疗机构的控制措施

（1）医疗机构发现甲类传染病患者、病原携带者，乙类传染病中传染性非典型肺炎、炭疽中的肺炭疽患者和新型冠状病毒感染肺炎患者及病原携带者，应及时采取下列措施：

① 对病人、病原携带者，予以隔离治疗，隔离期限根据医学检查结果确定；

② 对疑似病人，确诊前在指定场所单独隔离治疗；

③ 对医疗机构内的病人、病原携带者、疑似病人的密切接触者，在指定场所进行医学观察和采取其他必要的预防措施。拒绝隔离治疗或者隔离期未满擅自脱离隔离治疗的，可以由公安机关协助医疗机构采取强制隔离治疗措施。

（2）医疗机构发现乙类或者丙类传染病病人，应当根据病情采取必要的治疗和控制传播措施。

（3）医疗机构对本单位内被传染病病原体污染的场所、物品以及医疗废物，必须依照法律、法规的规定实施消毒和无害化处置。

（4）医疗机构为了查找传染病病因，必要时可按国务院卫生行政部门的规定，对传染病患者尸体或者疑似传染病患者尸体进行解剖查验，并应告知死者家属。

二、疾病预防控制机构的控制措施

（1）疾病预防控制机构发现传染病疫情或者接到传染病疫情报告时，应当及时采取下列措施：

① 对传染病疫情进行流行病学调查，根据调查情况提出划定疫点、疫区的建议，对被污染的场所进行卫生处理，对密切接触者，在指定场所进行医学观察和采取其他必要的预防措施，并向卫生行政部门提出疫情控制方案；

② 传染病暴发、流行时，对疫点、疫区进行卫生处理，向卫生行政部门提出疫情控制方案，并按照卫生行政部门的要求采取措施；

③ 指导下级疾病预防控制机构实施传染病预防、控制措施，组织、指导有关单位对传染病疫情的处理。

（2）发生传染病疫情时，疾病预防控制机构和省级以上人民政府卫生行政部门指派的其他与传染病有关的专业技术机构，可以进入传染病疫点、疫区进行调查、采集样本、技术分析和检验。

（3）疫区中被传染病病原体污染或可能被污染的物品，经消毒可以使用的，应当在当地疾病预防控制机构的指导下，进行消毒处理后方可使用、出售和运输。

三、相关部门的控制措施

传染病暴发、流行时，药品和医疗器械生产、供应单位应及时生产、供应防治传染病的药品和医疗器械。铁路、交通、民用航空经营单位必须优先运送处理传染病疫情的人员及防治传染病的药品和医疗器械。县级以上人民政府有关部门应做好组织协调工作。

四、人民政府的控制措施

（1）对已发生甲类传染病病例的场所或该场所内特定区域的人员，所在地的县级以上地方人民政府可实施隔离措施，同时向上一级人民政府报告；上级人民政府应及时作出是否批准的决定。上级人民政府作出不予批准决定的，地方人民政府应立即解除隔离措施。

（2）传染病暴发、流行时，县级以上地方人民政府应立即组织力量，按照预防、控制预案进行防治，切断传染病的传播途径，必要时报经上一级人民政府决定，可采取下列紧急措施并予以公告：

① 限制或停止集市、影剧院演出或其他人群聚集的活动；

② 停工、停业、停课；

③ 封闭或封存被传染病病原体污染的公共饮用水源、食品及相关物品；

④ 控制或扑杀染疫野生动物、家畜家禽；

⑤ 封闭可能造成传染病扩散的场所。

上级人民政府接到下级人民政府关于采取上述所列紧急措施的报告时，应及时作出决定。紧急措施的解除，由原决定机关决定并宣布。

（3）甲类、乙类传染病暴发、流行时，县级以上地方人民政府报经上一级人民政府决定，可宣布本行政区域部分或者全部为疫区；国务院可以决定并宣布跨省、自治区、直辖市的疫区。县级以上地方人民政府可以在疫区内采取上述规定的紧急措施，并可对出入疫区的人员、物资和交通工具实施卫生检疫。

（4）省、自治区、直辖市人民政府可决定对本行政区域内的甲类传染病疫区实施封锁。

五、国务院的控制措施

（一）宣布紧急控制措施

传染病暴发、流行时，根据传染病疫情控制需要，国务院有权在全国范围或跨省、自治区、直辖市范围内，紧急调集人员或调用储备物资，临时征用房屋、交通工具以及相关设施、设备，发布紧急控制措施命令。

（二）宣布疫区和疫区封锁

甲类、乙类传染病暴发、流行时，国务院可决定并宣布跨省、自治区、直辖市的疫区和实施疫区封锁，包括大、中城市的疫区封锁和跨者、自治区、直辖市的疫区封锁，以及封锁疫区导致中断干线交通或封锁国境。

（三）宣布实施交通检疫

发生甲类传染病时，为了防止该传染病通过交通工具及其乘运人员、物资传播，国务院有权制定和实施交通卫生检疫。

第五节　医疗救治

县级以上人民政府应当加强和完善传染病医疗救治服务网络的建设，指定具备传染病救治条件和能力的医疗机构承担传染病救治任务，或者根据传染病救治需要设置传染病医院。医疗机构的基本标准、建筑设计和服务流程，应当符合预防传染病医院感染的要求。医疗机构应当按照规定对使用的医疗器械进行消毒；对按照规定一次使用的医疗器具，应当在使用后予以销毁。

医疗机构应当按照国务院卫生行政部门规定的传染病诊断标准和治疗要求，采取相应措施，提高传染病医疗救治能力。医疗机构应当对传染病病人或者疑似传染病病人提供医疗救护、现场救援和接诊治疗，书写病历记录以及其他有关资料，并妥善保管。

医疗机构应当实行传染病预检、分诊制度；对传染病病人、疑似传染病病人，应当引导至相对隔离的分诊点进行初诊。医疗机构不具备相应救治能力的，应当将患者及其病历记录复印件一并转至具备相应救治能力的医疗机构。

第六节　监督管理

传染病的预防与控制需要人民政府卫生行政部门及其工作人员的监督管理，各级政府卫生行政部门要认真负责，各司其责，通力合作，积极配合。

一、政府卫生行政部门职责

（1）县级以上人民政府卫生行政部门对传染病防治工作履行下列监督检查职责：

① 对下级人民政府卫生行政部门履行《传染病防治法》规定的传染病防治职责进行监督检查；

② 对疾病预防控制机构、医疗机构的传染病防治工作进行监督检查；

③ 对采供血机构的采供血活动进行监督检查；

④ 对用于传染病防治的消毒产品及其生产单位进行监督检查，并对饮用水供水单位从事生产或者供应活动以及涉及饮用水卫生安全的产品进行监督检查；

⑤ 对传染病菌种、毒种和传染病检测样本的采集、保藏、携带、运输、使用进行监督检查；

⑥ 对公共场所和有关单位的卫生条件和传染病预防、控制措施进行监督检查。

（2）省级以上人民政府卫生行政部门负责组织对传染病防治重大事项的处理。

（3）卫生行政部门应当依法建立健全内部监督制度，对其工作人员依据法定职权和程序履行职责的情况进行监督；上级卫生行政部门发现下级卫生行政部门不及时处理职责范围内的事项或不履行职责的，应当责令纠正或者直接予以处理。

二、卫生行政部门及其工作人员的职责

（1）县级以上人民政府卫生行政部门在履行监督检查职责时，有权进入被检查单位和传染病疫情发生现场调查取证，查阅或者复制有关的资料和采集样本。被检查单位应当予以配合，不得拒绝、阻挠。

（2）县级以上地方人民政府卫生行政部门在履行监督检查职责时，发现被传染病病原体污染的公共饮用水源、食品以及相关物品，如不及时采取控制措施可能导致传染病传播、流行的，可采取封闭公共饮用水源、封存食品及相关物品或者暂停销售的临时控制措施，并予以检验或者进行消毒。经检验，属于被污染的食品，应予以销毁；对未被污染的食品或者经消毒后可以使用的物品，应解除控制措施。

（3）卫生行政部门工作人员依法执行职务时，应不少于两人，并出示执法证件，填写卫生执法文书；卫生执法文书经核对无误后，应由卫生执法人员和当事人签名。当事人拒绝签名的，卫生执法人员应当注明情况。

（4）卫生行政部门及其工作人员履行职责，应自觉接受社会和公民的监督。单位和个人有权向上级人民政府及其卫生行政部门举报违法行为。接到举报的有关人民政府或其卫生行政部门，应及时调查处理。

第七节　保障措施

国家将传染病防治工作纳入国民经济和社会发展计划，县级以上地方人民政府将传染病防治工作纳入本行政区域的国民经济和社会发展计划。主要保障措施有：

（1）县级以上地方人民政府按照本级政府职责负责本行政区域内传染病预防、控制、监督工作的日常经费。国务院卫生行政部门会同国务院有关部门，根据传染病流行趋势，确定全国传染病预防、控制、救治、监测、预测、预警、监督检查等项目。中央财政对困难地区实施重大传染病防治项目给予补助。省、自治区、直辖市人民政府根据本行政区域内传染病流行趋势，在国务院卫生行政部门确定的项目范围内，确定传染病预防、控制、监督等项目，并保障项目的实施经费。

（2）国家加强基层传染病防治体系建设，扶持贫困地区和少数民族地区的传染病防治工作。地方各级人民政府应当保障城市社区、农村基层传染病预防工作的经费。

（3）国家对患有特定传染病的困难人群实行医疗救助，减免医疗费用。具体办法由国务院卫生行政部门会同国务院财政部门等部门制定。

（4）县级以上人民政府负责储备防治传染病的药品、医疗器械和其他物资，以备调用。

（5）对从事传染病预防、医疗、科研、教学、现场处理疫情的人员，以及在生产、工作中接触传染病病原体的其他人员，有关单位应当按照国家规定，采取有效的卫生防护措施和医疗保健措施，并给予适当的津贴。

第八节　法律责任

一、地方各级人民政府的法律责任

地方各级人民政府未依照本法的规定履行报告职责，或者隐瞒、谎报、缓报传染病疫情，或者在传染病暴发、流行时，未及时组织救治、采取控制措施的，由上级人民政府责令改正，通报批评；造成传染病传播、流行或者其他严重后果的，对负有责任的主管人员，依法给予行政处分；构成犯罪的，依法追究刑事责任。

二、县级以上人民政府卫生行政部门的法律责任

县级以上人民政府卫生行政部门违反我国《传染病防治法》规定，有下列情形之一的，由本级人民政府、上级人民政府卫生行政部门责令改正，通报批评；造成传染病传播、流行或者其他严重后果的，对负有责任的主管人员和其他直接责任人员，依法给予行政处分；构成犯罪的，依法追究刑事责任：

（1）未依法履行传染病疫情通报、报告或者公布职责，或者隐瞒、谎报、缓报传染病疫情的；

（2）发生或者可能发生传染病传播时未及时采取预防、控制措施的；

（3）未依法履行监督检查职责，或者发现违法行为不及时查处的；

（4）未及时调查、处理单位和个人对下级卫生行政部门不履行传染病防治职责的举报的；

（5）违反本法的其他失职、渎职行为。

三、县级以上人民政府有关部门的法律责任

县级以上人民政府有关部门未依照我国《传染病防治法》的规定履行传染病防治和保障职责的，由本级人民政府或者上级人民政府有关部门责令改正，通报批评；造成传染病传播、流行或者其他严重后果的，对负有责任的主管人员和其他直接责任人员，依法给予行政处分；构成犯罪的，依法追究刑事责任。

四、疾病预防控制机构的法律责任

疾病预防控制机构违反我国《传染病防治法》规定，有下列情形之一的，由县级以上人民政府卫生行政部门责令限期改正，通报批评，给予警告；对负有责任的主管人员和其他直接责任人员，依法给予降级、撤职、开除的处分，并可以依法吊销有关责任人员的执业证书；构成犯罪的，依法追究刑事责任：

（1）未依法履行传染病监测职责的；

（2）未依法履行传染病疫情报告、通报职责，或者隐瞒、谎报、缓报传染病疫情的；

（3）未主动收集传染病疫情信息，或者对传染病疫情信息和疫情报告未及时进行分析、调查、核实的；

（4）发现传染病疫情时，未依据职责及时采取本法规定的措施的；

（5）故意泄露传染病病人、病原携带者、疑似传染病病人、密切接触者涉及个人隐私的有关信息、资料的。

五、医疗机构的法律责任

医疗机构违反我国《传染病防治法》规定，有下列情形之一的，由县级以上人民政府卫生行政部门责令改正，通报批评，给予警告；造成传染病传播、流行或者其他严重后果的，对负有责任的主管人员和其他直接责任人员，依法给予降级、撤职、开除的处分，并可以依法吊销有关责任人员的执业证书；构成犯罪的，依法追究刑事责任：

（1）未按照规定承担本单位的传染病预防、控制工作、医院感染控制任务和责任区域内的传染病预防工作的；

（2）未按照规定报告传染病疫情，或者隐瞒、谎报、缓报传染病疫情的；

（3）发现传染病疫情时，未按照规定对传染病病人、疑似传染病病人提供医疗救护、现场救援、接诊、转诊的，或者拒绝接受转诊的；

（4）未按照规定对本单位内被传染病病原体污染的场所、物品以及医疗废物实施消毒或者无害化处置的；

（5）未按照规定对医疗器械进行消毒，或者对按照规定一次使用的医疗器具未予销毁，再次使用的；

（6）在医疗救治过程中未按照规定保管医学记录资料的；

（7）故意泄露传染病病人、病原携带者、疑似传染病病人、密切接触者涉及个人隐私的有关信息、资料的。

六、采供血机构的法律责任

采供血机构未按规定报告传染病疫情，或者隐瞒、谎报、缓报传染病疫情，或者未执行国家有关规定，导致因输入血液引起经血液传播疾病发生的，由县级以上人民政府卫生行政部门责令改正，通报批评，给予警告；造成传染病传播、流行或者其他严重后果的，对负有责任的主管人员和其他直接责任人员，依法给予降级、撤职、开除的处分，并可以依法吊销采供血机构的执业许可证；构成犯罪的，依法追究刑事责任。非法采集血液或者组织他人出卖血液的，由县级以上人民政府卫生行政部门予以取缔，没收违法所得，可以并处十万元以下的罚款；构成犯罪的，依法追究刑事责任。

七、国境卫生检疫机关、动物防疫机构的法律责任

国境卫生检疫机关、动物防疫机构未依法履行传染病疫情通报职责的，由有关部门在各

自职责范围内责令改正，通报批评；造成传染病传播、流行或者其他严重后果的，对负有责任的主管人员和其他直接责任人员，依法给予降级、撤职、开除的处分；构成犯罪的，依法追究刑事责任。

八、铁路、交通、民用航空经营单位的法律责任

铁路、交通、民用航空经营单位未依照本法的规定优先运送处理传染病疫情的人员以及防治传染病的药品和医疗器械的，由有关部门责令限期改正，给予警告；造成严重后果的，对负有责任的主管人员和其他直接责任人员，依法给予降级、撤职、开除的处分。

九、其他单位和部门的法律责任

违反我国《传染病防治法》规定，有下列情形之一，导致或者可能导致传染病传播、流行的，由县级以上人民政府卫生行政部门责令限期改正，没收违法所得，可以并处 5 万元以下的罚款；已取得许可证的，原发证部门可以依法暂扣或者吊销许可证；构成犯罪的，依法追究刑事责任：① 饮用水供水单位供应的饮用水不符合国家卫生标准和卫生规范的；② 涉及饮用水卫生安全的产品不符合国家卫生标准和卫生规范的；③ 用于传染病防治的消毒产品不符合国家卫生标准和卫生规范的；④ 出售、运输疫区中被传染病病原体污染或者可能被传染病病原体污染的物品，未进行消毒处理的；⑤ 生物制品生产单位生产的血液制品不符合国家质量标准的。

违反我国《传染病防治法》规定，有下列情形之一的，由县级以上地方人民政府卫生行政部门责令改正，通报批评，给予警告，已取得许可证的，可以依法暂扣或者吊销许可证；造成传染病传播、流行以及其他严重后果的，对负有责任的主管人员和其他直接责任人员，依法给予降级、撤职、开除的处分，并可以依法吊销有关责任人员的执业证书；构成犯罪的，依法追究刑事责任：① 疾病预防控制机构、医疗机构和从事病原微生物实验的单位，不符合国家规定的条件和技术标准，对传染病病原体样本未按照规定进行严格管理，造成实验室感染和病原微生物扩散的；② 违反国家有关规定，采集、保藏、携带、运输和使用传染病菌种、毒种和传染病检测样本的；③ 疾病预防控制机构、医疗机构未执行国家有关规定，导致因输入血液、使用血液制品引起经血液传播疾病发生的。

十、个人违反《传染病防治法》的法律责任

对未经检疫出售、运输与人畜共患传染病有关的野生动物、家畜家禽的，由县级以上地方人民政府畜牧兽医行政部门责令停止违法行为，并依法给予行政处罚。

对在国家确认的自然疫源地兴建水利、交通、旅游、能源等大型建设项目，未经卫生调查进行施工的，或者未按照疾病预防控制机构的意见采取必要的传染病预防、控制措施的，由县级以上人民政府卫生行政部门责令限期改正，给予警告，处 5 千元以上 3 万元以下的罚款；逾期不改正的，处 3 万元以上 10 万元以下的罚款，并可以提请有关人民政府依据职责权限，责令停建、关闭。

个人违反我国《传染病防治法》规定，导致传染病传播、流行，给他人人身、财产造成损害的，应当依法承担民事责任。

本章小结

本章主要介绍了传染病及传染病防治法的概念，《传染病防治法》的立法过程，传染病的法定分类；传染病疫情报告、通报和公布要求；疫情控制；传染病的医疗救治；传染病的监督管理；传染病的保障措施；发生传染病后，各级组织机构及个人的法律责任。

巩固练习

简答题

（1）根据我国传染病防治法律制度，目前法定传染病病种是如何规定的？

（2）传染病疫情的责任报告人是谁？各类传染病的报告时限有什么要求？

（3）在传染病疫情控制方面，医疗机构、疾病预防控制机构的职责有哪些？

第三章

职业病防治法

【学习目标】

（1）掌握职业病的概念、职业病诊断的法律规定、医疗卫生机构及职业病诊断鉴定委员会组成人员的法律责任。

（2）熟悉职业病分类及目录的制定、国家职业卫生标准的制定、职业病病人保障的法律规定。

（3）了解职业病防治立法、职业病防治的方针和原则、工作场所的基本要求和建设项目的职业病防治管理、职业病危害申报、职业病防治监督检查、劳动过程中的职业病防护管理等基本内容。

（4）培养学生防治职业病的意识，增强社会责任感。

第一节　概　述

一、职业病及相关概念

本法所指职业病，是指企业、事业单位和个体经济组织等用人单位的劳动者在职业活动中，因接触粉尘、放射性物质和其他有毒、有害因素而引起的疾病。

职业病危害，是指对从事职业活动的劳动者可能导致职业病的各种危害。职业病危害因素包括：职业活动中存在的各种有害的化学、物理、生物因素以及在作业过程中产生的其他职业有害因素。

职业禁忌，是指劳动者从事特定职业或者接触特定职业病危害因素时，比一般职业人群更易于遭受职业病危害和罹患职业病或者可能导致原有自身疾病病情加重，或者在从事作业过程中诱发可能导致对他人生命健康构成危险的疾病的个人特殊生理或者病理状态。

二、职业病防治立法

中华人民共和国成立后，国家非常重视职业病防治工作。为保护劳动者健康，预防、控制和消除职业病的危害，降低职业病的发生，采取了一系列保护措施。1957 年，卫生部制定了《职业病范围和职业病患者处理办法》；1987 年，国务院颁布了《尘肺防治条例》；1989 年，国务院颁布了《放射性同位素与射线装置放射防护条例》等。

根据新形势下职业病防治的特点，为了预防、控制和消除职业病危害，保护劳动者健康及其相关权益，促进经济社会发展，根据宪法有关规定，2001 年 10 月 27 日第九届全国人民代表大会常务委员会第二十四次会议通过了《中华人民共和国职业病防治法》(以下称《职业病防治法》)，自 2002 年 5 月 1 日起施行。职业病防治法的实施，在预防、控制和消除职业病危害，防治与职业相关的疾病、保护劳动者健康等方面起到了积极作用。但随着社会的快速发展，职业病防治力度已显薄弱，职业病隐患进入高发期和矛盾凸显期。从 2009 年河南农民工张海超“开胸验肺”事件到 2010 年“苹果中国”供应商员工中毒事件，职业病诊断难、鉴定难、监管难、获赔难、维权难等问题一直备受社会关注，完善职业病维权相关法律制度已迫在眉睫。职业病防治法至今已历经四次修正。2011 年 12 月 31 日第十一届全国人民代表大会常务委员会第二十四次会议通过对《职业病防治法》的第一次修正，2016 年 7 月 2 日第十二届全国人民代表大会常务委员会第二十一次会议通过了第二次修正，2017 年 11 月 4 日第十二届全国人民代表大会常务委员会第三十次会议通过了第三次修正，2018 年 12 月 29 日第十三届全国人民代表大会常务委员会第七次会议通过了第四次修正。

三、职业病分类和目录制定

1957 年我国首次发布了《卫生部关于试行〈职业病范围和职业病患者处理办法的规定〉的通知》，将职业病确定为 14 种，1987 年对其进行调整，增加到 9 类 99 种。

随着我国经济的快速发展，新技术、新材料、新工艺的广泛应用，以及新的职业、工种和劳动方式不断产生，劳动者在职业活动中接触的职业病危害因素更为复杂、多样。2011 年 12 月 31 日通过的《职业病防治法》第一次修订中明确规定：职业病的分类和目录由国务院卫生行政部门会同国务院安全生产监督管理部门、劳动保障行政部门制定、调整并发布。

2013 年 12 月 23 日，国家卫生计生委、人力资源社会保障部、安全监管总局、全国总工会四部门联合印发《职业病分类和目录》并沿用至今，将职业病分为职业性尘肺病及其他呼吸系统疾病、职业性皮肤病、职业性眼病、职业性耳鼻喉口腔疾病、职业性化学中毒、物理因素所致职业病、职业性放射性疾病、职业性传染病、职业性肿瘤、其他职业病 10 类 132 种。

四、职业病防治的方针和原则

我国职业病防治工作坚持预防为主、防治结合的方针，实行用人单位负责、行政机关监管、行业自律、职工参与和社会监督的机制，实行分类管理、综合治理。

五、国家职业卫生标准的制定

用人单位应当严格遵守国家职业卫生标准，为劳动者创造符合国家职业卫生标准和卫生要求的工作环境和条件，并采取措施保障劳动者获得职业卫生保护。有关防治职业病的国家职业卫生标准，由国家卫生行政部门组织制定并公布，是在全国范围职业卫生领域统一执行的标准。

国家职业卫生标准分为强制性标准和推荐性标准。强制性标准的代号为“GBZ”，推荐性标准的代号为“GBZ/T”。强制性职业卫生标准包括：工作场所作业条件的卫生标准；工业毒物、生产性粉尘、物理因素职业接触限值；职业病诊断标准；职业照射放射防护标准；职业防护用品卫生标准等。其他为推荐性标准。国家职业卫生标准的编号由国家职业卫生标准的代号、发布的顺序号和发布的年号构成，示例：GBZ 1-2002《工业企业设计卫生标准》；GBZ 92-2008《职业性高原病诊断标准》；GBZ/T 192.6-2018《工作场所空气中粉尘测定》第6部分：超细颗粒物和细颗粒物总数量浓度。

六、职业病防治的责任主体

用人单位应当建立、健全职业病防治责任制，加强对职业病防治的管理，提高职业病防治水平，对本单位产生的职业病危害承担责任。用人单位应当为劳动者创造符合国家职业卫生标准和卫生要求的工作环境和条件，并采取措施保障劳动者获得职业卫生保护。用人单位必须依法参加工伤保险，确保劳动者依法享受工伤保险待遇。用人单位的主要负责人对本单位的职业病防治工作全面负责。

七、职业病防治监督管理与监督检查

我国实行职业卫生监督制度。国务院卫生行政部门、劳动保障行政部门依照本法和国务院确定的职责，负责全国职业病防治的监督管理工作。国务院有关部门在各自的职责范围内负责职业病防治的有关监督管理工作。县级以上地方人民政府卫生行政部门、劳动保障行政部门（以下统称职业卫生监督管理部门）依据各自职责，负责本行政区域内职业病防治的监督管理工作。

县级以上人民政府职业卫生监督管理部门依照职业病防治法律、法规、国家职业卫生标准和卫生要求，依据职责划分，对职业病防治工作进行监督检查。

卫生行政部门履行监督检查职责时，有权采取下列措施：进入被检查单位和职业病危害现场，了解情况，调查取证；查阅或者复制与违反职业病防治法律、法规的行为有关的资料和采集样品；责令违反职业病防治法律、法规的单位和个人停止违法行为。

发生职业病危害事故或者有证据证明危害状态可能导致职业病危害事故发生时，卫生行政部门可以采取下列临时控制措施：责令暂停导致职业病危害事故的作业；封存造成职业病危害事故或者可能导致职业病危害事故发生的材料和设备；组织控制职业病危害事故现场。在职业病危害事故或者危害状态得到有效控制后，卫生行政部门应当及时解除控制措施。

第二节　职业病的前期预防

一、工作场所的基本要求

产生职业病危害的用人单位的设立除应当符合法律、行政法规规定的设立条件外，其工作场所还应当符合下列职业卫生要求：职业病危害因素的强度或者浓度符合国家职业卫生标准；有与职业病危害防护相适应的设施；生产布局合理，符合有害与无害作业分开的原则；有配套的更衣间、洗浴间、孕妇休息间等卫生设施；设备、工具、用具等设施符合保护劳动者生理、心理健康的要求；法律、行政法规和国务院卫生行政部门关于保护劳动者健康的其他要求。

二、国家建立职业病危害项目申报制度

用人单位工作场所存在职业病目录所列职业病的危害因素的，应当及时、如实向所在地卫生行政部门申报危害项目，接受监督。职业病危害因素分类目录由国务院卫生行政部门制定、调整并公布。

三、建设项目实行职业病危害预评价

新建、扩建、改建建设项目和技术改造、技术引进项目（统称建设项目）可能产生职业病危害的，建设单位在可行性论证阶段应当进行职业病危害预评价。医疗机构建设项目可能产生放射性职业病危害的，建设单位应当向卫生行政部门提交放射性职业病危害预评价报告。建设项目在竣工验收前，建设单位应当进行职业病危害控制效果评价。验收合格后，方可投入生产和使用。卫生行政部门应当加强对建设单位组织的验收活动和验收结果的监督核查。

四、特殊管理

国家对从事放射性、高毒、高危粉尘等作业实行特殊管理。具体管理办法由国务院制定。

第三节　劳动过程中的防护与管理

一、用人单位的职业病防治管理

用人单位应当采取下列职业病防治管理措施：设置或者指定职业卫生管理机构或者组织，配备专职或者兼职的职业卫生管理人员，负责本单位的职业病防治工作；制定职业病防治计

划和实施方案；建立、健全职业卫生管理制度和操作规程；建立、健全职业卫生档案和劳动者健康监护档案；建立、健全工作场所职业病危害因素监测及评价制度；建立、健全职业病危害事故应急救援预案。

二、职业危害因素的监测和评价

用人单位应当实施由专人负责的职业病危害因素日常监测，并确保监测系统处于正常运行状态，定期对工作场所进行职业病危害因素检测、评价。检测、评价结果存入用人单位职业卫生档案，定期向所在地卫生行政部门报告并向劳动者公布。职业病危害因素检测、评价由依法设立的取得国务院卫生行政部门或者设区的市级以上地方人民政府卫生行政部门按照职责分工给予资质认可的职业卫生技术服务机构进行。

三、职业危害因素告知

（一）设置公告栏及警示标识

产生职业病危害的用人单位，应当在醒目位置设置公告栏，公布有关职业病防治的规章制度、操作规程、职业病危害事故应急救援措施和工作场所职业病危害因素检测结果。对产生严重职业病危害的作业岗位，应当在其醒目位置，设置警示标识和中文警示说明。警示说明应当载明产生职业病危害的种类、后果、预防以及应急救治措施等内容。

向用人单位提供可能产生职业病危害的设备的，应当提供中文说明书，并在设备的醒目位置设置警示标识和中文警示说明。警示说明应当载明设备性能、可能产生的职业病危害、安全操作和维护注意事项、职业病防护以及应急救治措施等内容。向用人单位提供可能产生职业病危害的化学品、放射性同位素和含有放射性物质的材料的，应当提供中文说明书。说明书应当载明产品特性、主要成分、存在的有害因素、可能产生的危害后果、安全使用注意事项、职业病防护以及应急救治措施等内容。产品包装应当有醒目的警示标识和中文警示说明。贮存上述材料的场所应当在规定的部位设置危险物品标识或者放射性警示标识。

（二）设置防护设备、报警装置及应急救援设施

对可能发生急性职业损伤的有毒、有害工作场所，用人单位应当设置报警装置，配置现场急救用品、冲洗设备，设置应急撤离通道和必要的泄险区。对放射工作场所和放射性同位素的运输、贮存，用人单位必须配置防护设备和报警装置，保证接触放射线的工作人员佩戴个人剂量计。对职业病防护设备、应急救援设施和个人使用的职业病防护用品，用人单位应当进行经常性的维护、检修，定期检测其性能和效果，确保其处于正常状态，不得擅自拆除或者停止使用。

（三）劳动合同内容要求

用人单位与劳动者订立劳动合同（含聘用合同，下同）时，应当将工作过程中可能产生的职业病危害及其后果、职业病防护措施和待遇等如实告知劳动者，并在劳动合同中写明，

不得隐瞒或者欺骗。劳动者在已订立劳动合同期间因工作岗位或者工作内容变更，从事与所订立劳动合同中未告知的存在职业病危害的作业时，用人单位应当依照前款规定，向劳动者履行如实告知的义务，并协商变更原劳动合同相关条款。用人单位违反前两款规定的，劳动者有权拒绝从事存在职业病危害的作业，用人单位不得因此解除与劳动者所订立的劳动合同。

四、劳动者享有的职业卫生保护权利

劳动者享有下列职业卫生保护权利：获得职业卫生教育、培训；获得职业健康检查、职业病诊疗、康复等职业病防治服务；了解工作场所产生或者可能产生的职业病危害因素、危害后果和应当采取的职业病防护措施；要求用人单位提供符合防治职业病要求的职业病防护设施和个人使用的职业病防护用品，改善工作条件；对违反职业病防治法律、法规以及危及生命健康的行为提出批评、检举和控告；拒绝违章指挥和强令进行没有职业病防护措施的作业；参与用人单位职业卫生工作的民主管理，对职业病防治工作提出意见和建议。单位应当保障劳动者行使前款所列权利。因劳动者依法行使正当权利而降低其工资、福利等待遇或者解除、终止与其订立的劳动合同的，其行为无效。

用人单位不得安排未成年职工从事接触职业病危害的作业；不得安排孕期、哺乳期的女职工从事对本人和胎儿、婴儿有危害的作业。

五、职业健康监护

（一）规范职业健康检查

对从事接触职业病危害的作业的劳动者，用人单位应当按照国务院卫生行政部门的规定组织上岗前、在岗期间和离岗时的职业健康检查，并将检查结果书面告知劳动者。职业健康检查费用由用人单位承担。用人单位不得安排未经上岗前职业健康检查的劳动者从事接触职业病危害的作业；不得安排有职业禁忌的劳动者从事其所禁忌的作业；对在职业健康检查中发现有与所从事的职业相关的健康损害的劳动者，应当调离原工作岗位，并妥善安置；对未进行离岗前职业健康检查的劳动者不得解除或者终止与其订立的劳动合同。职业健康检查应当由取得“医疗机构执业许可证”的医疗卫生机构承担。

（二）建立职业健康监护档案

用人单位应当为劳动者建立职业健康监护档案，并按照规定的期限妥善保存。职业健康监护档案应当包括劳动者的职业史、职业病危害接触史、职业健康检查结果和职业病诊疗等有关个人健康资料。劳动者离开用人单位时，有权索取本人职业健康监护档案复印件，用人单位应当如实、无偿提供，并在所提供的复印件上签章。

六、应急救援保障

发生或者可能发生急性职业病危害事故时，用人单位应当立即采取应急救援和控制措施，并及时报告所在地卫生行政部门和有关部门。卫生行政部门接到报告后，应当及时会同有关部门组织调查处理；必要时，可以采取临时控制措施。卫生行政部门应当组织做好医疗救治工作。对遭受或者可能遭受急性职业病危害的劳动者，用人单位应当及时组织救治、进行健康检查和医学观察，所需费用由用人单位承担。

第四节　职业病诊断与职业病病人保障

一、职业病诊断机构的设立及其条件

职业病诊断应当由取得“医疗机构执业许可证”的医疗卫生机构承担。卫生行政部门应当加强对职业病诊断工作的规范管理，具体管理办法由国务院卫生行政部门制定。承担职业病诊断的医疗卫生机构还应当具备下列条件：具有与开展职业病诊断相适应的医疗卫生技术人员；具有与开展职业病诊断相适应的仪器、设备；具有健全的职业病诊断质量管理制度。

二、职业病诊断应当综合分析的因素

职业病诊断应当综合分析以下因素：病人的职业史；职业病危害接触史和工作场所职业病危害因素情况；临床表现以及辅助检查结果等。

没有证据否定职业病危害因素与病人临床表现之间的必然联系的，应当诊断为职业病。职业病诊断证明书应当由参与诊断的取得职业病诊断资格的执业医师签署，并经承担职业病诊断的医疗卫生机构审核盖章。

三、职业病的诊断、鉴定及现场调查

（一）职业病的诊断标准、鉴定办法

职业病诊断标准和职业病诊断、鉴定办法由国务院卫生行政部门制定。职业病伤残等级的鉴定办法由国务院劳动保障行政部门会同国务院卫生行政部门制定。

（二）职业病诊断、鉴定所需的资料

用人单位应当如实提供职业病诊断、鉴定所需的劳动者职业史和职业病危害接触史、工作场所职业病危害因素检测结果等资料；卫生行政部门应当监督检查和督促用人单位提供上述资料；劳动者和有关机构也应当提供与职业病诊断、鉴定有关的资料。

职业病诊断、鉴定过程中，用人单位不提供工作场所职业病危害因素检测结果等资料的，诊断、鉴定机构应当结合劳动者的临床表现、辅助检查结果和劳动者的职业史、职业病危害接触史，并参考劳动者的自述、卫生行政部门提供的日常监督检查信息等，作出职业病诊断、鉴定结论。

（三）职业病诊断、鉴定的现场调查

职业病诊断、鉴定机构需要了解工作场所职业病危害因素情况时，可以对工作场所进行现场调查，也可以向卫生行政部门提出，卫生行政部门应当在十日内组织现场调查，用人单位不得拒绝、阻挠。

（四）职业病诊断、鉴定费用

职业病诊断、鉴定费用由用人单位承担。

四、发现职业病病人或者疑似职业病病人的报告

用人单位和医疗卫生机构发现职业病病人或者疑似职业病病人时，应当及时向所在地卫生行政部门报告。确诊为职业病的，用人单位还应当向所在地劳动保障行政部门报告。接到报告的部门应当依法作出处理。

医疗卫生机构发现疑似职业病病人时，应当告知劳动者本人并及时通知用人单位。用人单位应当及时安排对疑似职业病病人进行诊断；在疑似职业病病人诊断或者医学观察期间，不得解除或者终止与其订立的劳动合同。疑似职业病病人在诊断、医学观察期间的费用，由用人单位承担。

五、职业病争议处理

（一）对职业病诊断鉴定资料有异议或无用人单位提供资料的

劳动者对用人单位提供的工作场所职业病危害因素检测结果等资料有异议，或者因劳动者的用人单位解散、破产，无用人单位提供上述资料的，诊断、鉴定机构应当提请卫生行政部门进行调查，卫生行政部门应当自接到申请之日起三十日内对存在异议的资料或者工作场所职业病危害因素情况作出判定；有关部门应当配合。

（二）对劳动关系、工种、工作岗位或者在岗时间有争议的

对劳动关系、工种、工作岗位或者在岗时间有争议的，可以向当地的劳动人事争议仲裁委员会申请仲裁；接到申请的劳动人事争议仲裁委员会应当受理，并在三十日内作出裁决。当事人在仲裁过程中对自己提出的主张，有责任提供证据。劳动者无法提供由用人单位掌握管理的与仲裁主张有关的证据的，要求用人单位在指定期限内提供；用人单位在指定期限内不提供的，应当承担不利后果。劳动者、用人单位对仲裁裁决不服的，可以依法向人民法院提起诉讼。诉讼期间，劳动者的治疗费用按照职业病待遇规定的途径支付。

（三）对职业病诊断有异议的

当事人对职业病诊断有异议的，可以向作出诊断的医疗卫生机构所在地地方人民政府卫生行政部门申请鉴定。职业病诊断争议由设区的市级以上地方人民政府卫生行政部门根据当

事人的申请，组织职业病诊断鉴定委员会进行鉴定。当事人对设区的市级职业病诊断鉴定委员会的鉴定结论不服的，可以向省、自治区、直辖市人民政府卫生行政部门申请再鉴定。

六、职业病诊断鉴定委员会的组成和责任

职业病诊断鉴定委员会由相关专业的专家组成。省、自治区、直辖市人民政府卫生行政部门应当设立相关的专家库，需要对职业病争议作出诊断鉴定时，由当事人或者当事人委托有关卫生行政部门从省、自治区、直辖市人民政府卫生行政部门设立的专家库中，以随机抽取的方式确定参加诊断鉴定委员会的专家。

职业病诊断鉴定委员会组成人员应当遵守职业道德，客观、公正地进行诊断鉴定，并承担相应的责任。职业病诊断鉴定委员会按照国务院卫生行政部门颁布的职业病诊断标准和职业病诊断、鉴定办法进行职业病诊断鉴定，向当事人出具职业病诊断鉴定书。

七、劳动者职业病诊断地点的选择

劳动者可以在用人单位所在地、本人户籍所在地或者经常居住地的依法承担职业病诊断的医疗卫生机构进行职业病诊断。承担职业病诊断的医疗卫生机构不得拒绝劳动者进行职业病诊断的要求。

八、职业病病人保障

（一）保障职业病待遇

职业病病人依法享受国家规定的职业病待遇包括：用人单位按照国家有关规定，安排职业病病人进行治疗、康复和定期检查；用人单位对不适宜继续从事原工作的职业病病人，应当调离原岗位，并妥善安置；对从事接触职业病危害的作业的劳动者，由用人单位给予适当岗位津贴。

职业病病人变动工作单位，其依法享有的待遇不变。用人单位在发生分立、合并、解散、破产等情形时，应当对从事接触职业病危害的作业的劳动者进行健康检查，并按照国家有关规定妥善安置职业病病人。

用人单位已经不存在或者无法确认劳动关系的职业病病人，可以向地方人民政府医疗保障、民政部门申请医疗救助和生活等方面的救助。地方各级人民政府应当根据本地区的实际情况，采取其他措施，使前款规定的职业病病人获得医疗救治。

（二）其他保障

职业病病人的诊疗、康复费用，伤残以及丧失劳动能力的职业病病人的社会保障，按照国家有关工伤保险的规定执行。用人单位没有依法参加工伤保险的，其医疗和生活保障由该用人单位承担。职业病病人除依法享有工伤保险外，依照有关民事法律，尚有获得赔偿的权利的，有权向用人单位提出赔偿要求。

第五节　法律责任

一、违反本法的建设单位、用人单位的法律责任

对违反《职业病防治法》相关规定的建设单位和用人单位依法追究其行政责任，由卫生行政部门依法作出相应的行政处罚。主要包括：警告、罚款、责令限期改正、责令停止相关作业，或者提请有关人民政府按照国务院规定的权限责令停建、关闭等。

用人单位违反本法规定，造成重大职业病危害事故或者其他严重后果，构成犯罪的，对直接负责的主管人员和其他直接责任人员，依法追究刑事责任。

职业病病人有权依照有关民事法律，向用人单位提出赔偿要求。用人单位应依法承担相应民事责任。

二、未按规定报告的医疗卫生机构的法律责任

医疗卫生机构未按照规定报告职业病、疑似职业病的，由有关主管部门依据职责分工责令限期改正，给予警告，可以并处一万元以下的罚款；弄虚作假的，并处二万元以上五万元以下的罚款；对直接负责的主管人员和其他直接责任人员，可以依法给予降级或者撤职的处分。

三、擅自从事职业卫生技术服务的法律责任

未取得职业卫生技术服务资质认可擅自从事职业卫生技术服务的，由卫生行政部门责令立即停止违法行为，没收违法所得；违法所得五千元以上的，并处违法所得二倍以上十倍以下的罚款；没有违法所得或者违法所得不足五千元的，并处五千元以上五万元以下的罚款；情节严重的，对直接负责的主管人员和其他直接责任人员，依法给予降级、撤职或者开除的处分。

四、职业卫生技术服务机构和医疗卫生机构的法律责任

从事职业卫生技术服务的机构和承担职业病诊断的医疗卫生机构违反本法规定，有下列行为之一的，由卫生行政部门责令立即停止违法行为，给予警告，没收违法所得；违法所得五千元以上的，并处违法所得二倍以上五倍以下的罚款；没有违法所得或者违法所得不足五千元的，并处五千元以上二万元以下的罚款；情节严重的，由原认可或者登记机关取消其相应的资格；对直接负责的主管人员和其他直接责任人员，依法给予降级、撤职或者开除的处分；构成犯罪的，依法追究刑事责任：超出资质认可或者诊疗项目登记范围从事职业卫生技术服务或者职业病诊断的；不按照本法规定履行法定职责的；出具虚假证明文件的。

五、职业病诊断鉴定委员会组成人员的法律责任

职业病诊断鉴定委员会组成人员收受职业病诊断争议当事人的财物或者其他好处的，给予警告，没收收受的财物，可以并处三千元以上五万元以下的罚款，取消其担任职业病诊断鉴定委员会组成人员的资格，并从省、自治区、直辖市人民政府卫生行政部门设立的专家库中予以除名。

六、职业卫生监督管理部门的法律责任

卫生行政部门不按照规定报告职业病和职业病危害事故的，由上一级行政部门责令改正，通报批评，给予警告；虚报、瞒报的，对单位负责人、直接负责的主管人员和其他直接责任人员依法给予降级、撤职或者开除的处分。

县级以上地方人民政府在职业病防治工作中未依照本法履行职责，本行政区域出现重大职业病危害事故、造成严重社会影响的，依法对直接负责的主管人员和其他直接责任人员给予记大过直至开除的处分。县级以上人民政府职业卫生监督管理部门不履行本法规定的职责，滥用职权、玩忽职守、徇私舞弊，依法对直接负责的主管人员和其他直接责任人员给予记大过或者降级的处分；造成职业病危害事故或者其他严重后果的，依法给予撤职或者开除的处分。

本章小结

职业病是指企业、事业单位和个体经济组织等用人单位的劳动者在职业活动中，因接触粉尘、放射性物质和其他有毒、有害因素而引起的疾病。我国法定职业病范围有 10 类 132 种。用人单位应当严格遵守国家职业卫生标准。我国职业病防治工作坚持预防为主、防治结合的方针，实行分类管理、综合治理的原则。职业病的前期预防制度包括：职业病危害预评价报告、工作场所基本要求、职业病危害项目申报等。劳动过程中的防护与管理制度包括：职业卫生管理、职业危害因素告知、劳动者的职业防护、职业健康监护、应急救援保障等。职业病诊断应当由取得《医疗机构执业许可证》的医疗卫生机构承担，职业病诊断应结合相关因素综合分析，职业病诊断标准和职业病诊断、鉴定办法由国务院卫生行政部门制定。用人单位和医疗卫生机构对发现职业病病人或者疑似职业病病人应按要求报告。由职业病诊断鉴定委员会对职业病诊断争议进行诊断鉴定。职业病病人依法享受国家规定的职业病待遇。用人单位、建设单位、职业卫生技术服务机构、医疗卫生机构、职业病诊断鉴定委员会组成人以及各级卫生行政主管部门等应切实履行职责，否则将承担相应的法律责任。

巩固练习

简答题

（1）何谓职业病？我国职业病防治的方针、原则是什么？

（2）国家职业卫生标准有哪些？其代号分别是什么？

（3）为做好职业病前期预防，对工作场所的基本要求有哪些？

（4）职业病的病人享有哪些待遇？

（5）职业病诊断机构的设立条件有哪些？

（6）职业病诊断应综合分析哪些因素？

（7）请从当地卫生健康委员会、医院负责人、用人单位、临床医生的不同角度，谈谈违反职业病防治法应当承担的法律责任。

第四章

突发公共卫生事件应急条例

【学习目标】

（1）掌握突发公共卫生事件的概念，突发公共卫生事件的防治原则，应急处理的原则、程序及措施。

（2）熟悉突发公共卫生事件的预防、报告及法律责任。

（3）了解突发公共卫生事件的分类、分级及特点。

（4）培养突发公共卫生事件的应急处理能力，增强社会责任感。

第一节 概 述

《突发公共卫生事件应急条例》（以下简称《条例》）是为有效预防、及时控制和消除突发公共卫生事件的危害，保障公众身体健康与生命安全，维护正常的社会秩序制定。该《条例》经 2003 年 5 月 7 日国务院第 7 次常务会议通过，由国务院于 2003 年 5 月 9 日发布并实施。后根据 2010 年 12 月 29 日国务院第 138 次常务会议通过的《国务院关于废止和修改部分行政法规的决定》修正，将《突发公共卫生事件应急条例》中“治安管理处罚条例”的表述修改为“治安管理处罚法”，并于 2011 年 1 月 8 日公布实施。

一、突发公共卫生事件的概念

突发公共卫生事件是指突然发生，造成或者可能造成社会公众健康严重损害的重大传染病疫情、群体性不明原因疾病、重大食物和职业中毒以及其他严重影响公众健康的事件。

二、突发公共卫生事件的主要特征

（一）突发性

事件没有固定的发生时间、发生方式和发生人群，往往突然发生，来势凶猛，有很大的偶然性和瞬时性，但事件的发生与转归也具有一定的规律性。

（二）群体性

事件所危及的对象不是特定的人，而是不特定的社会群体，往往同时累及多人甚至整个工作或生活的群体，出现大量病例，打乱一定区域内人群正常生活、生产秩序，尤其是儿童、老人、妇女等人群受到的影响更为突出。

（三）后果严重性

由于事发突然，导致人员突然发病，病情发展迅速，一时难以采取最有效的措施，而且由于累及人数众多，损失巨大，往往会产生不良社会影响。

（四）应急处理的综合性

许多突发公共卫生事件不仅仅是一个公共卫生问题，还是一个社会问题。事件发生后的应急处理，需要在各级政府的统一领导和指挥下，公安、交通、环保等多个部门与卫生部门密切配合，采取有效措施共同应对。

三、突发公共卫生事件的危害

突发公共卫生事件对公众健康的影响表现为直接危害和间接危害两类。直接危害一般为事件直接导致的即时性损害；间接危害一般为事件的继发性损害或危害，对社会、政治经济产生影响。

主要危害可表现为：① 造成人员伤亡；② 造成重大财产损失；③ 影响社会稳定；④ 阻碍经济发展；⑤ 环境、水源、食品污染，生态环境受到破坏；⑥ 媒介生物孳生；⑦ 相关传染病流行；⑧ 人群心理受到伤害和打击等。

四、突发公共卫生事件的分类与分级

（一）分　类

1. 重大传染病疫情

局部地区或集体单位短时间内发生多例同一种传染病病例、疑似病例。包括鼠疫、肺炭疽和霍乱的暴发，动物间鼠疫、布鲁菌病和炭疽等流行，乙类或丙类传染病暴发或多例死亡，罕见或已消灭的传染病、新传染病的疑似病例等；还包括非人为因素造成的人员伤亡、物质财产损失等灾难性事件（洪涝灾害、地震等）引发的疫情。

2. 各种重大急性中毒事件

人数超过 30 人或出现死亡 1 人以上的饮用水和食物中毒事件；短期内发生 3 人以上或出现死亡 1 人以上的职业中毒；有毒有害化学品、生物毒素等引起的集体性急性中毒事件等。

3. 群体性不明原因的疾病

在一定时间内，某个相对集中的区域内，同时或者相继出现多个共同临床表现病人，且病例不断增加，又暂时不能明确诊断的疾病。

4. 其他严重影响公众健康的事件

医源性感染暴发；放射性、有毒有害化学性物质丢失、泄漏事件；药品或免疫接种引起的群体性反应或死亡事件；有潜在威胁的传染病动物宿主、媒介生物发生异常事件；上级卫生行政部门临时规定的其他重大公共卫生事件。

（二）分　级

根据突发公共卫生事件的性质、危害程度、涉及范围分为 4 级。

1. 特别重大突发公共卫生事件（Ⅰ级）

用红色进行预警。特别重大突发公共卫生事件是指影响大，波及范围广，涉及人数多，出现大量伤病、伤残或多例死亡，对社会危害严重的突发公共卫生事件。主要包括：

（1）肺鼠疫、肺炭疽在大、中城市发生并有扩散趋势，或肺鼠疫、肺炭疽疫情波及 2 个以上的省份，并有进一步扩散趋势。

（2）发生传染性非典型肺炎、人感染高致病性禽流感病例，并有扩散趋势。

（3）涉及多个省份的群体性不明原因疾病，并有扩散趋势。

（4）发生新传染病或我国尚未发现的传染病发生或传入，并有扩散趋势，或发现我国已消灭的传染病重新流行。

（5）发生烈性传染病菌株、毒株、致病因子等丢失事件。

（6）周边以及与我国通航的国家和地区发生特大传染病疫情，并出现输入性病例，严重危及我国公共卫生安全的事件。

（7）国务院卫生行政部门认定的其他特别重大突发公共卫生事件。

2. 重大突发公共卫生事件（Ⅱ级）

用橙色进行预警。重大突发公共卫生事件是指波及范围较广，影响较大，但尚未达到规定的特别严重突发公共卫生事件标准的事件。主要包括：

（1）在一个县（市）行政区域内，一个平均潜伏期内（6 天）发生 5 例以上肺鼠疫、肺炭疽病例，或者相关联的疫情波及 2 个以上的县（市）。

（2）发生传染性非典型肺炎、人感染高致病性禽流感疑似病例。

（3）腺鼠疫发生流行，在一个市（地）行政区域内，一个平均潜伏期内多点连续发病 20 例以上，或流行范围波及 2 个以上市（地）。

（4）霍乱在一个市（地）行政区域内流行，1 周内发病 30 例以上，或波及 2 个以上市（地），有扩散趋势。

（5）乙类、丙类传染病波及2个以上县（市），1周内发病水平超过前5年同期平均发病水平2倍以上。

（6）我国尚未发现的传染病发生或传入，尚未造成扩散。

（7）发生群体性不明原因疾病，扩散到县（市）以外的地区。

（8）发生重大医源性感染事件。

（9）预防接种或群体预防性服药出现人员死亡。

（10）一次食物中毒人数超过100人并出现死亡病例，或出现10例以上死亡病例。

（11）一次发生急性职业中毒50人以上，或死亡5人以上。

（12）境内外隐匿运输、邮寄烈性生物病原体、生物毒素造成境内人员感染或死亡。

（13）省级以上人民政府卫生行政部门认定的其他重大突发公共卫生事件。

3. 较大突发公共卫生事件（Ⅲ级）

用黄色进行预警。较大突发公共卫生事件是指事件或事故在较大范围内发生，出现事态扩散，但尚未达到规定的严重突发公共卫生事件标准的程度。主要包括：

（1）发生肺鼠疫、肺炭疽病例，一个平均潜伏期内病例数未超过5例，流行范围在一个县（市）行政区域以内。

（2）腺鼠疫发生流行，在一个县（市）行政区域内，一个平均潜伏期内连续发病10例以上，或波及2个以上县（市）。

（3）霍乱在一个县（市）行政区域内发生，1周内发病10～29例，或波及2个以上县（市），或市（地）级以上城市的市区首次发生。

（4）一周内在一个县（市）行政区域内，乙、丙类传染病发病水平超过前5年同期平均发病水平1倍以上。

（5）在一个县（市）行政区域内发现群体性不明原因疾病。

（6）一次食物中毒人数超过100人，或出现死亡病例。

（7）预防接种或群体预防性服药出现群体心因性反应或不良反应。

（8）一次发生急性职业中毒10～49人，或死亡4人以下。

（9）市（地）级以上人民政府卫生行政部门认定的其他较大突发公共卫生事件。

4. 一般突发公共卫生事件（Ⅳ级）

用蓝色进行预警。一般突发公共卫生事件是指在局部地区发生，尚未引起大范围传播或扩散，还没有达到规定的较重突发公共卫生事件标准的事件。主要包括：

（1）腺鼠疫在一个县（市）行政区域内发生，一个平均潜伏期内的病例数未超过10例。

（2）霍乱在一个县（市）行政区域内发生，1周内发病9例以下。

（3）一次食物中毒人数30～99人，未出现死亡病例。

（4）一次发生急性职业中毒9人以下，未出现死亡病例。

（5）县级以上人民政府卫生行政部门认定的其他一般突发公共卫生事件。

五、突发公共卫生事件的防治原则

《条例》规定，防治突发公共卫生事件与灾害事故必须遵循预防为主、常备不懈的方针，贯彻统一领导、分级负责、条块结合、加强合作的原则，建立卫生系统反应及时、措施果断、依靠科学、群防群控的突发公共卫生事件的防控与处置机制。具体工作原则如下。

（一）以人为本，减少危害

切实履行政府的社会管理和公共服务职能，把保障公众健康和生命财产安全作为首要任务，最大限度地减少突发公共事件与灾害事故及其造成的人员伤亡和危害。

（二）居安思危，预防为主

高度重视公共安全工作，常抓不懈，防患于未然。增强忧患意识，坚持预防为主与应急相结合，常态与非常态相结合，做好应对突发公共卫生事件的各项准备工作。

（三）统一领导，分级负责

突发事件发生后，国务院设立全国突发事件应急处理指挥部，由国务院有关部门和军队有关部门组成，国务院主管领导人担任总指挥，负责对全国突发事件应急处理的统一领导、统一指挥。在党中央、国务院的统一领导下，建立健全分类管理、分级负责、条块结合、属地管理为主的应急管理体制，在各级党委领导下，实行行政领导责任制，充分发挥专业应急指挥机构的作用。

（四）依法规范，加强管理

依据有关法律和行政法规，加强应急管理，维护公众的合法权益，应对突发公共卫生事件与灾害事故的应急工作规范化、制度化、法制化。

（五）快速反应，协同应对

加强以属地管理为主的应急处置队伍建设，建立联动协调制度，充分动员和发挥乡镇、社区、企事业单位、社会团体和志愿者队伍的作用，依靠公众力量，形成统一指挥、反应灵敏、功能齐全、协调有序、运转高效的应急管理机制。

（六）依靠科技，提高素质

加强公共安全科学研究和技术开发，采用先进的监测、预测、预警、预防和应急处置技术及设施，充分发挥专家队伍和专业人员的作用，提高应对突发公共卫生事件与灾害事故的先进科技水平和指挥能力，避免发生次生、衍生事件；加强宣传和培训教育工作，提高公众自救、互救和应对各类突发公共事件的综合素质。

第二节　预防与应急准备

2006 年，《国务院关于全面加强应急管理工作的意见》中指出：加强应急管理，是关系到国家经济社会发展全局和人民群众生命财产安全的大事，是全面落实科学发展观、构建社会主义和谐社会的重要内容，是各级政府坚持以人为本、执政为民、全面履行政府职能的重要体现。能否及时有效地应对和处理突发公共卫生事件，其预防与应急准备工作至关重要。

一、突发公共卫生事件的预防

（一）加强突发事件的监测与预警

国家建立统一的突发事件预防控制体系。各地区各部门针对可能发生的突发公共事件，完善预测预警机制，建立预测预警系统，开展风险分析，做到早发现、早报告、早处置。

县级以上地方人民政府应建立和完善突发公共卫生事件监测与预警系统。各级人民政府卫生行政主管部门，应指定机构负责开展突发事件的日常监测，并确保监测与预警系统的正常运行。

监测与预警工作应根据突发公共卫生事件的类别，制定监测计划，科学分析、综合评价监测数据。对早期发现的潜在的隐患以及可能发生的突发事件，应依据《条例》规定的报告程序和时限及时报告。

（二）预警级别和发布

根据预测及分析的结果，对可能发生和可以预警的突发公共卫生事件及事故进行预警。预警级别根据突发公共卫生事件可能造成的危害程度、紧急程度和发展势态，一般划分为四级：Ⅰ级（特别严重）、Ⅱ级（严重）、Ⅲ级（较重）、Ⅳ级（一般），分别用红色、橙色、黄色、蓝色作为标记表示。

（三）增强公众应急防范意识

地方各级人民政府应依照法律、行政法规的规定，做好传染病预防和其他公共卫生的工作，防范突发公共卫生事件的发生。县级以上各级人民政府卫生行政主管部门和其他相关部门，应当对公众开展突发事件和灾害事故应急知识的专门教育，增强全社会对突发公共卫生事件的防范意识和应对处理能力。

二、突发公共卫生事件的应急准备

（一）制定全国突发事件应急预案系统

国务院制定的突发事件专项应急预案包括以下 4 项内容：《国家突发公共卫生事件应急预案》《国家突发公共事件医疗卫生救援应急预案》《国家突发重大动物疫情应急预案》《国家重大食品安全事故应急预案》。国务院卫生行政主管部门按照分类指导、快速反应的要求，制定全国突发事件应急预案，报请国务院批准。各省、自治区、直辖市人民政府根据全国突发事件应急预案，结合当地实际，制定本行政区域的突发事件应急预案。全国突发公共事件应急预案体系包括以下内容。

1. 突发公共事件总体应急预案

它是国务院应对特别重大突发公共卫生事件的规范性文件，是全国应急预案体系的总纲。

2. 突发公共事件专项应急预案

它主要是指国务院及其有关部门为应对某种类型或某几种类型突发公共卫生事件而制定的应急预案。

3. 突发公共事件部门应急预案

它是指国务院有关部门根据总体应急预案、专项应急预案及部门职责为应对突发公共事件而制定的预案。

4. 突发公共事件地方应急预案

它具体指省级人民政府的突发公共卫生事件总体、专项及部门的应急预案，各市（地）、县人民政府及其基层政权组织的突发公共事件应急预案。

（二）全国应急预案的内容

根据《条例》规定，突发事件应急预案的内容主要包括以下几个方面。

（1）突发事件应急处理指挥部的组成和相关部门的职责；

（2）突发事件的监测与预警；

（3）突发事件信息的收集、分析、报告、通报制度；

（4）突发事件应急处理技术和监测机构及其任务；

（5）突发事件的分级和应急处理工作方案；

（6）突发事件预防、现场控制，应急设施设备、救治药品和医疗器械以及其他物资和技术的储备与调度；

（7）突发事件应急处理专业队伍的建设与培训。

第三节　报告与信息发布

一、突发事件应急报告制度

《条例》第十九条规定：国家建立突发事件应急报告制度。国务院卫生行政主管部门制定突发事件应急报告规范，建立重大、紧急疫情信息报告系统。有下列情形之一的，省、自治区、直辖市人民政府应当在接到报告1小时内，向国务院卫生行政主管部门报告：

（1）发生或者可能发生传染病暴发、流行的；

（2）发生或者发现不明原因的群体性疾病的；

（3）发生传染病菌种、毒种丢失的；

（4）发生或者可能发生重大食物和职业中毒事件的。

国务院卫生行政主管部门对可能造成重大社会影响的突发事件，应当立即向国务院报告。突发事件监测机构、医疗卫生机构和有关单位发现有上述情形之一的，2 小时内向所在地县级人民政府卫生行政主管部门报告；接到报告的卫生行政主管部门 2 小时内向本级人民政府报告，并同时向上级人民政府卫生行政主管部门和国务院卫生行政主管部门报告。县级人民政府 2 小时内向设区的市级人民政府或者上一级人民政府报告；设区的市级人民政府 2 小时内向省、自治区、直辖市人民政府报告。任何单位和个人对突发事件，不得隐瞒、缓报、谎报或者授意他人隐瞒、缓报、谎报。

二、突发事件举报制度

国家建立突发事件举报制度，公布统一的突发事件报告、举报电话。任何单位和个人有权向人民政府及其有关部门报告突发事件隐患，有权向上级人民政府及其有关部门举报地方人民政府及其有关部门不履行突发事件应急处理职责，或者不按照规定履行职责的情况。接到报告、举报的有关人民政府及其有关部门，应当立即组织对突发事件隐患、不履行或者不按照规定履行突发事件应急处理职责的情况进行调查处理。对举报突发事件有功的单位和个人，县级以上各级人民政府及其有关部门应当予以奖励。

三、突发事件信息发布制度

（一）国家建立突发事件的信息发布制度

以实事求是、科学的态度发布突发事件的信息，是党和政府对社会、对民众负责任的体现；及时、准确、全面地发布安全性事件信息是有效控制突发事件的一项积极主动的措施。为此,《条例》规定国家建立突发事件的信息发布制度。

（二）卫生行政部门向社会发布突发事件信息

《条例》规定国务院卫生行政主管部门负责向社会发布突发事件的信息。必要时，可以授权省、自治区、直辖市人民政府卫生行政主管部门向社会发布本行政区域内突发事件的信息。信息发布应当及时、准确、全面。

（三）新闻媒体发布突发事件信息

新闻媒体对突发事件要及时主动、准确把握和实事求是地报道，正确引导舆论导向，注重社会效果，防止产生负面影响。

第四节　应急处理

一、突发公共卫生事件应急处理原则

（一）预防为主、常备不懈

提高全社会对突发公共卫生事件的防范意识，落实各项防范措施，做好人员、技术、物资和设备的应急储备工作。对各类可能引发突发公共卫生事件的情况要及时进行分析、预警，做到早发现、早报告、早处理。

（二）统一领导、分级负责

根据突发公共卫生事件的范围、性质和危害程度，对突发公共卫生事件实行分级管理。各级人民政府负责突发公共卫生事件应急处理的统一领导和指挥，各有关部门按照预案规定，在各自的职责范围内做好突发公共卫生事件应急处理的有关工作。

（三）依法规范、措施果断

地方各级人民政府和卫生行政部门要按照相关法律、法规和规章的规定，完善突发公共卫生事件应急体系，建立健全系统、规范的突发公共卫生事件应急处理工作制度，对突发公共卫生事件和可能发生的公共卫生事件作出快速反应，及时、有效开展监测、报告和处理工作。

（四）依靠科学、加强合作

突发公共卫生事件应急工作要充分尊重和依靠科学，要重视开展防范和处理突发公共卫生事件的科研和培训，为突发公共卫生事件应急处理提供技术保障。各有关部门和单位要通力合作、资源共享，有效应对突发公共卫生事件。要广泛组织、动员公众参与突发公共卫生事件的应急处理。

二、突发公共卫生事件应急处理的一般程序

突发公共卫生事件应急处理的一般程序应包括：① 及时报告；② 现场抢救与转送伤员；③ 保护和控制现场；④ 控制和消除致病因素；⑤ 调查确诊；⑥ 健康人群进行预防。

三、突发公共卫生事件现场医疗救援的程序

（一）“120”调度

“120”接到报警；派遣。

（二）遣队到现场

报告伤亡人数、伤情、现场是否需要增援，有无特殊情况等，随时报告救援进展，更正报告内容。

（三）现场医疗急救的任务

急救人员迅速到达现场，完善报告制度，随时报告、重点报告；在安全地点实施救治；维护医疗救护秩序；按优先秩序实施救治；在医疗监护下将伤员转运到有条件的医院救治。

（四）现场指挥的任务

上报；下传；协调。

（五）建立灾后评估体系

急救反应的时间、总结、调整灾后预案。

（六）检伤分类

按伤情做好标记卡。国际医疗救援优先顺序分类一般为：① 红色—第一优先：非常严重，危及生命，须紧急救治；② 黄色—第二优先：有重大创伤，可短暂等候；③ 绿色—第三优先：可自行活动，为轻伤；④ 黑色：死亡或无救治希望。

（七）根据伤情确定暂缓后送的伤员

① 休克未纠正，病情不稳定者；② 颅脑损伤怀疑颅内高压或发生脑疝者；③ 颈椎损伤有呼吸功能障碍者；④ 胸腹部损伤，病情不稳定者；⑤ 骨折部位不确定或未经妥善处理者。

四、突发公共卫生事件应急预案的启动

突发事件发生后，卫生行政主管部门应当组织专家对突发事件进行综合评估，初步判断突发事件的类型，提出是否启动突发事件应急预案的建议。

在全国范围内或者跨省、自治区、直辖市范围内启动全国突发事件应急预案，由国务院卫生行政主管部门报国务院批准后实施。省、自治区、直辖市启动突发事件应急预案，由省、自治区、直辖市人民政府决定，并向国务院报告。

全国突发事件应急处理指挥部对突发事件应急处理进行督察和指导，地方各级人民政府及其有关部门应当予以配合。省、自治区、直辖市突发事件应急处理指挥部对本行政区域内突发事件应急处理工作进行督察指导。

五、突发公共卫生事件应急处理措施

（1）省级以上人民政府卫生行政主管部门或者其他有关部门指定的突发事件应急处理专业技术机构，负责突发事件的技术调查确认、处置、控制和评价工作。

（2）国务院卫生行政主管部门对新发现的突发传染病，根据危害程度、流行强度，依照《中华人民共和国传染病防治法》的规定及时宣布为法定传染病；宣布为甲类传染病的，由国务院决定。

（3）突发事件发生后，国务院有关部门和县级以上地方人民政府及其有关部门，应当保证突发事件应急处理所需的医疗救护设备、救治药品、医疗器械等物资的生产、供应；铁路、交通、民用航空行政主管部门应当保证及时运送。

（4）根据突发事件应急处理的需要，突发事件应急处理指挥部有权紧急调集人员、储备的物资、交通工具及相关设施设备；必要时，要对人员紧急疏散或隔离，并可以依法对传染病疫区实行封锁。

（5）突发事件应急处理指挥部根据突发事件应急处理的需要，可对食物、水源采取控制措施。县级以上地方人民政府卫生行政主管部门应对现场采取控制措施，宣传突发事件防治

知识，及时对易受感染人群和其他易受损害的人群采取应急接种、预防性投药、群体防护等措施。

第五节 法律责任

《条例》第四十五条至第五十二条规定了对有关部门或当事人在突发事件与灾害事故的应急工作中的违法行为及根据情节轻重所应承担的法律责任。

一、政府及其有关部门的法律责任

（1）县级以上地方人民政府及其卫生行政主管部门未依照《条例》规定履行报告职责，对突发事件隐瞒、缓报、谎报或者授意他人隐瞒、缓报、谎报的，对政府主要领导人及其卫生行政主管部门主要负责人，依法给予降级或撤职的行政处分；造成传染病传播、流行或者对社会公众健康造成其他严重危害后果的，依法给予开除的行政处分；构成犯罪的，依法追究刑事责任。

（2）国务院有关部门、县级以上地方人民政府及其有关部门未依照《条例》规定，未完成突发事件应急处理所需要的设施、设备、药品和医疗器械等物资的生产、供应、运输和储备的，对政府主要领导人和政府部门主要负责人依法给予降级或者撤职的行政处分；造成传染病传播、流行或者对社会公众健康造成其他严重危害后果的，依法给予开除的行政处分；构成犯罪的，依法追究刑事责任。

（3）突发事件发生后，县级以上地方人民政府及其有关部门对上级人民政府有关部门的调查不予配合，或者采取其他方式阻碍、干涉调查的，对政府主要领导人和政府部门主要负责人依法给予降级或者撤职的行政处分；构成犯罪的，依法追究刑事责任。

（4）县级以上各级人民政府卫生行政主管部门和其他有关部门在突发事件调查、控制、医疗救治工作中玩忽职守、失职、渎职的，由本级人民政府或者上级人民政府有关部门责令改正、通报批评、给予警告；对主要负责人、负有责任的主管人员和其他责任人员依法给予降级、撤职的行政处分；造成传染病传播、流行或者对社会公众健康造成其他严重危害后果的，依法给予开除的行政处分；构成犯罪的，依法追究刑事责任。

（5）县级以上各级人民政府有关部门拒不履行应急处理职责的，由同级人民政府或者上级人民政府有关部门责令改正、通报批评、给予警告；对主要负责人、负有责任的主管人员和其他责任人员依法给予降级、撤职的行政处分；造成传染病传播、流行或者对社会公众健康造成其他严重危害后果的，依法给予开除的行政处分；构成犯罪的，依法追究刑事责任。

二、医疗卫生机构的法律责任

医疗卫生机构有下列行为之一的，由卫生行政主管部门责令改正、通报批评、给予警告；情节严重的，吊销“医疗机构执业许可证”；对主要负责人、负有责任的主管人员和其他直接责任人员依法给予降级或者撤职的纪律处分；造成传染病传播、流行或者对社会公众健康造成其他严重危害后果，构成犯罪的，依法追究刑事责任：

（1）未依照本条例的规定履行报告职责，隐瞒、缓报或者谎报的；

（2）未依照本条例的规定及时采取控制措施的；

（3）未依照本条例的规定履行突发事件监测职责的；

（4）拒绝接诊病人的；

（5）拒不服从突发事件应急处理指挥部调度的。

三、有关单位和个人的法律责任

在突发事件应急处理工作中，有关单位和个人未依照本条例的规定履行报告职责，隐瞒、缓报或者谎报，阻碍突发事件应急处理工作人员执行职务，拒绝国务院卫生行政主管部门或者其他有关部门指定的专业技术机构进入突发事件现场，或者不配合调查、采样、技术分析和检验的，对有关责任人员依法给予行政处分或者纪律处分；触犯《中华人民共和国治安管理处罚法》，构成违反治安管理行为的，由公安机关依法予以处罚；构成犯罪的，依法追究刑事责任。

四、扰乱社会秩序、市场秩序的法律责任

在突发事件发生期间，散布谣言、哄抬物价、欺骗消费者，扰乱社会秩序、市场秩序的，由公安机关或者工商行政管理部门依法给予行政处罚；构成犯罪的，依法追究刑事责任。

本章小结

本章主要介绍了突发公共卫生事件的概念、分类、分级、特点、预防及应急处理；突发公共卫生事件的防治原则；突发公共卫生事件报告、信息发布；突发公共卫生事件法律责任。

巩固练习

简答题

（1）突发公共卫生事件的概念、特点是什么？其分类和分级是如何确定的？

（2）突发公共卫生事件应急处理原则是什么？

（3）医疗卫生机构在什么情况下，将被卫生行政主管部门责令改正、通报批评、给予警告；情节严重的，吊销“医疗机构执业许可证”？

第五章

疫苗流通和预防接种管理

【学习目标】

（1）掌握疫苗的概念与分类、预防接种异常反应的概念；疫苗流通中疫苗的采购和疫苗的分发基本规定；不属于预防接种异常反应的情形、预防接种异常反应的处理、预防接种异常反应的补偿。

（2）熟悉疫苗接种单位应当具备的条件、疫苗接种单位的管理、医疗卫生人员的责任、儿童预防接种的管理、群体性预防接种的管理、疾病预防控制机构的职责。

（3）了解疫苗上市后的管理、监督及保障措施。

（4）了解疾病预防控制机构的法律责任、接种单位的法律责任。

（5）培养学生具有一定疫苗流通和预防接种知识的能力，增强社会责任感。

第一节　概　述

SARS、禽流感、甲流、登革热、埃博拉……面对这些曾经或正在引起人们惊恐的病毒，我们首先想到的保卫武器就是疫苗，想到疫苗在传染病肆虐时发挥的巨大作用。通过接种疫苗，人类击退了一次又一次的瘟疫攻击，在人类与疾病斗争的波澜壮阔史册中留下了光辉一页。为了加强对疫苗流通和预防接种的管理，保证疫苗质量和供应，规范预防接种，预防、控制传染病的发生、流行，保障公众健康，维护公共卫生安全，我国制定了多部相关法律和条文规范，如《中华人民共和国疫苗管理法》《预防接种异常反应鉴定办法》《预防接种工作规范》《疫苗流通和预防接种管理条例》《疫苗储存和运输管理规范》等。

一、疫苗的概念

疫苗，是指为预防、控制疾病的发生、流行，用于人体免疫接种的预防性生物制品，包括免疫规划疫苗和非免疫规划疫苗。

二、疫苗的分类

疫苗分为两类。第一类疫苗，也称免疫规划疫苗，是指政府免费向公民提供，公民应当依照政府的规定受种的疫苗，包括国家免疫规划确定的疫苗，省、自治区、直辖市人民政府在执行国家免疫规划时增加的疫苗，以及县级以上人民政府或者其卫生主管部门组织的应急接种或者群体性预防接种所使用的疫苗；第二类疫苗，也称非免疫规划疫苗，是指由公民自费并且自愿受种的其他疫苗。

第二节　疫苗研制和注册

一、疫苗的研制与临床试验

国家根据疾病流行情况、人群免疫状况等因素，制定相关研制规划，安排必要资金，支持多联多价等新型疫苗的研制。国家组织疫苗上市许可持有人、科研单位、医疗卫生机构联合攻关，研制疾病预防、控制急需的疫苗。国家鼓励疫苗上市许可持有人加大研制和创新资金投入，优化生产工艺，提升质量控制水平，推动疫苗技术进步。

开展疫苗临床试验，应当经国务院药品监督管理部门依法批准。疫苗临床试验应当由符合国务院药品监督管理部门和国务院卫生健康主管部门规定条件的三级医疗机构或者省级以上疾病预防控制机构实施或者组织实施。国家鼓励符合条件的医疗机构、疾病预防控制机构等依法开展疫苗临床试验。

疫苗临床试验申办者应当制定临床试验方案，建立临床试验安全监测与评价制度，审慎选择受试者，合理设置受试者群体和年龄组，并根据风险程度采取有效措施，保护受试者合法权益。

开展疫苗临床试验，应当取得受试者的书面知情同意；受试者为无民事行为能力人的，应当取得其监护人的书面知情同意；受试者为限制民事行为能力人的，应当取得本人及其监护人的书面知情同意。

二、疫苗的注册

在中国境内上市的疫苗应当经国务院药品监督管理部门批准，取得药品注册证书；申请疫苗注册，应当提供真实、充分、可靠的数据、资料和样品。对疾病预防、控制急需的疫苗和创新疫苗，国务院药品监督管理部门应当予以优先审评审批。

应对重大突发公共卫生事件急需的疫苗或者国务院卫生健康主管部门认定急需的其他疫苗，经评估获益大于风险的，国务院药品监督管理部门可以附条件批准疫苗注册申请。出现特别重大突发公共卫生事件或者其他严重威胁公众健康的紧急事件，国务院卫生健康主管部门根据传染病预防、控制需要提出紧急使用疫苗的建议，经国务院药品监督管理部门组织论证同意后可以在一定范围和期限内紧急使用。

国务院药品监督管理部门在批准疫苗注册申请时，对疫苗的生产工艺、质量控制标准和说明书、标签予以核准。国务院药品监督管理部门应当在其网站上及时公布疫苗说明书、标签内容。

第三节　疫苗生产和批签发

一、疫苗准入制度

国家对疫苗生产实行严格准入制度。从事疫苗生产活动，应当经省级以上人民政府药品监督管理部门批准，取得药品生产许可证。从事疫苗生产活动，除符合《中华人民共和国药品管理法》规定的从事药品生产活动的条件外，还应当具备下列条件：

（1）具备适度规模和足够的产能储备；

（2）具有保证生物安全的制度和设施、设备；

（3）符合疾病预防、控制需要。

疫苗上市许可持有人应当具备疫苗生产能力；超出疫苗生产能力确需委托生产的，应当经国务院药品监督管理部门批准。接受委托生产的，应当遵守本法规定和国家有关规定，保证疫苗质量。

疫苗上市许可持有人的法定代表人、主要负责人应当具有良好的信用记录，生产管理负责人、质量管理负责人、质量受权人等关键岗位人员应当具有相关专业背景和从业经历。

疫苗上市许可持有人应当加强对前款规定人员的培训和考核，及时将其任职和变更情况向省、自治区、直辖市人民政府药品监督管理部门报告。

疫苗应当按照经核准的生产工艺和质量控制标准进行生产和检验，生产全过程应当符合药品生产质量管理规范的要求。疫苗上市许可持有人应当按照规定对疫苗生产全过程和疫苗质量进行审核、检验。

疫苗上市许可持有人应当建立完整的生产质量管理体系，持续加强偏差管理，采用信息化手段如实记录生产、检验过程中形成的所有数据，确保生产全过程持续符合法定要求。

二、疫苗批签发制度

国家实行疫苗批签发制度。每批疫苗销售前或者进口时，应当经国务院药品监督管理部门指定的批签发机构按照相关技术要求进行审核、检验。符合要求的，发给批签发证明；不符合要求的，发给不予批签发通知书。不予批签发的疫苗不得销售，并应当由省、自治区、直辖市人民政府药品监督管理部门监督销毁；不予批签发的进口疫苗应当由口岸所在地药品监督管理部门监督销毁或者依法进行其他处理。国务院药品监督管理部门、批签发机构应当及时公布上市疫苗批签发结果，供公众查询。

申请疫苗批签发应当按照规定向批签发机构提供批生产及检验记录摘要等资料和同批号产品等样品。进口疫苗还应当提供原产地证明、批签发证明；在原产地免予批签发的，应当提供免予批签发证明。预防、控制传染病疫情或者应对突发事件急需的疫苗，经国务院药品监督管理部门批准，免予批签发。

疫苗批签发应当逐批进行资料审核和抽样检验。疫苗批签发检验项目和检验频次应当根据疫苗质量风险评估情况进行动态调整。对疫苗批签发申请资料或者样品的真实性有疑问，或者存在其他需要进一步核实的情况的，批签发机构应当予以核实，必要时应当采用现场抽样检验等方式组织开展现场核实。

批签发机构在批签发过程中发现疫苗存在重大质量风险的，应当及时向国务院药品监督管理部门和省、自治区、直辖市人民政府药品监督管理部门报告。接到报告的部门应当立即对疫苗上市许可持有人进行现场检查，根据检查结果通知批签发机构对疫苗上市许可持有人的相关产品或者所有产品不予批签发或者暂停批签发，并责令疫苗上市许可持有人整改。疫苗上市许可持有人应当立即整改，并及时将整改情况向责令其整改的部门报告。

对生产工艺偏差、质量差异、生产过程中的故障和事故以及采取的措施，疫苗上市许可持有人应当如实记录，并在相应批产品申请批签发的文件中载明；可能影响疫苗质量的，疫苗上市许可持有人应当立即采取措施，并向省、自治区、直辖市人民政府药品监督管理部门报告。

第四节　疫苗流通

一、疫苗的采购

采购疫苗，应当通过省级公共资源交易平台进行。

国家免疫规划疫苗由国务院卫生健康主管部门会同国务院财政部门等组织集中招标或者统一谈判，形成并公布中标价格或者成交价格，各省、自治区、直辖市实行统一采购。国家免疫规划疫苗以外的其他免疫规划疫苗、非免疫规划疫苗由各省、自治区、直辖市通过省级公共资源交易平台组织采购。

省级疾病预防控制机构应当根据国家免疫规划和本地区预防、控制传染病的发生、流行的需要，制定本地区第一类疫苗的使用计划（以下称使用计划），并向依照国家有关规定负责采购第一类疫苗的部门报告，同时报同级人民政府卫生主管部门备案。使用计划应当包括疫苗的品种、数量、供应渠道与供应方式等内容。依照国家有关规定负责采购第一类疫苗的部门应当依法与疫苗生产企业签订政府采购合同，约定疫苗的品种、数量、价格等内容。

二、疫苗的分发

（一）疫苗的采购与分发

省级疾病预防控制机构应当做好分发第一类疫苗的组织工作，并按照使用计划将第一类疫苗组织分发到设区的市级疾病预防控制机构或者县级疾病预防控制机构。县级疾病预防控制机构应当按照使用计划将第一类疫苗分发到接种单位和乡级医疗卫生机构。乡级医疗卫生机构应当将第一类疫苗分发到承担预防接种工作的村医疗卫生机构。医疗卫生机构不得向其他单位或者个人分发第一类疫苗；分发第一类疫苗，不得收取任何费用。

传染病暴发、流行时，县级以上地方人民政府或者其卫生主管部门需要采取应急接种措施的，设区的市级以上疾病预防控制机构可以直接向接种单位分发第一类疫苗。

第二类疫苗由省级疾病预防控制机构组织在省级公共资源交易平台集中采购，由县级疾病预防控制机构向疫苗生产企业采购后供应给本行政区域的接种单位。

疫苗生产企业应当直接向县级疾病预防控制机构配送第二类疫苗，或者委托具备冷链储存、运输条件的企业配送。接受委托配送第二类疫苗的企业不得委托配送。县级疾病预防控制机构向接种单位供应第二类疫苗可以收取疫苗费用以及储存、运输费用。疫苗费用按照采购价格收取，储存、运输费用按照省、自治区、直辖市的规定收取。收费情况应当向社会公开。

（二）疫苗的运输与管理

疫苗上市许可持有人、疾病预防控制机构自行配送疫苗应当具备疫苗冷链储存、运输条件，也可以委托符合条件的疫苗配送单位配送疫苗。疾病预防控制机构配送非免疫规划疫苗可以收取储存、运输费用，具体办法由国务院财政部门会同国务院价格主管部门制定，收费标准由省、自治区、直辖市人民政府价格主管部门会同财政部门制定。

疾病预防控制机构、接种单位、疫苗上市许可持有人、疫苗配送单位应当遵守疫苗储存、运输管理规范，保证疫苗质量。疫苗在储存、运输全过程中应当处于规定的温度环境，冷链储存、运输应当符合要求，并定时监测、记录温度。疫苗储存、运输管理规范由国务院药品监督管理部门、国务院卫生健康主管部门共同制定。

疫苗上市许可持有人在销售疫苗时，应当提供加盖其印章的批签发证明复印件或者电子文件；销售进口疫苗的，还应当提供加盖其印章的进口药品通关单复印件或者电子文件。

疾病预防控制机构、接种单位在接收或者购进疫苗时，应当索取加盖印章的批签发证明复印件或者电子文件、进口药品通关单复印件或者电子文件以及本次运输、储存全过程温度监测记录，并保存至疫苗有效期满后不少于五年备查；对不能提供本次运输、储存全过程温度监测记录或者温度控制不符合要求的，不得接收或者购进，并应当立即向县级以上地方人民政府药品监督管理部门、卫生健康主管部门报告。

疾病预防控制机构、接种单位应当建立疫苗定期检查制度，对存在包装无法识别、储存温度不符合要求、超过有效期等问题的疫苗，采取隔离存放、设置警示标志等措施，并按照国务院药品监督管理部门、卫生健康主管部门、生态环境主管部门的规定处置。疾病预防控制机构、接种单位应当如实记录处置情况，处置记录应当保存至疫苗有效期满后不少于五年备查。

第五节　疫苗接种

一、接种单位应当具备的条件

根据 2019 年 6 月 29 日第十三届全国人民代表大会常务委员会第十一次会议通过、2019 年 12 月 1 日起施行的《中华人民共和国疫苗管理法》规定，接种单位应当具备以下条件：

（1）取得医疗机构执业许可证；

（2）具有经过县级人民政府卫生健康主管部门组织的预防接种专业培训并考核合格的医师、护士或者乡村医生；

（3）具有符合疫苗储存、运输管理规范的冷藏设施、设备和冷藏保管制度。

县级以上地方人民政府卫生健康主管部门指定符合条件的医疗机构承担责任区域内免疫规划疫苗接种工作。符合条件的医疗机构可以承担非免疫规划疫苗接种工作，并应当报颁发其医疗机构执业许可证的卫生健康主管部门备案。

接种单位应当加强内部管理，开展预防接种工作应当遵守预防接种工作规范、免疫程序、疫苗使用指导原则和接种方案。各级疾病预防控制机构应当加强对接种单位预防接种工作的技术指导和疫苗使用的管理。

二、疫苗接种单位的管理

疫苗接种单位是民众疫苗接种的窗口，疫苗接种单位的管理应当做到以下几点：

（1）接种单位应当承担责任区域内的预防接种工作，并接受所在地的县级疾病预防控制机构的技术指导。

（2）接种单位接收第一类疫苗或者购进第二类疫苗，应当索要疫苗储存、运输全过程的温度监测记录，建立并保存真实、完整的接收、购进记录，做到票、账、货、款一致。对不能提供全过程温度监测记录或者温度控制不符合要求的，接种单位不得接收或者购进，并应当立即向所在地县级人民政府药品监督管理部门、卫生主管部门报告。

（3）接种单位应当根据预防接种工作的需要，制定第一类疫苗的需求计划和第二类疫苗的购买计划，并向县级人民政府卫生主管部门和县级疾病预防控制机构报告。

（4）接种单位接种疫苗，应当遵守预防接种工作规范、免疫程序、疫苗使用指导原则和接种方案，并在其接种场所的显著位置公示第一类疫苗的品种和接种方法。

三、实施接种的医疗卫生人员的责任

医疗卫生人员是直接与患者接触的，承担着重要的职责。医疗卫生人员实施接种，应当告知受种者或者其监护人所接种疫苗的品种、作用、禁忌、不良反应以及现场留观等注意事项，询问受种者的健康状况以及是否有接种禁忌等情况，并如实记录告知和询问情况。受种者或者其监护人应当如实提供受种者的健康状况和接种禁忌等情况。有接种禁忌不能接种的，医疗卫生人员应当向受种者或者其监护人提出医学建议，并如实记录提出医学建议情况。

医疗卫生人员在实施接种前，应当按照预防接种工作规范的要求，检查受种者健康状况、核查接种禁忌，查对预防接种证，检查疫苗、注射器的外观、批号、有效期，核对受种者的姓名、年龄和疫苗的品名、规格、剂量、接种部位、接种途径，做到受种者、预防接种证和疫苗信息相一致，确认无误后方可实施接种。

医疗卫生人员应当对符合接种条件的受种者实施接种。受种者在现场留观期间出现不良反应的，医疗卫生人员应当按照预防接种工作规范的要求，及时采取救治等措施。

医疗卫生人员应当按照国务院卫生健康主管部门的规定，真实、准确、完整记录疫苗的品种、上市许可持有人、最小包装单位的识别信息、有效期、接种时间、实施接种的医疗卫生人员、受种者等接种信息，确保接种信息可追溯、可查询。接种记录应当保存至疫苗有效期满后不少于五年备查。

四、儿童预防接种的管理

国家对儿童实行预防接种证制度。在儿童出生后一个月内，其监护人应当到儿童居住地承担预防接种工作的接种单位或者出生医院为其办理预防接种证。接种单位或者出生医院不得拒绝办理。监护人应当妥善保管预防接种证。

预防接种实行居住地管理，儿童离开原居住地期间，由现居住地承担预防接种工作的接种单位负责对其实施接种。

预防接种证的格式由国务院卫生健康主管部门规定。

儿童入托、入学时，托幼机构、学校应当查验预防接种证，发现未按照规定接种免疫规划疫苗的，应当向儿童居住地或者托幼机构、学校所在地承担预防接种工作的接种单位报告，并配合接种单位督促其监护人按照规定补种。疾病预防控制机构应当为托幼机构、学校查验预防接种证等提供技术指导。

儿童入托、入学预防接种证查验办法由国务院卫生健康主管部门会同国务院教育行政部门制定。

接种单位接种免疫规划疫苗不得收取任何费用。接种单位接种非免疫规划疫苗，除收取疫苗费用外，还可以收取接种服务费。接种服务费的收费标准由省、自治区、直辖市人民政府价格主管部门会同财政部门制定。

五、群体性预防接种的管理

县级以上地方人民政府卫生健康主管部门根据传染病监测和预警信息，为预防、控制传染病暴发、流行，报经本级人民政府决定，并报省级以上人民政府卫生健康主管部门备案，可以在本行政区域进行群体性预防接种。需要在全国范围或者跨省、自治区、直辖市范围内进行群体性预防接种的，应当由国务院卫生健康主管部门决定。

作出群体性预防接种决定的县级以上地方人民政府或者国务院卫生健康主管部门应当组织有关部门做好人员培训、宣传教育、物资调用等工作。任何单位和个人不得擅自进行群体性预防接种。

传染病暴发、流行时，县级以上地方人民政府或者其卫生健康主管部门需要采取应急接种措施的，依照法律、行政法规的规定执行。

六、疾病预防控制机构的职责

国家规定，各级疾病预防控制机构需要承担传染病的监测、预测、流行病学调查、疫情报告以及其他预防、控制等工作。各级疾病预防控制机构虽然具体工作不同，但是大体职责如下：

（1）实施传染病预防控制规划、计划和方案；
（2）收集、分析和报告传染病监测信息，预测传染病的发生、流行趋势；
（3）开展对传染病疫情和突发公共卫生事件的流行病学调查、现场处理及其效果评价；
（4）开展传染病实验室检测、诊断、病原学鉴定；
（5）实施免疫规划，负责预防性生物制品的使用管理；
（6）开展健康教育、咨询，普及传染病防治知识；
（7）指导、培训下级疾病预防控制机构及其工作人员开展传染病监测工作；
（8）开展传染病防治应用性研究和卫生评价，提供技术咨询。

国家、省级疾病预防控制机构负责对传染病发生、流行以及分布进行监测，对重大传染病流行趋势进行预测，提出预防控制对策，参与并指导对暴发疫情进行调查处理，开展传染病病原学鉴定，建立检测质量控制体系，开展应用型研究和卫生评价。

设区的市和县疾病预防控制机构负责传染病预防控制规划、方案的落实，组织实施免疫、消毒、控制病媒生物的危害，普及传染病防治知识，负责本地区疫情和突发公共卫生事件监测、报告，开展流行病学调查和常见病原微生物检测。

疾病预防控制机构应当主动收集、分析、调查、核实传染病疫情信息；应当设立或者指定专门的部门、人员负责传染病疫情信息管理工作，及时对疫情报告进行核实、分析。接到甲类、乙类传染病疫情报告或者发现传染病暴发、流行时，应立即报告当地卫生行政部门，由当时卫生行政部门立即报告当地人民政府，同时报告上级卫生行政部门和国务院卫生行政部门。

第六节　预防接种异常反应的处理

一、预防接种异常反应的概念

预防接种异常反应，是指合格的疫苗在实施规范接种过程中或者实施规范接种后造成受种者机体组织器官、功能损害，相关各方均无过错的药品不良反应。

二、不属于预防接种异常反应的情形

（1）因疫苗本身特性引起的接种后一般反应；
（2）因疫苗质量问题给受种者造成的损害；
（3）因接种单位违反预防接种工作规范、免疫程序、疫苗使用指导原则、接种方案给受种者造成的损害；
（4）受种者在接种时正处于某种疾病的潜伏期或者前驱期，接种后偶合发病；
（5）受种者有疫苗说明书规定的接种禁忌，在接种前受种者或者其监护人未如实提供受种者的健康状况和接种禁忌等情况，接种后受种者原有疾病急性复发或者病情加重；
（6）因心理因素发生的个体或者群体的心因性反应。

三、预防接种异常反应的处理

国家加强预防接种异常反应监测。预防接种异常反应监测方案由国务院卫生健康主管部门会同国务院药品监督管理部门制定。

接种单位、医疗机构等发现疑似预防接种异常反应的，应当按照规定向疾病预防控制机构报告。疫苗上市许可持有人应当设立专门机构，配备专职人员，主动收集、跟踪分析疑似预防接种异常反应，及时采取风险控制措施，将疑似预防接种异常反应向疾病预防控制机构报告，将质量分析报告提交省、自治区、直辖市人民政府药品监督管理部门。

对疑似预防接种异常反应，疾病预防控制机构应当按照规定及时报告，组织调查、诊断，并将调查、诊断结论告知受种者或者其监护人。对调查、诊断结论有争议的，可以根据国务院卫生健康主管部门制定的鉴定办法申请鉴定。

因预防接种导致受种者死亡、严重残疾，或者群体性疑似预防接种异常反应等对社会有重大影响的疑似预防接种异常反应，由设区的市级以上人民政府卫生健康主管部门、药品监督管理部门按照各自职责组织调查、处理。

四、预防接种异常反应的补偿

国家实行预防接种异常反应补偿制度。实施接种过程中或者实施接种后出现受种者死亡、严重残疾、器官组织损伤等损害，属于预防接种异常反应或者不能排除的，应当给予补偿。补偿范围实行目录管理，并根据实际情况进行动态调整。

接种免疫规划疫苗所需的补偿费用，由省、自治区、直辖市人民政府财政部门在预防接种经费中安排；接种非免疫规划疫苗所需的补偿费用，由相关疫苗上市许可持有人承担。国家鼓励通过商业保险等多种形式对预防接种异常反应受种者予以补偿。

预防接种异常反应补偿应当及时、便民、合理。预防接种异常反应补偿范围、标准、程序由国务院规定，省、自治区、直辖市制定具体实施办法。

第七节　疫苗上市后的管理

疫苗上市许可持有人应当建立健全疫苗全生命周期质量管理体系，制定并实施疫苗上市后风险管理计划，开展疫苗上市后研究，对疫苗的安全性、有效性和质量可控性进行进一步确证。对批准疫苗注册申请时提出进一步研究要求的疫苗，疫苗上市许可持有人应当在规定期限内完成研究；逾期未完成研究或者不能证明其获益大于风险的，国务院药品监督管理部门应当依法处理，直至注销该疫苗的药品注册证书。

疫苗上市许可持有人应当对疫苗进行质量跟踪分析，持续提升质量控制标准，改进生产工艺，提高生产工艺稳定性。生产工艺、生产场地、关键设备等发生变更的，应当进行评估、验证，按照国务院药品监督管理部门有关变更管理的规定备案或者报告；变更可能影响疫苗安全性、有效性和质量可控性的，应当经国务院药品监督管理部门批准。

疫苗上市许可持有人应当根据疫苗上市后研究、预防接种异常反应等情况持续更新说明书、标签，并按照规定申请核准或者备案。国务院药品监督管理部门应当在其网站上及时公布更新后的疫苗说明书、标签内容。

疫苗上市许可持有人应当建立疫苗质量回顾分析和风险报告制度，每年将疫苗生产流通、上市后研究、风险管理等情况按照规定如实向国务院药品监督管理部门报告。

国务院药品监督管理部门可以根据实际情况，责令疫苗上市许可持有人开展上市后评价或者直接组织开展上市后评价。对预防接种异常反应严重或者其他原因危害人体健康的疫苗，国务院药品监督管理部门应当注销该疫苗的药品注册证书。

国务院药品监督管理部门可以根据疾病预防、控制需要和疫苗行业发展情况，组织对疫苗品种开展上市后评价，发现该疫苗品种的产品设计、生产工艺、安全性、有效性或者质量可控性明显劣于预防、控制同种疾病的其他疫苗品种的，应当注销该品种所有疫苗的药品注册证书并废止相应的国家药品标准。

第八节　保障措施

一、经费保障

县级以上人民政府应当将疫苗安全工作、购买免疫规划疫苗和预防接种工作以及信息化建设等所需经费纳入本级政府预算，保证免疫规划制度的实施。县级人民政府按照国家有关规定对从事预防接种工作的乡村医生和其他基层医疗卫生人员给予补助。

国家根据需要对经济欠发达地区的预防接种工作给予支持。省、自治区、直辖市人民政府和设区的市级人民政府应当对经济欠发达地区的县级人民政府开展与预防接种相关的工作给予必要的经费补助。

二、行政保障

省、自治区、直辖市人民政府根据本行政区域传染病流行趋势，在国务院卫生健康主管部门确定的传染病预防、控制项目范围内，确定本行政区域与预防接种相关的项目，并保证项目的实施。

国务院卫生健康主管部门根据各省、自治区、直辖市国家免疫规划疫苗使用计划，向疫苗上市许可持有人提供国家免疫规划疫苗需求信息，疫苗上市许可持有人根据疫苗需求信息合理安排生产。

疫苗存在供应短缺风险时，国务院卫生健康主管部门、国务院药品监督管理部门提出建议，国务院工业和信息化主管部门、国务院财政部门应当采取有效措施，保障疫苗生产、供应。

疫苗上市许可持有人应当依法组织生产，保障疫苗供应；疫苗上市许可持有人停止疫苗生产的，应当及时向国务院药品监督管理部门或者省、自治区、直辖市人民政府药品监督管理部门报告。

三、储备保障

国家将疫苗纳入战略物资储备，实行中央和省级两级储备。国务院工业和信息化主管部门、财政部门会同国务院卫生健康主管部门、公安部门、市场监督管理部门和药品监督管理部门，根据疾病预防、控制和公共卫生应急准备的需要，加强储备疫苗的产能、产品管理，建立动态调整机制。各级财政安排用于预防接种的经费应当专款专用，任何单位和个人不得挪用、挤占。有关单位和个人使用预防接种的经费应当依法接受审计机关的审计监督。

四、疫苗责任强制保险制度

疫苗上市许可持有人应当按照规定投保疫苗责任强制保险。因疫苗质量问题造成受种者损害的，保险公司在承保的责任限额内予以赔付。疫苗责任强制保险制度的具体实施办法，由国务院药品监督管理部门会同国务院卫生健康主管部门、保险监督管理机构等制定。

传染病暴发、流行时，相关疫苗上市许可持有人应当及时生产和供应预防、控制传染病的疫苗。交通运输单位应当优先运输预防、控制传染病的疫苗。县级以上人民政府及其有关部门应当做好组织、协调、保障工作。

第九节 监督管理

一、监管职责与范围

药品监督管理部门、卫生健康主管部门按照各自职责对疫苗研制、生产、流通和预防接种全过程进行监督管理，监督疫苗上市许可持有人、疾病预防控制机构、接种单位等依法履行义务。药品监督管理部门依法对疫苗研制、生产、储存、运输以及预防接种中的疫苗质量进行监督检查。卫生健康主管部门依法对免疫规划制度的实施、预防接种活动进行监督检查。药品监督管理部门应当加强对疫苗上市许可持有人的现场检查；必要时，可以对为疫苗研制、生产、流通等活动提供产品或者服务的单位和个人进行延伸检查；有关单位和个人应当予以配合，不得拒绝和隐瞒。

国家建设中央和省级两级职业化、专业化药品检查员队伍，加强对疫苗的监督检查。省、自治区、直辖市人民政府药品监督管理部门选派检查员入驻疫苗上市许可持有人。检查员负责监督检查药品生产质量管理规范执行情况，收集疫苗质量风险和违法违规线索，向省、自治区、直辖市人民政府药品监督管理部门报告情况并提出建议，对派驻期间的行为负责。

二、疫苗质量问题处置

疫苗质量管理存在安全隐患，疫苗上市许可持有人等未及时采取措施消除的，药品监督管理部门可以采取责任约谈、限期整改等措施。严重违反药品相关质量管理规范的，药品监督管理部门应当责令暂停疫苗生产、销售、配送，立即整改；整改完成后，经药品监督管理部门检查符合要求的，方可恢复生产、销售、配送。药品监督管理部门应当建立疫苗上市许可持有人及其相关人员信用记录制度，纳入全国信用信息共享平台，按照规定公示其严重失信信息，实施联合惩戒。

疫苗存在或者疑似存在质量问题的，疫苗上市许可持有人、疾病预防控制机构、接种单位应当立即停止销售、配送、使用，必要时立即停止生产，按照规定向县级以上人民政府药品监督管理部门、卫生健康主管部门报告。卫生健康主管部门应当立即组织疾病预防控制机构和接种单位采取必要的应急处置措施，同时向上级人民政府卫生健康主管部门报告。药品监督管理部门应当依法采取查封、扣押等措施。对已经销售的疫苗，疫苗上市许可持有人应当及时通知相关疾病预防控制机构、疫苗配送单位、接种单位，按照规定召回，如实记录召回和通知情况，疾病预防控制机构、疫苗配送单位、接种单位应当予以配合。未依照前款规定停止生产、销售、配送、使用或者召回疫苗的，县级以上人民政府药品监督管理部门、卫生健康主管部门应当按照各自职责责令停止生产、销售、配送、使用或者召回疫苗。疫苗上市许可持有人、疾病预防控制机构、接种单位发现存在或者疑似存在质量问题的疫苗，不得瞒报、谎报、缓报、漏报，不得隐匿、伪造、毁灭有关证据。

三、相关机制保障

疫苗上市许可持有人应当建立信息公开制度，按照规定在其网站上及时公开疫苗产品信息、说明书和标签、药品相关质量管理规范执行情况、批签发情况、召回情况、接受检查和处罚情况以及投保疫苗责任强制保险情况等信息。

国务院药品监督管理部门会同国务院卫生健康主管部门等建立疫苗质量、预防接种等信息共享机制。省级以上人民政府药品监督管理部门、卫生健康主管部门等应当按照科学、客观、及时、公开的原则，组织疫苗上市许可持有人、疾病预防控制机构、接种单位、新闻媒体、科研单位等，就疫苗质量和预防接种等信息进行交流沟通。

国家实行疫苗安全信息统一公布制度。疫苗安全风险警示信息、重大疫苗安全事故及其调查处理信息和国务院确定需要统一公布的其他疫苗安全信息，由国务院药品监督管理部门会同有关部门公布。全国预防接种异常反应报告情况，由国务院卫生健康主管部门会同国务院药品监督管理部门统一公布。未经授权不得发布上述信息。公布重大疫苗安全信息，应当及时、准确、全面，并按照规定进行科学评估，作出必要的解释说明。县级以上人民政府药品监督管理部门发现可能误导公众和社会舆论的疫苗安全信息，应当立即会同卫生健康主管部门及其他有关部门、专业机构、相关疫苗上市许可持有人等进行核实、分析，并及时公布结果。任何单位和个人不得编造、散布虚假疫苗安全信息。

任何单位和个人有权依法了解疫苗信息，对疫苗监督管理工作提出意见、建议。任何单位和个人有权向卫生健康主管部门、药品监督管理部门等部门举报疫苗违法行为，对卫生健康主管部门、药品监督管理部门等部门及其工作人员未依法履行监督管理职责的情况有权向本级或者上级人民政府及其有关部门、监察机关举报。有关部门、机关应当及时核实、处理；对查证属实的举报，按照规定给予举报人奖励；举报人举报所在单位严重违法行为，查证属实的，给予重奖。

县级以上人民政府应当制定疫苗安全事件应急预案，对疫苗安全事件分级、处置组织指挥体系与职责、预防预警机制、处置程序、应急保障措施等作出规定。

疫苗上市许可持有人应当制定疫苗安全事件处置方案，定期检查各项防范措施的落实情况，及时消除安全隐患。

发生疫苗安全事件，疫苗上市许可持有人应当立即向国务院药品监督管理部门或者省、自治区、直辖市人民政府药品监督管理部门报告；疾病预防控制机构、接种单位、医疗机构应当立即向县级以上人民政府卫生健康主管部门、药品监督管理部门报告。药品监督管理部门应当会同卫生健康主管部门按照应急预案的规定，成立疫苗安全事件处置指挥机构，开展医疗救治、风险控制、调查处理、信息发布、解释说明等工作，做好补种等善后处置工作。因质量问题造成的疫苗安全事件的补种费用由疫苗上市许可持有人承担。

有关单位和个人不得瞒报、谎报、缓报、漏报疫苗安全事件，不得隐匿、伪造、毁灭有关证据。

第十节　法律责任

一、疾病预防控制机构、接种单位的法律责任

疾病预防控制机构、接种单位、疫苗上市许可持有人、疫苗配送单位违反疫苗储存、运输管理规范有关冷链储存、运输要求的，由县级以上人民政府药品监督管理部门责令改正，给予警告，对违法储存、运输的疫苗予以销毁，没收违法所得；拒不改正的，对接种单位、疫苗上市许可持有人、疫苗配送单位处二十万元以上一百万元以下的罚款；情节严重的，对接种单位、疫苗上市许可持有人、疫苗配送单位处违法储存、运输疫苗货值金额十倍以上三十倍以下的罚款，货值金额不足十万元的，按十万元计算，责令疫苗上市许可持有人、疫苗配送单位停产停业整顿，直至吊销药品相关批准证明文件、药品生产许可证等，对疫苗上市许可持有人、疫苗配送单位的法定代表人、主要负责人、直接负责的主管人员和关键岗位人员以及其他责任人员依照相关规定给予处罚。

疾病预防控制机构、接种单位有上述规定违法行为的，由县级以上人民政府卫生健康主管部门对主要负责人、直接负责的主管人员和其他直接责任人员依法给予警告直至撤职处分，责令负有责任的医疗卫生人员暂停一年以上十八个月以下执业活动；造成严重后果的，对主要负责人、直接负责的主管人员和其他直接责任人员依法给予开除处分，并可以吊销接种单位的接种资格，由原发证部门吊销负有责任的医疗卫生人员的执业证书。

疾病预防控制机构、接种单位、疫苗上市许可持有人、疫苗配送单位有除上述规定以外的违反疫苗储存、运输管理规范行为的，由县级以上人民政府药品监督管理部门责令改正，给予警告，没收违法所得；拒不改正的，对接种单位、疫苗上市许可持有人、疫苗配送单位处十万元以上三十万元以下的罚款；情节严重的，对接种单位、疫苗上市许可持有人、疫苗配送单位处违法储存、运输疫苗货值金额三倍以上十倍以下的罚款，货值金额不足十万元的，按十万元计算。疾病预防控制机构、接种单位有上述规定违法行为的，县级以上人民政府卫

生健康主管部门可以对主要负责人、直接负责的主管人员和其他直接责任人员依法给予警告直至撤职处分，责令负有责任的医疗卫生人员暂停六个月以上一年以下执业活动；造成严重后果的，对主要负责人、直接负责的主管人员和其他直接责任人员依法给予开除处分，由原发证部门吊销负有责任的医疗卫生人员的执业证书。

疾病预防控制机构、接种单位有下列情形之一的，由县级以上人民政府卫生健康主管部门责令改正，给予警告，没收违法所得；情节严重的，对主要负责人、直接负责的主管人员和其他直接责任人员依法给予警告直至撤职处分，责令负有责任的医疗卫生人员暂停一年以上十八个月以下执业活动；造成严重后果的，对主要负责人、直接负责的主管人员和其他直接责任人员依法给予开除处分，由原发证部门吊销负有责任的医疗卫生人员的执业证书：

（1）未按照规定供应、接收、采购疫苗；

（2）接种疫苗未遵守预防接种工作规范、免疫程序、疫苗使用指导原则、接种方案；

（3）擅自进行群体性预防接种。

疾病预防控制机构、接种单位有下列情形之一的，由县级以上人民政府卫生健康主管部门责令改正，给予警告；情节严重的，对主要负责人、直接负责的主管人员和其他直接责任人员依法给予警告直至撤职处分，责令负有责任的医疗卫生人员暂停六个月以上一年以下执业活动；造成严重后果的，对主要负责人、直接负责的主管人员和其他直接责任人员依法给予开除处分，由原发证部门吊销负有责任的医疗卫生人员的执业证书：

（1）未按照规定提供追溯信息；

（2）接收或者购进疫苗时未按照规定索取并保存相关证明文件、温度监测记录；

（3）未按照规定建立并保存疫苗接收、购进、储存、配送、供应、接种、处置记录；

（4）未按照规定告知、询问受种者或者其监护人有关情况。

疾病预防控制机构、接种单位、医疗机构未按照规定报告疑似预防接种异常反应、疫苗安全事件等，或者未按照规定对疑似预防接种异常反应组织调查、诊断等的，由县级以上人民政府卫生健康主管部门责令改正，给予警告；情节严重的，对接种单位、医疗机构处五万元以上五十万元以下的罚款，对疾病预防控制机构、接种单位、医疗机构的主要负责人、直接负责的主管人员和其他直接责任人员依法给予警告直至撤职处分；造成严重后果的，对主要负责人、直接负责的主管人员和其他直接责任人员依法给予开除处分，由原发证部门吊销负有责任的医疗卫生人员的执业证书。

疾病预防控制机构、接种单位违反相关规定收取费用的，由县级以上人民政府卫生健康主管部门监督其将违法收取的费用退还给原缴费的单位或者个人，并由县级以上人民政府市场监督管理部门依法给予处罚。

二、县级以上地方人民政府的法律责任

县级以上地方人民政府在疫苗监督管理工作中有下列情形之一的，对直接负责的主管人员和其他直接责任人员依法给予降级或者撤职处分；情节严重的，依法给予开除处分；造成严重后果的，其主要负责人应当引咎辞职：

（1）履行职责不力，造成严重不良影响或者重大损失；

（2）瞒报、谎报、缓报、漏报疫苗安全事件；

（3）干扰、阻碍对疫苗违法行为或者疫苗安全事件的调查；
（4）本行政区域发生特别重大疫苗安全事故，或者连续发生重大疫苗安全事故。

三、药品监督管理部门、卫生健康主管部门等部门的法律责任

药品监督管理部门、卫生健康主管部门等部门在疫苗监督管理工作中有下列情形之一的，对直接负责的主管人员和其他直接责任人员依法给予降级或者撤职处分；情节严重的，依法给予开除处分；造成严重后果的，其主要负责人应当引咎辞职：

（1）未履行监督检查职责，或者发现违法行为不及时查处；
（2）擅自进行群体性预防接种；
（3）瞒报、谎报、缓报、漏报疫苗安全事件；
（4）干扰、阻碍对疫苗违法行为或者疫苗安全事件的调查；
（5）泄露举报人的信息；
（6）接到疑似预防接种异常反应相关报告，未按照规定组织调查、处理；
（7）其他未履行疫苗监督管理职责的行为，造成严重不良影响或者重大损失。

本章小结

疫苗，是指为预防、控制疾病的发生、流行，用于人体免疫接种的预防性生物制品，包括免疫规划疫苗和非免疫规划疫苗。疫苗分为两类。第一类疫苗，也称免疫规划疫苗，是指政府免费向公民提供，公民应当依照政府的规定受种的疫苗；第二类疫苗，也称非免疫规划疫苗，是指由公民自费并且自愿受种的其他疫苗。采购疫苗，应当通过省级公共资源交易平台进行。预防接种异常反应，是指合格的疫苗在实施规范接种过程中或者实施规范接种后造成受种者机体组织器官、功能损害，相关各方均无过错的药品不良反应。

巩固练习

简答题

（1）简要概述疫苗的概念与分类。
（2）简述疫苗的采购与分发原则。
（3）接种单位应当具备的条件有哪些？
（4）简述不属于预防接种异常反应的情形。

第六章

艾滋病防治条例

【学习目标】

（1）掌握艾滋病防治原则、不歧视规定。

（2）熟悉艾滋病监测、艾滋病自愿咨询和自愿监测制度、艾滋病患者的义务及其隐私权保护的相关规定。

（3）了解医疗机构的法律责任。

（4）培养对医学事业的敬业精神，增强保护自己和患者身体安全健康的责任与担当。

第一节　概　述

艾滋病，是指人类免疫缺陷病毒（艾滋病病毒）引起的获得性免疫缺陷综合征。为了预防、控制艾滋病的发生与流行，保障人体健康和公共卫生，根据《传染病防治法》，2006 年 1 月 18 日国务院第 122 次常务会议通过了《艾滋病防治条例》（以下简称《条例》），自 2006 年 3 月 1 日起施行。2019 年 3 月 2 日国务院总理李克强签署国务院令，公布了《国务院关于修改部分行政法规的决定》，其中《艾滋病防治条例》也属于修改之列。修改后的《艾滋病防治条例》自公布之日起施行。

一、艾滋病防治原则

县级以上人民政府教育主管部门应当指导、督促高等院校、中等职业学校和普通中学将艾滋病防治知识纳入有关课程，开展有关课外教育活动。高等院校、中等职业学校和普通中学应当组织学生学习艾滋病防治知识。

艾滋病防治工作坚持预防为主、防治结合的方针，建立政府组织领导、部门各负其责、全社会共同参与的机制，加强宣传教育，采取行为干预和关怀救助等措施，实行综合防治。

二、不歧视规定

地方各级人民政府和政府有关部门应当组织开展艾滋病防治以及关怀和不歧视艾滋病病毒感染者、艾滋病病人及其家属的宣传教育，提倡健康文明的生活方式，营造良好的艾滋病防治的社会环境。

《条例》规定：任何单位和个人不得歧视艾滋病病毒感染者、艾滋病病人及其家属。艾滋病病毒感染者、艾滋病病人及其家属享有的婚姻、就业、就医、入学等合法权益受法律保护。

第二节　预防与控制

一、艾滋病监测

艾滋病监测，是指连续、系统地收集各类人群中艾滋病（或者艾滋病病毒感染）及其相关因素的分布资料，对这些资料综合分析，为有关部门制定预防控制策略和措施提供及时可靠的信息和依据，并对预防控制措施进行效果评价。

国家建立健全艾滋病监测网络。

国务院卫生主管部门制定国家艾滋病监测规划和方案。省、自治区、直辖市人民政府卫生主管部门根据国家艾滋病监测规划和方案，制定本行政区域的艾滋病监测计划和工作方案，组织开展艾滋病监测和专题调查，掌握艾滋病疫情变化情况和流行趋势。

疾病预防控制机构负责对艾滋病发生、流行以及影响其发生、流行的因素开展监测活动。

出入境检验检疫机构负责对出入境人员进行艾滋病监测，并将监测结果及时向卫生主管部门报告。

二、艾滋病自愿咨询和自愿监测制度

国家实行艾滋病自愿咨询和自愿检测制度。

县级以上地方人民政府卫生主管部门指定的医疗卫生机构，应当按照国务院卫生主管部门会同国务院其他有关部门制定的艾滋病自愿咨询和检测办法，为自愿接受艾滋病咨询、检测的人员免费提供咨询和初筛检测。

三、艾滋病患者的义务及其隐私权保护

（一）艾滋病病毒感染者和艾滋病病人的义务

（1）接受疾病预防控制机构或者出入境检验检疫机构的流行病学调查和指导；

（2）将感染或者发病的事实及时告知与其有性关系者；

（3）就医时，将感染或者发病的事实如实告知接诊医生；

（4）采取必要的防护措施，防止感染他人。

（5）艾滋病病毒感染者和艾滋病病人不得以任何方式故意传播艾滋病。

（二）对艾滋病患者隐私权保护

疾病预防控制机构和出入境检验检疫机构进行艾滋病流行病学调查时，被调查单位和个人应当如实提供有关情况。

未经本人或者其监护人同意，任何单位或者个人不得公开艾滋病病毒感染者、艾滋病病人及其家属的姓名、住址、工作单位、肖像、病史资料以及其他可能推断出其具体身份的信息。

四、采集或使用人体血液、血浆、组织的管理

（1）血站、单采血浆站应当对采集的人体血液、血浆进行艾滋病检测，不得向医疗机构和血液制品生产单位供应未经艾滋病检测或者艾滋病检测阳性的人体血液、血浆。血液制品生产单位应当在原料血浆投料生产前对每一份血浆进行艾滋病检测，未经艾滋病检测或者艾滋病检测阳性的血浆，不得作为原料血浆投料生产。医疗机构应当对因应急用血而临时采集的血液进行艾滋病检测，对临床用血艾滋病检测结果进行核查；对未经艾滋病检测、核查或者艾滋病检测阳性的血液，不得采集或者使用。

（2）采集或者使用人体组织、器官、细胞、骨髓等的，应当进行艾滋病检测；未经艾滋病检测或者艾滋病检测阳性的，不得采集或者使用。但是，用于艾滋病防治科研、教学的除外。

（3）进口人体血液制品，应当依照药品管理法的规定，经国务院药品监督管理部门批准，取得进口药品注册证书。禁止进出口用于临床医疗的人体血液、血浆、组织、器官、细胞、骨髓等。但是，出于人道主义、救死扶伤目的，可以进出口临床急需、捐献配型的特殊血型血液、骨髓造血干细胞、外周血造血干细胞、脐带血造血干细胞，由中国红十字会总会办理出入境手续；具体办法由国务院卫生主管部门会同国家出入境检验检疫机构制定。依照前款规定进出口的特殊血型血液、骨髓造血干细胞、外周血造血干细胞、脐带血造血干细胞，应当依照国境卫生检疫法律、行政法规的有关规定，接受出入境检验检疫机构的检疫。未经检疫或者检疫不合格的，不得进出口。

第三节　治疗与救助

（一）对艾滋病病毒感染者和艾滋病病人的治疗

（1）医疗机构应当为艾滋病病毒感染者和艾滋病病人提供艾滋病防治咨询、诊断和治疗服务。医疗机构不得因就诊的病人是艾滋病病毒感染者或者艾滋病病人，推诿或者拒绝对其其他疾病进行治疗。

（2）对确诊的艾滋病病毒感染者和艾滋病病人，医疗卫生机构的工作人员应当将其感染或者发病的事实告知本人；本人为无行为能力人或者限制行为能力人的，应当告知其监护人。

（3）医疗卫生机构应当按照国务院卫生主管部门制定的预防艾滋病母婴传播技术指导方案的规定，对孕产妇提供艾滋病防治咨询和检测，对感染艾滋病病毒的孕产妇及其婴儿，提供预防艾滋病母婴传播的咨询、产前指导、阻断、治疗、产后访视、婴儿随访和检测等服务。

（二）对艾滋病病毒感染者和艾滋病病人的救助

（1）县级以上人民政府应当采取下列艾滋病防治关怀、救助措施：

① 向农村艾滋病病人和城镇经济困难的艾滋病病人免费提供抗艾滋病病毒治疗药品；

② 对农村和城镇经济困难的艾滋病病毒感染者、艾滋病病人适当减免抗机会性感染治疗药品的费用；

③ 向接受艾滋病咨询、检测的人员免费提供咨询和初筛检测；

④ 向感染艾滋病病毒的孕产妇免费提供预防艾滋病母婴传播的治疗和咨询。

（2）生活困难的艾滋病病人遗留的孤儿和感染艾滋病病毒的未成年人接受义务教育的，应当免收杂费、书本费；接受学前教育和高中阶段教育的，应当减免学费等相关费用。

（3）县级以上地方人民政府应当对生活困难并符合社会救助条件的艾滋病病毒感染者、艾滋病病人及其家属给予生活救助。县级以上地方人民政府有关部门应当创造条件，扶持有劳动能力的艾滋病病毒感染者和艾滋病病人，从事力所能及的生产和工作。

第四节　法律责任

地方各级人民政府未依照本条例规定履行组织、领导、保障艾滋病防治工作职责，或者未采取艾滋病防治和救助措施的，由上级人民政府责令改正，通报批评；造成艾滋病传播、流行或者其他严重后果的，对负有责任的主管人员依法给予行政处分；构成犯罪的，依法追究刑事责任。

（一）县级以上人民政府卫生主管部门的法律责任

县级以上人民政府卫生主管部门违反本条例规定，有下列情形之一的，由本级人民政府或者上级人民政府卫生主管部门责令改正，通报批评；造成艾滋病传播、流行或者其他严重后果的，对负有责任的主管人员和其他直接责任人员依法给予行政处分；构成犯罪的，依法追究刑事责任：

（1）未履行艾滋病防治宣传教育职责的；

（2）对有证据证明可能被艾滋病病毒污染的物品，未采取控制措施的；

（3）其他有关失职、渎职行为。

（4）出入境检验检疫机构有前款规定情形的，由其上级主管部门依照本条规定予以处罚。

（二）县级以上人民政府有关部门的法律责任

县级以上人民政府有关部门未依照本条例规定履行宣传教育、预防控制职责的，由本级人民政府或者上级人民政府有关部门责令改正，通报批评；造成艾滋病传播、流行或者其他严重后果的，对负有责任的主管人员和其他直接责任人员依法给予行政处分；构成犯罪的，依法追究刑事责任。

（三）医疗卫生机构的法律责任

医疗卫生机构未依照本条例规定履行职责，有下列情形之一的，由县级以上人民政府卫生主管部门责令限期改正，通报批评，给予警告；造成艾滋病传播、流行或者其他严重后果的，对负有责任的主管人员和其他直接责任人员依法给予降级、撤职、开除的处分，并可以依法吊销有关机构或者责任人员的执业许可证件；构成犯罪的，依法追究刑事责任：

（1）未履行艾滋病监测职责的；

（2）未按照规定免费提供咨询和初筛检测的；

（3）对临时应急采集的血液未进行艾滋病检测，对临床用血艾滋病检测结果未进行核查，或者将艾滋病检测阳性的血液用于临床的；

（4）未遵守标准防护原则，或者未执行操作规程和消毒管理制度，发生艾滋病医院感染或者医源性感染的；

（5）未采取有效的卫生防护措施和医疗保健措施的；

（6）推诿、拒绝治疗艾滋病病毒感染者或者艾滋病病人的其他疾病，或者对艾滋病病毒感染者、艾滋病病人未提供咨询、诊断和治疗服务的；

（7）未对艾滋病病毒感染者或者艾滋病病人进行医学随访的；

（8）未按照规定对感染艾滋病病毒的孕产妇及其婴儿提供预防艾滋病母婴传播技术指导的。

（9）医疗卫生机构违反本条例第三十九条第二款规定，公开艾滋病病毒感染者、艾滋病病人或者其家属的信息的，依照《传染病防治法》的规定予以处罚。

（四）出入境检验检疫机构、计划生育技术服务机构的法律责任

出入境检验检疫机构、计划生育技术服务机构或者其他单位、个人违反本条例第三十九条第二款规定，公开艾滋病病毒感染者、艾滋病病人或者其家属的信息的，由其上级主管部门责令改正，通报批评，给予警告，对负有责任的主管人员和其他直接责任人员依法给予处分；情节严重的，由原发证部门吊销有关机构或者责任人员的执业许可证件。

（五）血站、单采血浆站的法律责任

血站、单采血浆站违反本条例规定，有下列情形之一，构成犯罪的，依法追究刑事责任；尚不构成犯罪的，由县级以上人民政府卫生主管部门依照献血法和《血液制品管理条例》的规定予以处罚；造成艾滋病传播、流行或者其他严重后果的，对负有责任的主管人员和其他直接责任人员依法给予降级、撤职、开除的处分，并可以依法吊销血站、单采血浆站的执业许可证：

（1）对采集的人体血液、血浆未进行艾滋病检测，或者发现艾滋病检测阳性的人体血液、血浆仍然采集的；

（2）将未经艾滋病检测的人体血液、血浆，或者艾滋病检测阳性的人体血液、血浆供应给医疗机构和血液制品生产单位的。

（3）对不符合本条例第三十七条第二款规定进出口的人体血液、血浆、组织、器官、细胞、骨髓等，进出口口岸出入境检验检疫机构应当禁止出入境或者监督销毁。提供、使用未经出入境检验检疫机构检疫的进口人体血液、血浆、组织、器官、细胞、骨髓等的，由县级以上人民政府卫生主管部门没收违法物品以及违法所得，并处违法物品货值金额 3 倍以上 5 倍以下的罚款；对负有责任的主管人员和其他直接责任人员由其所在单位或者上级主管部门依法给予处分。

（4）未经国务院药品监督管理部门批准，进口血液制品的，依照药品管理法的规定予以处罚。

（5）血站、单采血浆站、医疗卫生机构和血液制品生产单位违反法律、行政法规的规定，造成他人感染艾滋病病毒的，应当依法承担民事赔偿责任。

（六）公共场所的经营者的法律责任

公共场所的经营者未查验服务人员的健康合格证明或者允许未取得健康合格证明的人员从事服务工作，省、自治区、直辖市人民政府确定的公共场所的经营者未在公共场所内放置安全套或者设置安全套发售设施的，由县级以上人民政府卫生主管部门责令限期改正，给予警告，可以并处 500 元以上 5 000 元以下的罚款；逾期不改正的，责令停业整顿；情节严重的，由原发证部门依法吊销其执业许可证件。

（七）滋病病毒感染者或者艾滋病病人的法律责任

艾滋病病毒感染者或者艾滋病病人故意传播艾滋病的，依法承担民事赔偿责任；构成犯罪的，依法追究刑事责任。

本章小结

艾滋病，是指人类免疫缺陷病毒（艾滋病病毒）引起的获得性免疫缺陷综合征。艾滋病防治工作坚持预防为主、防治结合的方针，建立政府组织领导、部门各负其责、全社会共同参与的机制，加强宣传教育，采取行为干预和关怀救助等措施，实行综合防治。任何单位和个人不得歧视艾滋病病毒感染者、艾滋病病人及其家属。艾滋病病毒感染者、艾滋病病人及其家属享有的婚姻、就业、就医、入学等合法权益受法律保护。艾滋病监测，是指连续、系统地收集各类人群中艾滋病（或者艾滋病病毒感染）及其相关因素的分布资料，对这些资料综合分析，为有关部门制定预防控制策略和措施提供及时可靠的信息和依据，并对预防控制措施进行效果评价。国家建立健全艾滋病监测网络。国家实行艾滋病自愿咨询和自愿检测制度。

巩固练习

简答题

（1）请简述艾滋病防治原则、不歧视规定。

（2）请简述艾滋病监测、艾滋病自愿咨询和自愿监测的相关制度。

（3）对艾滋病病毒感染者和艾滋病病人的救助措施有哪些？

第七章

母婴保健法及其实施办法

【学习目标】

（1）了解并熟知《中华人民共和国母婴保健法》和《中华人民共和国母婴保健法实施办法》具体内容。

（2）掌握母婴保健工作的主要内容。

（3）培养正确的职业道德，明确法律法规的红线底线。

第一节 概 述

1994 年 10 月 27 日第八届全国人大常委会第十次会议审议通过了《中华人民共和国母婴保健法》（以下简称《母婴保健法》），该法自 1995 年 6 月 1 日起正式施行。2009 年 8 月 27 日第十一届全国人大常委会第十次会议对该法进行第一次修正，2017 年 11 月 4 日第十二届全国人大常委会第三十次会议对该法进行了第二次修正。

2001 年 6 月 20 日，国务院根据《中华人民共和国母婴保健法》制定《中华人民共和国母婴保健法实施办法》，由国务院发布并实施。2017 年 11 月 17 日，修改后的《中华人民共和国母婴保健法实施办法》（以下简称《母婴保健法实施办法》）正式施行。

一、母婴保健工作方针

母婴保健工作以保健为中心，以保障生殖健康为目的，实行保健和临床相结合，面向群体、面向基层和预防为主的方针。

二、母婴保健技术服务事项

母婴保健技术服务主要包括七个事项：

（1）有关母婴保健的科普宣传、教育和咨询；

（2）婚前医学检查；

（3）产前诊断和遗传病诊断；

（4）助产技术；

（5）实施医学上需要的节育手术；

（6）新生儿疾病筛查；

（7）有关生育、节育、不育的其他生殖保健服务。

三、国家卫生健康委员会在母婴保健工作中应履行的职责

国家卫生健康委员会作为国务院的卫生行政主管部门，负有以下四个方面的职责：

（1）制定母婴保健法及本办法的配套规章和技术规范；

（2）按照分级分类指导的原则，制定全国母婴保健工作发展规划和实施步骤；

（3）组织推广母婴保健及其他生殖健康的适宜技术；

（4）对母婴保健工作实施监督。

第二节　婚前保健

一、婚前保健的内容

婚前保健服务包括以下内容。

（1）婚前卫生指导：关于性卫生知识、生育知识和遗传病知识的教育等；

（2）婚前卫生咨询：对有关婚配、生育保健等问题提供医学意见；

（3）婚前医学检查：对准备结婚的男女双方可能患影响结婚和生育的疾病进行医学检查。

二、婚前卫生指导的内容

（1）有关性卫生的保健和教育；

（2）新婚避孕知识及计划生育指导；

（3）受孕前的准备、环境和疾病对后代影响等孕前保健知识；

（4）遗传病的基本知识；

（5）影响婚育的有关疾病的基本知识；

（6）其他生殖健康知识。

医师进行婚前卫生咨询时，应当为服务对象提供科学的信息，对可能产生的结果进行指导，并提出适当的建议。

三、婚前医学检查内容

婚前医学检查内容包括下列疾病的检查：

（1）严重遗传性疾病；

（2）指定传染病；

（3）有关精神病。

四、婚前医学检查意见

男女双方在结婚登记时，应当持有婚前医学检查证明或者医学鉴定证明。经婚前医学检查，医疗保健机构应当出具婚前医学检查证明。

在实行婚前医学检查的地区，准备结婚的男女双方在办理结婚登记前，应当到医疗、保健机构进行婚前医学检查。

经婚前医学检查，对患指定传染病在传染期内或者有关精神病在发病期内的，医师应当提出医学意见；准备结婚的男女双方应当暂缓结婚。

经婚前医学检查，对诊断患医学上认为不宜生育的严重遗传性疾病的，医师应当向男女双方说明情况，提出医学意见；经男女双方同意，采取长效避孕措施或者施行结扎手术后不生育的，可以结婚。但《中华人民共和国婚姻法》规定禁止结婚的除外。

接受婚前医学检查的人员对检查结果持有异议的，可以申请医学技术鉴定，取得医学鉴定证明。

五、婚前医学检查机构的申请条件

申请从事婚前医学检查的医疗、保健机构应当具备下列条件：

（1）分别设置专用的男、女婚前医学检查室，配备常规检查和专科检查设备；

（2）设置婚前生殖健康宣传教育室；

（3）具有符合条件的进行男、女婚前医学检查的执业医师。

第三节　孕产期保健

医疗、保健机构应当为育龄妇女提供有关避孕、节育、生育、不育和生殖健康的咨询和医疗保健服务。

一、孕产期保健服务的内容

（1）孕产期保健服务包括四个方面的内容。

① 母婴保健指导：对孕育健康后代以及严重遗传性疾病和碘缺乏病等地方病的发病原因、治疗和预防方法提供医学意见；

② 孕妇、产妇保健：为孕妇、产妇提供卫生、营养、心理等方面的咨询和指导以及产前定期检查等医疗保健服务；

③ 胎儿保健：为胎儿生长发育进行监护，提供咨询和医学指导；

④ 新生儿保健：为新生儿生长发育、哺乳和护理提供医疗保健服务。

（2）为孕产妇提供的医疗保健服务包括：

① 为孕产妇建立保健手册（卡），定期进行产前检查；

② 为孕产妇提供卫生、营养、心理等方面的医学指导与咨询；

③ 对高危孕妇进行重点监护、随访和医疗保健服务；

④ 为孕产妇提供安全分娩技术服务；

⑤ 定期进行产后访视，指导产妇科学喂养婴儿；

⑥ 提供避孕咨询指导和技术服务；

⑦ 对产妇及其家属进行生殖健康教育和科学育儿知识教育；

⑧ 其他孕产期保健服务。

二、医学指导

医疗、保健机构发现孕妇患有下列严重疾病或者接触物理、化学、生物等有毒、有害因素，可能危及孕妇生命安全或者可能严重影响孕妇健康和胎儿正常发育的，应当对孕妇进行医学指导和必要的医学检查：

（1）严重的妊娠合并症或者并发症；

（2）严重的精神性疾病；

（3）国务院卫生行政部门规定的严重影响生育的其他疾病。

医师发现或者怀疑育龄夫妻患有严重遗传性疾病的，应当提出医学意见；限于现有医疗技术水平难以确诊的，应当向当事人说明情况。育龄夫妻可以选择避孕、节育、不孕等相应的医学措施。

生育过严重遗传性疾病或者严重缺陷患儿的，再次妊娠前，夫妻双方应当按照国家有关规定到医疗、保健机构进行医学检查。医疗、保健机构应当向当事人介绍有关遗传性疾病的知识，给予咨询、指导。对诊断患有医学上认为不宜生育的严重遗传性疾病的，医师应当向当事人说明情况，并提出医学意见。

三、产前诊断

孕妇有下列情形之一的，医师应当对其进行产前诊断：

（1）羊水过多或者过少的；

（2）胎儿发育异常或者胎儿有可疑畸形的；

（3）孕早期接触过可能导致胎儿先天缺陷的物质的；

（4）有遗传病家族史或者曾经分娩过先天性严重缺陷婴儿的；

（5）初产妇年龄超过 35 周岁的。

四、终止妊娠意见

经产前诊断，有下列情形之一的，医师应当向夫妻双方说明情况，并提出终止妊娠的医学意见：

（1）胎儿患严重遗传性疾病的；

（2）胎儿有严重缺陷的；

（3）因患严重疾病，继续妊娠可能危及孕妇生命安全或者严重危害孕妇健康的。

胎儿的严重遗传性疾病、胎儿的严重缺陷、孕妇患继续妊娠可能危及其生命健康和安全的严重疾病目录，由国务院卫生行政部门规定。

施行终止妊娠或者结扎手术，应当经本人同意，并签署意见。本人无行为能力的，应当经其监护人同意，并签署意见。依法施行终止妊娠或者结扎手术的，接受免费服务。

五、新生儿出生医学证明

医疗保健机构和从事家庭接生的人员按照国务院卫生行政部门的规定，出具统一制发的新生儿出生医学证明。

六、产妇、婴儿以及新生儿出生缺陷报告

国家建立孕产妇死亡、婴儿死亡和新生儿出生缺陷监测、报告制度。有产妇和婴儿死亡以及新生儿出生缺陷情况的，应当向卫生行政部门报告。

第四节　婴儿保健

一、医疗、保健机构应提供的婴儿保健工作内容

（1）应当按照国家有关规定开展新生儿先天性、遗传性代谢病筛查、诊断、治疗和监测。

（2）应当按照规定进行新生儿访视，建立儿童保健手册（卡），定期对其进行健康检查，提供有关预防疾病、合理膳食、促进智力发育等科学知识，做好婴儿多发病、常见病防治等医疗保健服务。

（3）应当按照规定的程序和项目对婴儿进行预防接种。婴儿的监护人应当保证婴儿及时接受预防接种。

二、母乳喂养有关要求

（1）国家推行母乳喂养。医疗、保健机构应当为实施母乳喂养提供技术指导，为住院分娩的产妇提供必要的母乳喂养条件。医疗、保健机构不得向孕产妇和婴儿家庭宣传、推荐母乳代用品。

（2）母乳代用品产品包装标签应当在显著位置标明母乳喂养的优越性。母乳代用品生产者、销售者不得向医疗、保健机构赠送产品样品或者以推销为目的有条件地提供设备、资金和资料。

三、哺乳假的规定

妇女享有国家规定的产假。有不满 1 周岁婴儿的妇女，所在单位应当在劳动时间内为其安排一定的哺乳时间。

第五节　技术鉴定

除医学上确有需要的情况以外，严禁采用技术手段对胎儿进行性别鉴定。对怀疑胎儿可能为伴性遗传病，需要进行性别鉴定的，由省、自治区、直辖市人民政府卫生行政部门指定的医疗、保健机构按照国务院卫生行政部门的规定进行鉴定。

一、鉴定机构

母婴保健医学技术鉴定委员会分为省、市、县三级，县级以上地方人民政府可以设立医学技术鉴定组织。

二、鉴定人员

从事医学技术鉴定的人员，必须具有临床经验和医学遗传学知识，并符合下列任职条件：

（1）县级母婴保健医学技术鉴定委员会成员应当具有主治医师以上专业技术职务。

（2）设区的市级和省级母婴保健医学技术鉴定委员会成员应当具有副主任医师以上专业技术职务。

医学技术鉴定组织的组成人员，由卫生行政部门提名，同级人民政府聘任。

进行医学鉴定时须有 5 名以上相关专业医学技术鉴定委员会成员参加。鉴定委员会成员应当在鉴定结论上署名；不同意见应当如实记录。

三、回避制度

凡与当事人有利害关系，可能影响公正鉴定的人员，应当回避。

第六节　行政管理

县级以上地方人民政府卫生行政部门管理本行政区域内的母婴保健工作。省、自治区、直辖市人民政府卫生行政部门指定的医疗保健机构负责本行政区域内的母婴保健监测和技术指导。主要监督管理职责包括：

（1）依照《母婴保健法》和《母婴保健法实施办法》以及国务院卫生行政部门规定的条件和技术标准，对从事母婴保健工作的机构和人员实施许可，并核发相应的许可证书。

（2）对《母婴保健法》和《母婴保健法实施办法》的执行情况进行监督检查。

（3）对违反《母婴保健法》和《母婴保健法实施办法》的行为，依法给予行政处罚。

（4）负责母婴保健工作监督管理的其他事项。

第七节　母婴保健专项技术许可

医疗保健机构依照《母婴保健法》规定开展婚前医学检查、遗传病诊断、产前诊断以及施行结扎手术和终止妊娠手术的，必须符合国务院卫生行政部门规定的条件和技术标准，并经县级以上地方人民政府卫生行政部门许可。

从事遗传病诊断、产前诊断的人员，必须经过省、自治区、直辖市人民政府卫生行政部门的考核，并取得相应的合格证书。

从事婚前医学检查、施行结扎手术和终止妊娠手术的人员，必须经过县级以上地方人民政府卫生行政部门的考核，并取得相应的合格证书。

第八节　法律责任

一、擅自从事母婴保健技术的法律责任

未取得国家颁发的有关合格证书的，有下列行为之一，县级以上地方人民政府卫生行政部门应当予以制止，并可以根据情节给予警告或者处以罚款：

（1）从事婚前医学检查、遗传病诊断、产前诊断或者医学技术鉴定的；

（2）施行终止妊娠手术的；

（3）出具本法规定的有关医学证明的。

上款第（3）项出具的有关医学证明无效。

医疗、保健机构或者人员未取得母婴保健技术许可，擅自从事上述行为，由卫生行政部门给予警告，责令停止违法行为，没收违法所得；违法所得 5 000 元以上的，并处违法所得 3 倍以上 5 倍以下的罚款；没有违法所得或者违法所得不足 5 000 元的，并处 5 000 元以上 2 万元以下的罚款。

未取得国家颁发的有关合格证书，施行终止妊娠手术或者采取其他方法终止妊娠，致人死亡、残疾、丧失或者基本丧失劳动能力的，依照刑法有关规定追究刑事责任。

二、出具虚假医学证明文件的法律责任

从事母婴保健工作的人员违反规定出具有关虚假医学证明的，由医疗保健机构或者卫生

行政部门根据情节给予行政处分；有下列情形之一的，由原发证部门撤销相应的母婴保健技术执业资格或者医师执业证书：

（1）因延误诊治，造成严重后果的；

（2）给当事人身心健康造成严重后果的；

（3）造成其他严重后果的。

三、违反规定进行胎儿性别鉴定的法律责任

从事母婴保健工作的人员违反规定进行胎儿性别鉴定的，由卫生行政部门给予警告，责令停止违法行为；对医疗、保健机构直接负责的主管人员和其他直接责任人员，依法给予行政处分。进行胎儿性别鉴定两次以上的或者以营利为目的进行胎儿性别鉴定的，并由原发证机关撤销相应的母婴保健技术执业资格或者医师执业证书。

本章小结

我国是人口大国，母婴保健工作旨在保障母亲和婴儿的健康，提高出生人口素质。母婴保健法及其实施办法的相继颁布，进一步加强和完善了我国的妇幼保健工作，促使母婴保健工作日益规范化和法制化，对逐步改善我国人口素质现状有重要作用。《母婴保健法》总共7章，分别是总则、婚前保健、孕产期保健、技术鉴定、行政管理、法律责任与附则。学习重点包括国家颁布相应法规的目的、实施方法以及奖励措施；婚前保健服务内容、婚前医学检查包括哪些疾病；孕产期保健的服务内容、何种情况医生应提出终止妊娠的医学意见；技术鉴定人员的资格条件；国家处罚的标准和无证处罚的情形等。

巩固练习

简答题

（1）母婴保健工作的方针是什么？

（2）母婴保健技术服务内容包括哪些？

（3）经产前诊断，有何种情形，医师应当向夫妻双方说明情况，并提出终止妊娠的医学意见？

第八章

献血法

【学习目标】

（1）掌握无偿献血的内涵。

（2）熟悉医疗机构用血管理、医疗机构用血要求；熟悉血站采血要求、血站用血要求。

（3）了解违反献血法律制度必须承担的法律责任。

（4）培养无私奉献的社会公德，发扬人道主义精神。

第一节　概　述

《中华人民共和国献血法》（以下简称《献血法》）是为了保证医疗临床用血需要和安全，保障献血者和用血者身体健康，发扬人道主义精神，促进社会主义物质文明和精神文明建设，制定的法规。公民的献血行为是一种无私的奉献，是一种“我为人人，人人为我”的社会共济行为，是履行社会义务、尊重社会公德、发扬救死扶伤人道主义精神的重要体现。公民献血制度的完善程度，体现了一个国家公民的文化知识程度、道德水准和社会公德水平的高低。我国实行无偿献血制度。

《献血法》由中华人民共和国第八届全国人民代表大会常务委员会第二十九次会议于1997年12月29日通过，自1998年10月1日起施行。《献血法》是为保证医疗临床用血需要和安全，保障献血者和用血者身体健康，发扬人道主义精神，促进社会主义物质文明和精神文明建设而制定。献血法律制度适用于中华人民共和国境内的各级人民政府、各级卫生行政部门、所有采供血机构、血液制品生产与经营机构。国家实行无偿献血制度。提倡十八周岁至五十五周岁的健康公民自愿献血。目前，我国《献血法》第二条规定并没有禁止其他年龄段的健康公民自愿无偿献血的权利和义务。血液供应紧张呈现常态化趋势。一方面原因是无偿献血基础薄弱，我国人口献血率低于世界高收入国家和中等收入国家，离世界卫生组织推荐的比例也有一定差距；第二个原因是仅靠卫生行政部门和血站系统开展宣传，效果不显著，且血液需求的区域分布和流向不均衡，大量患者流向医疗资源相对集中的大城市和中心城市，导致这些城市用血量大，血液缺口明显，无偿献血的动员和招募工作难度大。

无偿献血是指达到一定年龄的健康公民向血站自愿地提供自身的血液或某种血液成分用于临床，而不索取任何报酬的制度。

第二节 医疗机构的职责

一、医疗机构用血管理

（一）临床用血的原则

为了最大限度地发挥血液的功效，根据国际上惯用的做法，《献血法》对医疗机构合理、科学用血提出了具体指导原则，即采用成分输血，也就是首先将采集的血液进行分离，分别储存，然后针对不同患者的不同需要输入血液的不同成分，这样就可以使血液能得以充分的利用，同时还可以减少浪费。成分血的广泛使用，将会剩余大量的血浆，剩余的血浆也不得浪费，要充分利用。为了能更加合理、科学地利用血液，国家鼓励临床用血新技术的研究和推广。

（二）临床用血的管理

（1）无偿献血的血液必须用于临床，不得买卖。血站、医疗机构不得将无偿献血的血液出售给单采血浆站或者血液制品生产单位。

（2）临床用血的包装、储存、运输，必须符合国家规定的卫生标准和要求。

二、医疗机构用血要求

医疗机构对临床用血必须进行核查，不得将不符合国家规定标准的血液用于临床。无偿献血的最终目的是将血液应用于临床，以挽救伤病者的生命，维护其健康。

（1）公民临床用血时只交付用于血液的采集、储存、分离、检验等费用，具体收费标准由国务院卫生行政部门会同国务院价格主管部门制定；无偿献血者临床需要用血时，免交前款规定的费用；无偿献血者的配偶和直系亲属临床需要用血时，可以按照省、自治区、直辖市人民政府的规定免交或者减交前款规定的费用。

（2）为保障公民临床急救用血的需要，国家提倡并指导择期手术的患者自身储血，动员家庭、亲友、所在单位以及社会互助献血。为保证应急用血，医疗机构可以临时采集血液，但应当依照本法规定，确保采血用血安全。

（3）医疗机构临床用血应当制定用血计划，遵循合理、科学的原则，不得浪费和滥用血液。临床医生和输血技术人员要严格掌握临床输血适应证，减少不必要的输血，医疗机构应当积极推行按血液成分针对医疗实际需要输血，具体管理办法由国务院卫生行政部门制定。国家鼓励临床用血新技术的研究和推广。

第三节　血站的责任

一、采血要求

采血是以采血器与人体发生直接接触的活动,对这一活动各个环节进行严格规范和管理,是保障献血者的身体健康，保证血液质量以及用血者用血安全的重要前提。《献血法》规定，血站采血必须严格遵守各项技术操作规程和制度，必须由具有采血资格的医务人员进行。所谓资格是指进行采血的人员必须是经过专业技术培训的，有相关学历文凭的和经过资格认定的医务工作者。

（1）血站是采集、提供临床用血的机构，是不以营利为目的的公益性组织。设立血站向公民采集血液，必须经国务院卫生行政部门或者省、自治区、直辖市人民政府卫生行政部门批准。血站应当为献血者提供各种安全、卫生、便利的条件。血站的设立条件和管理办法由国务院卫生行政部门制定。

（2）血站对献血者必须免费进行必要的健康检查。身体状况不符合献血条件的，血站应当向其说明情况，不得采集血液。献血者的身体健康条件由国务院卫生行政部门规定。血站对献血者每次采集血液量一般为二百毫升，最多不得超过四百毫升，两次采集间隔期不少于六个月。严格禁止血站违反前款规定对献血者超量、频繁采集血液。

（3）血站采集血液后要建立献血档案。记录献血者的姓名、性别、出生日期、血型、献血日期、单位或地址、采血者签字，并加盖该血站采血专用章。严禁采集冒名顶替者的血液。

（4）血站采集血液必须严格遵守有关操作规程和制度。采血必须由具有采血资格的医务人员进行，一次性采血器材用后必须销毁，确保献血者的身体健康。血站应当根据国务院卫生行政部门制定的标准，保证血液质量。血站对采集的血液必须进行检测；未经检测或者检测不合格的血液，不得向医疗机构提供。

（5）血站采集血液后，对献血者发给国务院卫生行政部门制作的“无偿献血证”。任何单位和个人不得伪造、涂改、出卖、转让和出售“无偿献血证”。

（6）血源、采供血和检测的原始记录必须保存 10 年。

二、供血要求

血站应当保证发出的血液质量、品种、规格、数量无差别。《献血法》规定，未经检验或检验不合格的血液，不得向医疗机构提供。血站向公民供血必须执行国家有关临床用血收费的规定。

（1）无偿献血的血液必须用于临床，不得买卖。血站、医疗机构不得将无偿献血的血液出售给单采血浆站或者血液制品生产单位。

（2）临床用血的包装、储存、运输，必须符合国家规定的卫生标准和要求。

第四节　法律责任

地方各级人民政府领导本行政区域内的献血工作，统一规划并负责组织、协调有关部门共同做好献血工作。各级人民政府和红十字会对积极参加献血和在献血工作中做出显著成绩的单位和个人，给予奖励。

有下列行为之一的，由县级以上地方人民政府卫生行政部门予以取缔，没收违法所得，可以并处十万元以下的罚款；构成犯罪的，依法追究刑事责任：① 非法采集血液的；② 血站、医疗机构出售无偿献血的血液的；③ 非法组织他人出卖血液的。

一、医疗机构的法律责任

（1）医疗机构的医务人员违反本法规定，将不符合国家规定标准的血液用于患者的，由县级以上地方人民政府卫生行政部门责令改正；给患者健康造成损害的，应当依法赔偿，对直接负责的主管人员和其他直接责任人员，依法给予行政处分；构成犯罪的，依法追究刑事责任。

（2）卫生行政部门及其工作人员在献血、用血的监督管理工作中，玩忽职守，造成严重后果，构成犯罪的，依法追究刑事责任；尚不构成犯罪的，依法给予行政处分。

二、血站的法律责任

（1）血站违反有关操作规程和制度采集血液，由县级以上地方人民政府卫生行政部门责令改正；给献血者健康造成损害的，应当依法赔偿，对直接负责的主管人员和其他直接责任人员，依法给予行政处分；构成犯罪的，依法追究刑事责任。

（2）临床用血的包装、储存、运输，不符合国家规定的卫生标准和要求的，由县级以上地方人民政府卫生行政部门责令改正，给予警告，可以并处一万元以下的罚款。

（3）血站违反本法的规定，向医疗机构提供不符合国家规定标准的血液的，由县级以上人民政府卫生行政部门责令改正；情节严重，造成经血液途径传播的疾病传播或者有传播严重危险的，限期整顿，对直接负责的主管人员和其他直接责任人员，依法给予行政处分；构成犯罪的，依法追究刑事责任。

本章小结

本章围绕献血法律制度的相关内容进行了阐述，介绍了献血法的概念、立法意义，无偿献血工作的组织与管理，并对采血、供血、医疗机构用血管理进行了详细的论述。通过学习，要求掌握无偿献血的内涵；熟悉医疗机构用血管理、医疗机构用血要求，熟悉血站采血要求、血站用血要求；了解违反献血法律制度必须承担的法律责任。

巩固练习

简答题

（1）什么是无偿献血？

（2）《献血法》的适用范围是什么？

（3）医疗机构临床用血的原则是什么？

（4）医疗机构用血的要求是什么？

（5）血站采血的要求有哪些？

第九章

执业医师法

【学习目标】

（1）掌握医师的基本要求及职责；参加医师资格考试的条件。

（2）熟悉医师资格种类；准予注册、不予注册、注销注册、变更注册、重新注册的情形；医师在执业活动中的权利和义务。

（3）了解医师执业活动中违法行为的法律责任。

（4）培养具备良好的职业道德和医疗执业水平，发扬人道主义精神，履行防病治病、救死扶伤、保护人民健康的职责意识。

第一节　医师的基本要求及职责

医师应当具备良好的职业道德和医疗执业水平，发扬人道主义精神，履行防病治病、救死扶伤、保护人民健康的神圣职责。全社会应当尊重医师。医师依法履行职责，受法律保护。《中华人民共和国执业医师法》（以下简称《执业医师法》）所指医师，是依法取得执业医师资格或者执业助理医师资格，经注册在医疗、预防、保健机构中执业的专业医务人员。

第二节　考试和注册

一、医师资格种类

国家实行医师资格考试制度。医师资格考试是评价申请医师资格者是否具备执业所必须的专业知识与技能的考试。医师资格考试分为执业医师资格考试和执业助理医师资格考试。考试类别分为临床、中医（包括中医、民族医、中西医结合）、口腔、公共卫生四类。考试方式分为实践技能考试和医学综合笔试。

医师资格统一考试的办法，由国务院卫生行政部门制定。医师资格考试由省级以上人民政府卫生行政部门组织实施。医师资格考试实行国家统一考试，每年举行一次。考试时间由卫生部医师资格考试委员会确定，提前 3 个月向社会公告。

申请参加医师资格考试的人员，应当在公告规定期限内，到户籍所在地的考点办公室报名，并提交下列材料：

（1）二寸免冠正面半身照片两张；

（2）本人身份证明；

（3）毕业证书复印件；

（4）试用机构出具的试用期满一年并考核合格的证明；

（5）执业助理医师申报执业医师资格考试的，还应当提交执业助理“医师资格证书”复印件、执业助理“医师执业证书”复印件、执业时间和考核合格证明。

二、参加医师资格考试的条件

具有下列条件之一的，可以参加执业医师资格考试：

（1）具有高等学校医学专业本科以上学历，在执业医师指导下，在医疗、预防、保健机构中试用期满一年的；

（2）取得执业助理医师执业证书后，具有高等学校医学专科学历，在医疗、预防、保健机构中工作满二年的；具有中等专业学校医学专业学历，在医疗、预防、保健机构中工作满五年的。

具有高等学校医学专科学历或者中等专业学校医学专业学历，在执业医师指导下，在医疗、预防、保健机构中试用期满一年的，可以参加执业助理医师资格考试。

以师承方式学习传统医学满三年或者经多年实践医术确有专长的，经县级以上人民政府卫生行政部门确定的传统医学专业组织或者医疗、预防、保健机构考核合格并推荐，可以参加执业医师资格或者执业助理医师资格考试。考试的内容和办法由国务院卫生行政部门另行制定。

医师资格考试成绩合格，取得执业医师资格或者执业助理医师资格。

三、执业注册

国家实行医师执业注册制度。取得医师资格的，可以向所在地县级以上人民政府卫生行政部门申请注册。受理申请的卫生行政部门应当自收到申请之日起三十日内准予注册，并发给由国务院卫生行政部门统一印制的医师执业证书。医疗、预防、保健机构可以为本机构中的医师集体办理注册手续。医师经注册后，可以在医疗、预防、保健机构中按照注册的执业地点、执业类别、执业范围执业，从事相应的医疗、预防、保健业务。未经医师注册取得执业证书，不得从事医师执业活动。

四、不予注册、注销注册、变更注册、重新注册的情形

（一）不予注册

有下列情形之一的，不予注册：

（1）不具有完全民事行为能力的；

（2）因受刑事处罚，自刑罚执行完毕之日起至申请注册之日止不满二年的；

（3）受吊销医师执业证书行政处罚，自处罚决定之日起至申请注册之日止不满二年的；

（4）有国务院卫生行政部门规定不宜从事医疗、预防、保健业务的其他情形的。

（二）注销注册

医师注册后有下列情形之一的，其所在的医疗、预防、保健机构应当在三十日内报告准予注册的卫生行政部门，卫生行政部门应当注销注册，收回医师执业证书：

（1）死亡或者被宣告失踪的；

（2）受刑事处罚的；

（3）受吊销医师执业证书行政处罚的；

（4）依照本法第三十一条规定暂停执业活动期满，再次考核仍不合格的；

（5）中止医师执业活动满二年的；

（6）有国务院卫生行政部门规定不宜从事医疗、预防、保健业务的其他情形的。

（三）变更注册

医师变更执业地点、执业类别、执业范围等注册事项的，应当到准予注册的卫生行政部门依法办理变更注册手续。变更注册的程序与申请注册的程序相同。

（四）重新注册

中止医师执业活动二年以上以及法定不予注册情形消失的，申请重新执业，经考核合格，并依照法定程序重新注册。

（五）对不予注册、注销注册持有异议的法律救济

受理申请的卫生行政部门对不符合条件不予注册的，应当自收到申请之日起 30 日内书面通知申请人，并说明理由；申请人有异议的，可以自收到通知之日起 15 日内，依法申请复议或者向人民法院提起诉讼。

被注销注册的当事人如果有异议，可以自收到注销注册通知之日起 15 日内，依法申请复议或者向人民法院提起诉讼。

第三节　执业规则

一、医师在执业活动中的权利和义务

医师在执业活动中享有下列权利：

（1）在注册的执业范围内，进行医学诊查、疾病调查、医学处置、出具相应的医学证明文件，选择合理的医疗、预防、保健方案；

（2）按照国务院卫生行政部门规定的标准，获得与本人执业活动相当的医疗设备基本条件；

（3）从事医学研究、学术交流，参加专业学术团体；

（4）参加专业培训，接受继续医学教育；

（5）在执业活动中，人格尊严、人身安全不受侵犯；

（6）获取工资报酬和津贴，享受国家规定的福利待遇；

（7）对所在机构的医疗、预防、保健工作和卫生行政部门的工作提出意见和建议，依法参与所在机构的民主管理。

医师在执业活动中应履行下列义务：

（1）遵守法律、法规，遵守技术操作规范；

（2）树立敬业精神，遵守职业道德，履行医师职责，尽职尽责为患者服务；

（3）关心、爱护、尊重患者，保护患者的隐私；

（4）努力钻研业务，更新知识，提高专业技术水平；

（5）宣传卫生保健知识，对患者进行健康教育。

二、医师执业要求

医师实施医疗、预防、保健措施，签署有关医学证明文件，必须亲自诊查、调查，并按照规定及时填写医学文书，不得隐匿、伪造或者销毁医学文书及有关资料。医师不得出具与自己执业范围无关或者与执业类别不相符的医学证明文件。

对急危患者，医师应当采取紧急措施进行诊治；不得拒绝急救处置。

医师应当使用经国家有关部门批准使用的药品、消毒药剂和医疗器械。除正当诊断治疗外，不得使用麻醉药品、医疗用毒性药品、精神药品和放射性药品。

医师应当如实向患者或者其家属介绍病情，但应注意避免对患者产生不利后果。医师进行实验性临床医疗，应当经医院批准并征得患者本人或者其家属同意。

医师不得利用职务之便，索取、非法收受患者财物或者牟取其他不正当利益。

遇有自然灾害、传染病流行、突发重大伤亡事故及其他严重威胁人民生命健康的紧急情况时，医师应当服从县级以上人民政府卫生行政部门的调遣。

医师发生医疗事故或者发现传染病疫情时，应当按照有关规定及时向所在机构或者卫生行政部门报告。医师发现患者涉嫌伤害事件或者非正常死亡时，应当按照有关规定向有关部门报告。

三、执业助理医师的特别规定

执业助理医师应当在执业医师的指导下，在医疗、预防、保健机构中按照其执业类别执业。在乡、民族乡、镇的医疗、预防、保健机构中工作的执业助理医师，可以根据医疗诊治的情况和需要，独立从事一般的执业活动。

第四节　考核和培训

一、医师考核内容

县级以上人民政府卫生行政部门负责指导、检查和监督医师考核工作。受县级以上人民政府卫生行政部门委托的机构或者组织应当按照医师执业标准，对医师进行定期考核。考核的主要内容是：① 业务水平：医师从事自己专业技术的本职工作所具备的相应能力；② 工作成绩：完成工作的数量与质量；③ 职业道德状况。对医师的考核结果，考核机构应当报告准予注册的卫生行政部门备案。

二、医师考核不合格的处理

对考核不合格的医师，县级以上人民政府卫生行政部门可以责令其暂停执业活动三个月至六个月，并接受培训和继续医学教育。暂停执业活动期满，再次进行考核，对考核合格的，允许其继续执业；对考核不合格的，由县级以上人民政府卫生行政部门注销注册，收回医师执业证书。

三、表彰与奖励

医师有下列情形之一的，县级以上人民政府卫生行政部门应当给予表彰或者奖励：

（1）在执业活动中，医德高尚，事迹突出的；

（2）对医学专业技术有重大突破，作出显著贡献的；

（3）遇有自然灾害、传染病流行、突发重大伤亡事故及其他严重威胁人民生命健康的紧急情况时，救死扶伤、抢救诊疗表现突出的；

（4）长期在边远贫困地区、少数民族地区条件艰苦的基层单位努力工作的；

（5）国务院卫生行政部门规定应当予以表彰或者奖励的其他情形的。

四、医师的培训

县级以上人民政府卫生行政部门应当制定医师培训计划，对医师进行多种形式的培训，为医师接受继续医学教育提供条件。县级以上人民政府卫生行政部门应当采取有力措施，对在农村和少数民族地区从事医疗、预防、保健业务的医务人员实施培训。医疗、预防、保健机构应当按照规定和计划保证本机构医师的培训和继续医学教育。县级以上人民政府卫生行政部门委托的承担医师考核任务的医疗卫生机构，应当为医师的培训和接受继续医学教育提供和创造条件。

第五节　法律责任

一、以不正当手段取得医师执业证书的法律责任

以不正当手段取得医师执业证书的，由发给证书的卫生行政部门予以吊销；对负有直接责任的主管人员和其他直接责任人员，依法给予行政处分。

二、医师执业活动中违法行为的法律责任

医师在执业活动中，违反法律规定，有下列行为之一的，由县级以上人民政府卫生行政部门给予警告或者责令暂停六个月以上一年以下执业活动；情节严重的，吊销其执业证书；构成犯罪的，依法追究刑事责任：

（1）违反卫生行政规章制度或者技术操作规范，造成严重后果的；

（2）由于不负责任延误急危患者的抢救和诊治，造成严重后果的；

（3）造成医疗责任事故的；

（4）未经亲自诊查、调查，签署诊断、治疗、流行病学等证明文件或者有关出生、死亡等证明文件的；

（5）隐匿、伪造或者擅自销毁医学文书及有关资料的；

（6）使用未经批准使用的药品、消毒药剂和医疗器械的；

（7）不按照规定使用麻醉药品、医疗用毒性药品、精神药品和放射性药品的；

（8）未经患者或者其家属同意，对患者进行实验性临床医疗的；

（9）泄露患者隐私，造成严重后果的；

（10）利用职务之便，索取、非法收受患者财物或者牟取其他不正当利益的；

（11）发生自然灾害、传染病流行、突发重大伤亡事故以及其他严重威胁人民生命健康的紧急情况时，不服从卫生行政部门调遣的；

（12）发生医疗事故或者发现传染病疫情，患者涉嫌伤害事件或者非正常死亡，不按照规定报告的。

三、擅自开办医疗机构或者非法行医的法律责任

未经批准擅自开办医疗机构行医或者非医师行医的，由县级以上人民政府卫生行政部门予以取缔，没收其违法所得及其药品、器械，并处十万元以下的罚款；对医师吊销其执业证书；给患者造成损害的，依法承担赔偿责任；构成犯罪的，依法追究刑事责任。

阻碍医师依法执业，侮辱、诽谤、威胁、殴打医师或者侵犯医师人身自由、干扰医师正常工作、生活的，依照《中华人民共和国治安管理处罚法》的规定处罚；构成犯罪的，依法追究刑事责任。

医疗、预防、保健机构未依照规定履行报告职责，导致严重后果的，由县级以上人民政府卫生行政部门给予警告；并对该机构的行政负责人依法给予行政处分。

卫生行政部门工作人员或者医疗、预防、保健机构工作人员违反本法有关规定，弄虚作假、玩忽职守、滥用职权、徇私舞弊，尚不构成犯罪的，依法给予行政处分；构成犯罪的，依法追究刑事责任。

本章小结

医师应当具备良好的职业道德和医疗执业水平，发扬人道主义精神，履行防病治病、救死扶伤、保护人民健康的神圣职责。《执业医师法》所指医师，是依法取得执业医师资格或者执业助理医师资格，经注册在医疗、预防、保健机构中执业的专业医务人员。国家实行医师资格考试制度。医师资格考试分为执业医师资格考试和执业助理医师资格考试。国家实行医师执业注册制度。取得医师资格的，可以向所在地县级以上人民政府卫生行政部门申请注册。医师在执业活动中应当履行相应的权利和义务。违反医师法应当承担相应的法律责任。

巩固练习

简答题

（1）请简述医师的基本要求及职责。

（2）请简述参加医师资格考试的条件。

（3）请简述医师在执业活动中的权利和义务。

第十章

医疗损害责任

【学习目标】

（1）掌握医疗损害中医疗机构的担责、免责情形。
（2）明确医疗损害责任的承担主体、理解医疗损害责任中的归责原则。
（3）了解医疗机构及其医务人员的合法权益受法律保护。
（4）培养精益求精的职业道德，避免发生医疗事故或医疗差错。

第一节 概 述

为保护民事主体的合法权益，明确侵权责任，预防并制裁侵权行为，促进社会和谐稳定，2009 年 12 月 26 日第十一届全国人民代表大会常务委员会第十二次会议通过《中华人民共和国侵权责任法》(以下简称《侵权责任法》)，自 2010 年 7 月 1 日起施行。为明确医疗损害纠纷中的侵权责任，预防并制裁侵权行为，推动构建和谐医患关系，《侵权责任法》其中第七章对医疗损害责任作出相应规定。

一、医疗损害责任

医疗损害责任，是指医疗机构及医务人员在医疗过程中因过错，或者在法律规定的情况下无论有无过失，造成患者人身损害或者其他损害，应当承担的以损害赔偿为主要方式的侵权责任。所以严格来说，这里的医疗损害责任仅指医疗侵权责任而不包括医疗机构违反医疗服务合同而应当承担的损害赔偿责任（违约责任)。《侵权责任法》第五十四条规定，患者在诊疗活动中受到损害，医疗机构及其医务人员有过错的，由医疗机构承担赔偿责任。

二、医疗损害责任的承担主体

医疗损害的行为主体虽为医疗机构及其医务人员，但医疗损害责任的承担主体仅为医疗机构，即医疗机构对其医务人员所造成的损害承担替代责任。这里的“医务人员”是指经过考核和卫生行政部门批准或承认，依法取得相关执业资格的各级各类卫生技术人员；“医疗机构”是指按照国务院 1994 年 4 月发布的《医疗机构管理条例》的规定取得“医疗机构执业许可证”的机构。

主体资格不满足的情况下不能认定为医疗损害责任。并且医疗机构对其医务人员所造成的损害承担替代责任须满足以下条件：

（1）医疗机构与其医务人员之间存在隶属或雇佣关系。

（2）医务人员依法在医疗机构内进行医疗活动这一职务行为。其与职务无关的个人行为所造成的损害由其个人而非医疗机构承担。

第二节　医疗损害责任的归责原则

归责原则是确定行为人民事责任的理由、标准或根据。侵权责任法的归责原则包括过错责任、无过错责任、公平责任三种。这里从医疗纠纷的角度出发，主要涉及过错责任与无过错责任这两种归责原则。

一、医疗损害中的过错责任

这里的过错责任包括一般过错责任与过错推定责任。

（一）一般过错责任

一般过错责任在医疗损害中是指医疗机构及其医务人员在医疗过程中因过错造成患者人身损害或者其他损害，应当就损害承担相应的侵权责任。其构成要件包括：

（1）行为人实施了违法行为。包括作为与不作为的违法行为。

（2）患者客观上遭受了损害。包括人身利益损害与财产利益损害。

（3）违法行为与损害之间有因果关系。若患者的损害并不是由行为人的过错行为导致，二者之间并无因果关系的话，则不构成过错责任下的医疗损害责任。

（4）行为人主观上有过错。包括故意和过失两种情况。故意是指医疗机构及医务人员预见到了自己的行为可能发生损害他人的后果，却仍然作出该行为并希望或放任损害后果的产生。过失则包括疏忽大意的过失（行为人应当预见自己的行为可能造成的危害结果，但因疏忽大意而未能预见到）与过于自信的过失（行为人虽然已预见到自己的行为可能导致病员出现危害结果，但是轻信凭自己的技术、经验或有利的客观条件能够避免，因而导致了判断上或行为上的过失，使危害结果发生）。

一般过错责任为侵权责任法中最常见的归责原则，具有普遍适用性，凡法律无特别规定者，即应适用该原则。故多数医疗损害责任都属于一般过错责任，在这类案件中由原告承担举证责任。

（二）过错推定责任

过错推定责任是指根据法律规定推定行为人有过错，行为人不能证明自己没有过错的，应当承担侵权责任。如行为人能够证明自己没有过错的则不承担侵权责任。其属于法律明文规定的特定情形，对于行为人过错的证明适用举证责任倒置。并且行为人须直接证明自身行为，仅证明第三人过错的不能免责。

在医疗损害中，因下列情形之一造成患者损害的，适用过错推定责任，医疗机构及其医务人员不能证明自己的医疗行为没有过错的，应当承担侵权责任：

（1）违反法律、行政法规、规章以及其他有关诊疗规范的规定；

（2）隐匿或者拒绝提供与纠纷有关的病历资料；

（3）伪造、篡改或者销毁病历资料。

二、医疗损害中的无过错责任

无过错责任是指行为人损害他人民事利益，不论行为人有无过错，法律特别规定了仍应当承担侵权责任的，依照其规定。该归责原则相比过错责任来说范围较窄，仅限于法律明文规定的特定情形。在该类案件中，当事人双方无需就行为人的过错进行举证。

在医疗损害中的无过错责任即指在法律明文规定的情形下，医疗机构及医务人员在医疗过程中并无过错，仍应对患者在医疗过程中遭受的损害承担侵权责任。具体来说《侵权责任法》规定了因药品、消毒药剂、医疗器械的缺陷，或者输入不合格的血液造成患者损害的，医疗机构承担无过错责任。

第三节　医疗损害的情形

（一）医疗机构承担赔偿责任的情形

1. 医疗技术损害责任

1）适用一般过错责任的情形

患者在诊疗活动中受到损害，医疗机构及其医务人员有过错行为的，以及医务人员在诊疗活动中未尽到与当时的医疗水平相应的诊疗义务，造成患者损害的，医疗机构应当承担赔偿责任。这里的诊疗义务包括医务人员的注意义务，即医务人员在进行医疗活动时，应对患者尽到相应的谨慎和注意，以免患者遭受到不应有的损害。

该类情形下按照一般过错责任的规定，患者若提起医疗损害赔偿的请求，须就损害自行承担举证责任。

2）适用过错推定责任的情形

患者有损害，因下列情形之一的，推定医疗机构有过错：

（1）违反法律、行政法规、规章以及其他有关诊疗规范的规定；

（2）隐匿或者拒绝提供与纠纷有关的病历资料；

（3）伪造、篡改或者销毁病历资料。

该类情形下按照过错推定责任的规定，患者若提起医疗损害赔偿的请求，须医疗机构就损害承担自身无过错的举证责任。

医疗机构及其医务人员应当按照规定填写并妥善保管住院志、医嘱单、检验报告、手术及麻醉记录、病理资料、护理记录、医疗费用等病历资料；患者要求查阅、复制前款规定的病历资料的，医疗机构应当提供。否则医疗机构在患者遭受损害提起损害赔偿请求又无法就自身行为无过错举证时，将承担相应的损害赔偿责任。

2. 违反告知义务的医疗损害责任

1）违反一般告知义务的医疗损害责任

医务人员在诊疗活动中应当向患者说明病情和医疗措施。若因未告知患者病情、应采取的医疗措施而给患者再次损害的，属于不作为的违法侵权行为，医疗机构须承担医疗损害责任。

另外因过度告知，即错误地或夸大地告知病情内容导致患者遭受损害的，也属于违反一般告知义务。

2）违反特殊告知义务的医疗损害责任

需要实施手术、特殊检查、特殊治疗的，医务人员应当及时向患者说明医疗风险、替代医疗方案等情况，并取得其书面同意；不宜向患者说明的，应当向患者的近亲属说明，并取得其书面同意。若医务人员未尽到该义务，造成患者损害的，医疗机构应当承担赔偿责任。

违反一般告知义务与特殊告知义务的医疗损害责任均适用一般过错责任的归责原则，该类情形下患者若提起医疗损害赔偿的请求，须就损害自行承担举证责任。

3. 医疗产品致人损害的责任

因药品、消毒药剂、医疗器械的缺陷，或者输入不合格的血液造成患者损害的，患者可以向生产者或者血液提供机构请求赔偿，也可以向医疗机构请求赔偿。患者向医疗机构请求赔偿的，医疗机构赔偿后，有权向负有责任的生产者或者血液提供机构追偿。

医疗产品致人损害的责任适用无过错责任的归责原则，医疗机构和医疗产品的提供者承担不真正连带责任。患者若提起医疗损害赔偿的请求，无须就医疗行为的过错进行举证，并且可自由选择向医疗机构和医疗产品的提供者中的任一方请求赔偿。医疗机构和医疗产品的提供者在向患者赔偿后，再就两方的责任程度进行内部追偿。

（二）医疗机构免责的情形

（1）因抢救生命垂危的患者等紧急情况，不能取得患者或者其近亲属意见的，经医疗机构负责人或者授权的负责人批准，可以立即实施相应的医疗措施。紧急情况包括：

① 近亲属不明的；

② 不能及时联系到近亲属的；

③ 近亲属拒绝发表意见的；

④ 近亲属达不成一致意见的。

（2）患者有损害，因下列情形之一的，医疗机构不承担赔偿责任：

① 在医疗机构及其医务人员无过错行为的前提下，患者或者其近亲属因自身原因不配合医疗机构进行符合诊疗规范的诊疗；

② 医务人员在抢救生命垂危的患者等紧急情况下已经尽到合理诊疗义务；

③ 限于当时的医疗水平难以诊疗。

第四节　对医疗机构及其医务人员的限制与保护

一、医疗机构及其医务人员应当对患者的隐私保密

医疗机构及其医务人员应当对患者的隐私保密。泄露患者隐私或者未经患者同意公开其病历资料，造成患者损害的，应当承担侵权责任。

二、禁止过度检查

医疗机构及其医务人员不得违反诊疗规范实施不必要的检查。适度的检查应符合患者病情的实际需求。

三、医疗机构及其医务人员的合法权益受法律保护

医疗机构及其医务人员的合法权益受法律保护。干扰医疗秩序，妨害医务人员工作、生活的，应当依法承担法律责任。

本章小结

医疗损害责任，是指医疗机构及医务人员在医疗过程中因过错，或者在法律规定的情况下无论有无过失，造成患者人身损害或者其他损害，应当承担的以损害赔偿为主要方式的侵权责任。医疗损害的行为主体虽为医疗机构及其医务人员，但医疗损害责任的承担主体仅为医疗机构，即医疗机构对其医务人员所造成的损害承担替代责任。侵权责任法的归责原则包括过错责任、无过错责任、公平责任三种。

巩固练习

简答题

（1）简述医疗损害责任中涉及的归责原则。

（2）患者遭受损害向医疗机构提出赔偿请求时，哪些情形下医疗机构需要进行赔偿？哪些情形不需要？

第十一章

精神卫生法

【学习目标】

（1）了解精神障碍的概念与分类。
（2）熟悉精神障碍患者的基本权利。
（3）掌握精神障碍的诊断和治疗。
（4）关注学生的心理健康状况，培养具有精神卫生预防意识的医学人才。

第一节　概　述

精神卫生，是影响社会发展的重大公共卫生问题和社会问题。为了发展精神卫生事业，规范精神卫生服务，完善精神障碍的诊断、治疗和康复，维护精神障碍患者的合法权益，促进社会和谐，国家于2012年10月26日主席令第62号公布了《中华人民共和国精神卫生法》（以下简称《精神卫生法》），该法自2013年5月1日起施行。2018年4月27日，第十三届全国人民代表大会常务委员会第二次会议对《精神卫生法》进行了修正。

一、精神卫生的概念

本法中的精神卫生，是指开展精神障碍的预防、治疗和康复，促进公民心理健康的各项活动。

精神卫生有广义和狭义两种理解。狭义的精神卫生，是指对精神障碍患者的早期发现、及时治疗、有效康复，最终使其回归社会，即对精神障碍的预防、医疗和康复工作；广义的精神卫生除了包括上述内容以外，还包括政府、单位、学校、媒体等所开展的与促进公民生理健康有关的所有内容。

精神障碍，是指由各种原因引起的感知、情感和思维等精神活动的紊乱或者异常，导致患者明显的心理痛苦或者社会适应等功能损害。常见的精神障碍包括：精神分裂症、情感性精神障碍、器质性精神障碍等。导致精神障碍的因素很多，既有遗传性因素、个体特征、器质因素，也有社会性环境因素等。

精神障碍根据病情的严重程度，分为一般的精神障碍和严重的精神障碍。严重精神障碍，是指疾病症状严重，导致患者社会适应等功能严重损害、对自身健康状况或者客观现实不能完整认识，或者不能处理自身事务的精神障碍。严重精神障碍包括：精神分裂症、偏执型精神病、分裂情感障碍、双向情感障碍、癫痫所致的精神障碍、精神发育迟滞等 6 种精神疾病。

现行的国际疾病诊断分类将精神疾病分为 10 大类 72 小类近 400 种。10 大类为：器质性精神障碍；使用精神活性物质所致的精神和行为障碍；精神分裂症、分裂型障碍和妄想症障碍；心境（情感）障碍；神经症性、应激相关的躯体形式障碍；伴有生理紊乱及躯体因素的行为综合征；成人人格与行为障碍；精神发育迟滞；心理发育障碍；通常起病于童年与少年期的行为和情绪障碍。

二、精神卫生工作的方针和原则

《精神卫生法》第三条规定：精神卫生工作实行预防为主的方针，坚持预防、治疗和康复相结合的原则。

预防是精神卫生工作中重要的一环，通过积极有效的预防，可以减少精神障碍的发生，促进全民心理健康。精神卫生预防分为三级预防：一级预防指病因预防，通过消除或减少致病因素来防止或减少精神障碍的发生；二级预防的重点是早期发现、早期诊断、早期治疗，并争取疾病缓解后有良好的预后，防止复发；三级预防的重点是做好精神障碍患者的康复训练，最大限度地促进患者社会功能的恢复，减少功能残疾，提高患者的生活质量。

除了预防为主的方针外，对精神障碍患者的及时治疗和有效康复也极为重要。运用一切可采取的措施，尽量纠正精神障碍患者的病态表现，使之最大限度地恢复适应社会生活的精神功能。因此，精神障碍患者的康复应当坚持功能训练、全面康复、回归社会的基本原则。

三、精神障碍患者权益保护

精神障碍患者与其他公民的法律地位平等，依法享有法律赋予公民的种种权利。但是，由于社会偏见的普遍存在，使得精神障碍患者及其家庭成员在入学、就业、就医等方面存在一定的阻碍，所以必须加强对他们的基本权利的保障。

（一）尊重、理解、关爱精神障碍患者

全社会应当尊重、理解、关爱精神障碍患者。任何组织或者个人不得歧视、侮辱、虐待精神障碍患者，不得非法限制精神障碍患者的人身自由。新闻报道和文学艺术作品等不得含有歧视、侮辱精神障碍患者的内容。

（二）保障精神障碍患者受教育、就业的权利

精神障碍患者的教育、劳动、医疗以及从国家和社会获得物质帮助等方面的合法权益受法律保护。县级以上地方人民政府以及相关部门应采取有效措施，保证患有精神障碍的适龄儿童、少年接受义务教育，扶持有劳动能力的精神障碍患者从事力所能及的劳动，为康复的人员提供就业机会。国家对安排精神障碍患者就业的用人单位依法给予税收优惠政策，并在生产、经营、技术、资金、物资、场地等方面给予扶持。

（三）保护精神障碍患者的隐私

有关单位和个人应当对精神障碍患者的姓名、肖像、住址、工作单位、病历资料以及其他可能推断出其身份的信息予以保密；但是，依法履行职责需要公开的除外。

（四）禁止对精神障碍患者实施家庭暴力或遗弃

良好的家庭关系和氛围有利于精神障碍患者的康复。家庭成员之间应当相互关爱，创造良好、和睦的家庭环境。发现家庭成员可能患有精神障碍的，应当帮助其及时就诊，照顾其生活，做好看管监护。特别是精神障碍患者的监护人应当履行监护职责，维护精神障碍患者的合法权益。禁止对精神障碍患者实施家庭暴力，禁止遗弃精神障碍患者。

（五）生活保障

村民委员会、居民委员会应当为生活困难的精神障碍患者家庭提供帮助，并向所在地乡镇人民政府或者街道办事处以及县级人民政府有关部门反映患者及其家庭的情况和要求，帮助其解决实际困难，为患者融入社会创造条件。

对符合城乡最低生活保障条件的严重精神障碍患者，民政部门应当会同有关部门及时将其纳入最低生活保障。

四、精神卫生工作管理机制

《精神卫生法》第六条规定：精神卫生工作实行政府组织领导、部门各负其责、家庭和单位尽力尽责、全社会共同参与的综合管理机制。

（一）政府组织领导

县级以上人民政府领导精神卫生工作，将其纳入国民经济和社会发展规划，建设和完善精神障碍的预防、治疗和康复服务体系，建立健全精神卫生工作协调机制和工作责任制，对有关部门承担的精神卫生工作进行考核、监督。乡镇人民政府和街道办事处根据本地区的实际情况，组织开展预防精神障碍发生、促进精神障碍患者康复等工作。

（二）国务院卫生行政部门主管

国务院卫生行政部门主管全国的精神卫生工作。县级以上地方人民政府卫生行政部门主

管本行政区域的精神卫生工作。县级以上人民政府司法、行政、民政、公安、教育、医疗保障等部门在各自职责范围内负责有关的精神卫生工作。

第二节　心理健康预防和精神障碍预防

一、各级政府及其部门的责任

各级人民政府和县级以上人民政府有关部门应当采取措施，加强心理健康促进和精神障碍预防工作，提高公众心理健康水平。

各级人民政府和县级以上人民政府有关部门制定的突发事件应急预案，应当包括心理援助的内容。发生突发事件，履行统一领导职责或者组织处置突发事件的人民政府应当根据突发事件的具体情况，按照应急预案的规定，组织开展心理援助工作。

二、相关单位及人员的精神障碍预防义务

（一）新闻媒体、社会组织

防患于未然，宣传不可少。国家鼓励和支持新闻媒体、社会组织开展精神卫生的公益性宣传，普及精神卫生知识，引导公众关注心理健康，预防精神障碍的发生。

（二）用人单位

用人单位应当创造有益于职工身心健康的工作环境，关注职工的心理健康；对处于职业发展特定时期或者在特殊岗位工作的职工，应当有针对性地开展心理健康教育。

（三）学　校

各级各类学校应当对学生进行精神卫生知识教育；配备或者聘请心理健康教育教师、辅导人员，并可以设立心理健康辅导室，对学生进行心理健康教育。学前教育机构应当对幼儿开展符合其特点的心理健康教育。发生自然灾害、意外伤害、公共安全事件等可能影响学生心理健康的事件，学校应当及时组织专业人员对学生进行心理援助。教师应当学习和了解相关的精神卫生知识，关注学生心理健康状况，正确引导、激励学生。地方各级人民政府教育行政部门和学校应当重视教师心理健康。学校和教师应当与学生父母或者其他监护人、近亲属沟通学生心理健康情况。

（四）医务人员

医务人员开展疾病诊疗服务，应当按照诊断标准和治疗规范的要求，对就诊者进行心理健康指导；发现就诊者可能患有精神障碍的，应当建议其到符合本法规定的医疗机构就诊。

（五）监狱、看守所等场所

监狱、看守所、拘留所、强制隔离戒毒所等场所，应当对服刑人员，被依法拘留、逮捕、强制隔离戒毒的人员等，开展精神卫生知识宣传，关注其心理健康状况，必要时提供心理咨询和心理辅导。

（六）村委会、居委会

村民委员会、居民委员会应当协助所在地人民政府及其有关部门开展社区心理健康指导、精神卫生知识宣传教育活动，创建有益于居民身心健康的社区环境。

（七）心理咨询人员

心理咨询人员应当提高业务素质，遵守执业规范，为社会公众提供专业化的心理咨询服务。心理咨询人员不得从事心理治疗或者精神障碍的诊断、治疗。心理咨询人员发现接受咨询的人员可能患有精神障碍的，应当建议其到符合本法规定的医疗机构就诊。心理咨询人员应当尊重接受咨询人员的隐私，并为其保守秘密。

三、精神卫生监测网络

《精神卫生法》第二十四条规定：国务院卫生行政部门建立精神卫生监测网络，实行严重精神障碍发病报告制度，组织开展精神障碍发生状况、发展趋势等的监测和专题调查工作。精神卫生监测和严重精神障碍发病报告管理办法，由国务院卫生行政部门制定。国务院卫生行政部门应当会同有关部门、组织，建立精神卫生工作信息共享机制，实现信息互联互通、交流共享。

（一）管理原则

重性精神疾病信息管理工作坚持分级负责、属地管理、服务患者、安全有效的原则。

（二）管理部门

国务院卫生行政部门对全国重性精神疾病信息实行统一管理。地方各级卫生行政部门负责本地区重性精神疾病信息管理工作。各级精神卫生防治技术管理机构受本级卫生行政部门委托，承担本辖区重性精神疾病信息的日常管理工作。

（三）信息收集与报送

各级精神卫生防治技术管理机构、精神卫生医疗机构和基层医疗卫生机构建立本部门重性精神疾病信息管理制度，根据工作需要配备专（兼）职信息管理人员。精神卫生医疗机构和基层医疗卫生机构承担重性精神疾病信息收集与报送任务，并对本部门信息安全负责。

（四）信息发布

国务院卫生行政部门和省级卫生行政部门依法发布全国或本地区重性精神疾病信息。

第三节 精神障碍的诊断和治疗

一、精神卫生医疗机构的条件

《精神卫生法》第二十六条规定：精神障碍的诊断、治疗，应当遵循维护患者合法权益、尊重患者人格尊严的原则，保障患者在现有条件下获得良好的精神卫生服务。精神障碍分类、诊断标准和治疗规范，由国务院卫生行政部门组织制定。

《精神卫生法》第二十五条规定：开展精神障碍诊断、治疗活动，应当具备下列条件，并依照医疗机构的管理规定办理有关手续：① 有与从事的精神障碍诊断、治疗相适应的精神科执业医师、护士；② 有满足开展精神障碍诊断、治疗需要的设施和设备；③ 有完善的精神障碍诊断、治疗管理制度和质量监控制度；④ 从事精神障碍诊断、治疗的专科医疗机构还应当配备从事心理治疗的人员。

二、精神障碍的诊断

精神障碍的诊断应当以精神健康状况为依据。除法律另有规定外，不得违背本人意志进行确定其是否患有精神障碍的医学检查。

（一）精神障碍患者送诊的主体和条件

1. 一般情况下的送诊

《精神卫生法》第二十八条规定：除个人自行到医疗机构进行精神障碍诊断外，疑似精神障碍患者的近亲属可以将其送往医疗机构进行精神障碍诊断。对查找不到近亲属的流浪乞讨疑似精神障碍患者，由当地民政等有关部门按照职责分工，帮助送往医疗机构进行精神障碍诊断。

2. 紧急情况下的送诊

疑似精神障碍患者发生伤害自身、危害他人安全的行为，或者有伤害自身、危害他人安全的危险的，其近亲属、所在单位、当地公安机关应当立即采取措施予以制止，并将其送往医疗机构进行精神障碍诊断。

3. 医疗机构的接诊义务

医疗机构接到送诊的疑似精神障碍患者，不得拒绝为其作出诊断。

（二）精神障碍诊断的主体和程序

《精神卫生法》第二十九条规定：精神障碍的诊断应当由精神科执业医师作出。医疗机构接到依照本法第二十八条规定送诊的疑似精神障碍患者，应当将其留院，立即指派精神科执业医师进行诊断，并及时出具诊断结论。

三、精神障碍的住院治疗

《精神卫生法》第三十条规定：精神障碍的住院治疗实行自愿原则。诊断结论、病情评估表明，就诊者为严重精神障碍患者并有下列情形之一的，应当对其实施住院治疗：① 已经发生伤害自身的行为，或者有伤害自身的危险的；② 已经发生危害他人安全的行为，或者有危害他人安全的危险的。

精神障碍患者已经发生了伤害自身的行为，或有伤害自身的危险情形时，经其监护人同意，医疗机构应当对患者实施住院治疗；监护人不同意的，医疗机构不得对患者实施住院治疗。监护人应当对在家居住的患者做好看护管理。

四、精神障碍患者的再次诊断和鉴定

（一）再次诊断

精神障碍患者已经发生了伤害自身的行为，或有伤害自身的危险情形时，患者或其监护人对需要住院治疗的诊断结论有异议，不同意对患者实施住院治疗的，可以要求再次诊断和鉴定。依照前款规定要求再次诊断的，应当自收到诊断结论之日起三日内向原医疗机构或者其他具有合法资质的医疗机构提出。承担再次诊断的医疗机构应当在接到再次诊断要求后指派二名初次诊断医师以外的精神科执业医师进行再次诊断，并及时出具再次诊断结论。承担再次诊断的执业医师应当到收治患者的医疗机构面见、询问患者，该医疗机构应当予以配合。

（二）精神障碍医学鉴定

精神障碍医学鉴定，是指经司法行政部门审核、登记，取得精神障碍鉴定执业资质的司法鉴定机构，运用科学技术或专门知识对精神障碍进行鉴别、判断并做出鉴定结论的活动。

《精神卫生法》第三十二条规定：患者或监护人对再次诊断结论有异议的，可以自主委托依法取得执业资质的鉴定机构进行精神障碍医学鉴定；医疗机构应当公示经公告的鉴定机构名单和联系方式。接受委托的鉴定机构应当指定本机构具有该鉴定事项执业资格的二名以上鉴定人共同进行鉴定，并及时出具鉴定报告。

1. 鉴定人面见询问患者

鉴定人应当到收治精神障碍患者的医疗机构面见、询问患者，医疗机构应当予以配合。鉴定人本人或其近亲属与鉴定事项有利害关系的，或可能影响其独立、客观、公正进行鉴定的，应当回避。

2. 鉴定的实施

鉴定机构、鉴定人应自觉遵守有关法律、法规的规定，尊重科学，恪守职业道德，按照精神障碍鉴定的实施程序、技术方法或操作规范，依法独立进行鉴定，出具客观、公正的鉴定报告。鉴定人应当对鉴定过程进行实时记录并签名。记录的内容应当真实、客观、准确、完整。记录的文本或影像资料应妥善保存。

（三）再次诊断结论和鉴定报告

再次诊断结论或者鉴定报告表明，不能确定就诊者为严重精神障碍患者，或者患者不需要住院治疗的，医疗机构不得对其实施住院治疗。再次诊断结论或者鉴定报告表明，精神障碍患者已经发生了危害他人安全的行为，或有危害他人安全的危险情形时，其监护人应当同意对患者实施住院治疗。监护人阻碍实施住院治疗或者患者擅自脱离住院治疗的，可以由公安机关协助医疗机构采取措施对患者实施住院治疗。在相关机构出具再次诊断结论、鉴定报告前，收治精神障碍患者的医疗机构应当按照诊疗规范的要求对患者实施住院治疗。

（四）精神障碍患者住院手续

诊断结论表明需要住院治疗的精神障碍患者，本人没有能力办理住院手续的，由其监护人办理住院手续；患者属于查找不到监护人的流浪乞讨人员的，由送诊的有关部门办理住院手续。

精神障碍患者已经发生了危害他人安全的行为，或有危害他人安全的危险情形时，其监护人不办理住院手续的，由患者所在单位、村民委员会或者居民委员会办理住院手续，并由医疗机构在患者病历中予以记录。

五、医疗机构管理

（一）环境设施

医疗机构应当配备适宜的设施、设备，保护就诊和住院治疗的精神障碍患者的人身安全，防止其受到伤害，并为住院患者创造尽可能接近正常生活的环境和条件。

（二）如实告知和知情同意

医疗机构及其医务人员应当遵循精神障碍诊断标准和治疗规范，制定治疗方案，并向精神障碍患者或者其监护人告知治疗方案和治疗方法、目的以及可能产生的后果。

医疗机构对精神障碍患者实施下列治疗措施，应当向患者或者其监护人告知医疗风险、替代医疗方案等情况，并取得患者的书面同意；无法取得患者意见的，应当取得其监护人的书面同意，并经本医疗机构伦理委员会批准：① 导致人体器官丧失功能的外科手术；② 与精神障碍治疗有关的实验性临床医疗；③ 实施前款第一项治疗措施，因情况紧急查找不到监护人的，应当取得本医疗机构负责人和伦理委员会批准。禁止对精神障碍患者实施与治疗其精神障碍无关的实验性临床医疗。

（三）保护性医疗措施

精神障碍患者在医疗机构内发生或者将要发生伤害自身、危害他人安全、扰乱医疗秩序的行为，医疗机构及其医务人员在没有其他可替代措施的情况下，可以实施约束、隔离等保护性医疗措施。实施保护性医疗措施应当遵循诊断标准和治疗规范，并在实施后告知患者的监护人。禁止利用约束、隔离等保护性医疗措施惩罚精神障碍患者。

（四）药物使用

对精神障碍患者使用药物，应当以诊断和治疗为目的，使用安全、有效的药物，不得为诊断或者治疗以外的目的使用药物。医疗机构不得强迫精神障碍患者从事生产劳动。

（五）精神外科手术

根据 2008 年卫生部下发的《关于加强神经外科手术治疗精神疾病管理有关问题的通知》，神经外科手术治疗某些精神疾病具有高风险性，其安全性和有效性需进一步验证。此技术属于限制性医疗技术并涉及医学伦理评价问题，需要严格在限定的机构、人员和条件下，有限制地实施。《精神卫生法》第四十二条规定：禁止对依照规定实施住院治疗的下列精神障碍患者实施以治疗精神障碍为目的的外科手术：① 已经发生伤害自身的行为，或有伤害自身危险的；② 已经发生危害他人安全的行为，或有危害他人安全危险的。

（六）尊重住院精神障碍患者的权利

医疗机构及其医务人员应当尊重住院精神障碍患者的通讯和会见探访者等权利。除在急性发病期或者为了避免妨碍治疗可以暂时性限制外，不得限制患者的通讯和会见探访者等权利。

（七）精神障碍患者病历记录

医疗机构及其医务人员应当在病历资料中如实记录精神障碍患者的病情、治疗措施、用药情况、实施约束、隔离措施等内容，并如实告知患者或者其监护人。患者及其监护人可以查阅、复制病历资料；但是，患者查阅、复制病历资料可能对其治疗产生不利影响的除外。病历资料保存期限不得少于三十年。

六、精神障碍患者出院

自愿住院治疗的精神障碍患者可以随时要求出院，医疗机构应当同意。

对已经发生伤害自身的行为或有伤害自身危险的精神障碍患者实施住院治疗的，监护人可以随时要求患者出院，医疗机构应当同意。

医疗机构认为上述精神障碍患者不宜出院的，应当告知不宜出院的理由；患者或者其监护人仍要求出院的，执业医师应当在病历资料中详细记录告知的过程，同时提出出院后的医学建议，患者或者其监护人应当签字确认。

对已经发生伤害自身的行为或有伤害自身危险的精神障碍患者实施住院治疗，医疗机构认为患者可以出院的，应当立即告知患者及其监护人。医疗机构应当根据精神障碍患者病情，及时组织精神科执业医师对实施住院治疗的患者进行检查评估。评估结果表明患者不需要继续住院治疗的，医疗机构应当立即通知患者及其监护人。

精神障碍患者出院，本人没有能力办理出院手续的，监护人应当为其办理出院手续。

七、心理治疗

心理治疗，是指借助心理学的、非药学的技术和方法改变患者的心理状态来达到治疗精神障碍患者的目的。临床上心理治疗最常见的对象是神经症等轻度精神障碍患者，同时也包括需要配合药物治疗进行心理治疗的严重精神障碍患者。

心理治疗活动应当在医疗机构内开展。专门从事心理治疗的人员不得从事精神障碍的诊断，不得为精神障碍患者开具处方或者提供外科治疗。心理治疗的技术规范由国务院卫生行政部门制定。

监狱、强制隔离戒毒所等场所应当采取措施，保证患有精神障碍的服刑人员、强制隔离戒毒人员等获得治疗。

第四节　法律责任

一、医疗机构及其工作人员的法律责任

《精神卫生法》第七十四条规定：医疗机构及其工作人员有下列行为之一的，由县级以上人民政府卫生行政部门责令改正，给予警告；情节严重的，对直接负责的主管人员和其他直接责任人员依法给予或者责令给予降低岗位等级或者撤职、开除的处分，并可以责令有关医务人员暂停一个月以上六个月以下执业活动：① 拒绝对送诊的疑似精神障碍患者作出诊断的；② 对依照本法第三十条第二款规定实施住院治疗的患者未及时进行检查评估或者未根据评估结果作出处理的。

《精神卫生法》第七十五条规定：医疗机构及其工作人员有下列行为之一的，由县级以上人民政府卫生行政部门责令改正，对直接负责的主管人员和其他直接责任人员依法给予或者责令给予降低岗位等级或者撤职的处分；对有关医务人员，暂停六个月以上一年以下执业活动；情节严重的，给予或者责令给予开除的处分，并吊销有关医务人员的执业证书：① 违反本法规定实施约束、隔离等保护性医疗措施的；② 违反本法规定，强迫精神障碍患者劳动的；③ 违反本法规定对精神障碍患者实施外科手术或者实验性临床医疗的；④ 违反本法规定，侵害精神障碍患者的通讯和会见探访者等权利的；⑤ 违反精神障碍诊断标准，将非精神障碍患者诊断为精神障碍患者的。

二、心理咨询、心理治疗人员的法律责任

《精神卫生法》第七十六条规定：心理咨询、心理治疗人员有下列情形之一的，由县级以上人民政府卫生行政部门、工商行政管理部门依据各自职责责令改正，给予警告，并处五千元以上一万元以下罚款，有违法所得的，没收违法所得；造成严重后果的，责令暂停六个月以上一年以下执业活动，直至吊销执业证书或者营业执照：心理咨询人员从事心理治疗或者精神障碍的诊断、治疗的；从事心理治疗的人员在医疗机构以外开展心理治疗活动的；专门

从事心理治疗的人员从事精神障碍的诊断的；专门从事心理治疗的人员为精神障碍患者开具处方或者提供外科治疗的。

心理咨询人员、专门从事心理治疗的人员在心理咨询、心理治疗活动中造成他人人身、财产或者其他损害的，依法承担民事责任。

三、其他社会成员的法律责任

《精神卫生法》第七十八条规定：任何人违反本法规定，有下列情形之一，给精神障碍患者或者其他公民造成人身、财产或者其他损害的，依法承担赔偿责任：将非精神障碍患者故意作为精神障碍患者送入医疗机构治疗的；精神障碍患者的监护人遗弃患者，或者有不履行监护职责的其他情形的；歧视、侮辱、虐待精神障碍患者，侵害患者的人格尊严、人身安全的；非法限制精神障碍患者人身自由的；其他侵害精神障碍患者合法权益的情形。

本章小结

精神卫生问题既是公共卫生问题，也是重大的社会问题。截至 2014 年，我国登记在册的精神障碍患者有 430 多万人，在我国疾病总负担中位居首位。由于精神障碍患者属于社会弱势群体，社会歧视严重，导致精神障碍患者的就学、就医、就业等权利受到一定的影响。《精神卫生法》以法律的形式维护精神障碍患者的人格尊严、人身自由和财产权利不受侵犯，并从法律的角度将精神障碍患者的收治、住院、康复等问题作了进一步的规范。以法为凭，加强精神障碍服务体系的全方位建设，促进国家精神卫生事业健康可持续发展。

巩固练习

简答题

（1）什么是精神卫生和精神障碍？

（2）精神障碍的诊断规定是什么？

（3）精神障碍患者的基本权利有哪些？

第十二章

医疗机构管理条例及其实施细则

【学习目标】

（1）掌握医疗机构的执业规则。
（2）熟知医疗机构的宗旨。
（3）了解医疗机构登记和校验的相关规定。
（4）培养依法从医的法律意识，遵守法律法规的底线。

医疗机构在医疗卫生事业中具有极为重要的地位和作用，是卫生行政法律关系和卫生民事法律关系的当事人之一，是医疗卫生服务的直接提供者。本章根据《医疗机构管理条例》（国务院于1994年2月26日发布，自1994年9月1日起施行。2016年2月6日国务院令第666号修改施行。以下简称《条例》）和《医疗机构管理条例实施细则》（卫生部1994年8月29日发布，同年9月1日起施行，2017年2月3日经国家卫生计生委委主任会议讨论修改，自2017年4月1日起施行。以下简称《条例细则》）相关法律、政策和相关法理进行归纳阐述。

第一节 概 述

《条例》及《条例细则》所称医疗机构，是指依据《条例》和《条例细则》的规定，经登记取得“医疗机构执业许可证”的机构。

一、医疗机构的宗旨

医疗机构以救死扶伤，防病治病，为公民的健康服务为宗旨。

二、医疗机构的类别

（1）综合医院、中医医院、中西医结合医院、民族医医院、专科医院、康复医院；
（2）妇幼保健院、妇幼保健计划生育服务中心；
（3）社区卫生服务中心、社区卫生服务站；
（4）中心卫生院、乡（镇）卫生院、街道卫生院；
（5）疗养院；
（6）综合门诊部、专科门诊部、中医门诊部、中西医结合门诊部、民族医门诊部；
（7）诊所、中医诊所、民族医诊所、卫生所、医务室、卫生保健所、卫生站；
（8）村卫生室（所）；
（9）急救中心、急救站；
（10）临床检验中心；
（11）专科疾病防治院、专科疾病防治所、专科疾病防治站；
（12）护理院、护理站；
（13）医学检验实验室、病理诊断中心、医学影像诊断中心、血液透析中心、安宁疗护中心；
（14）其他诊疗机构。

三、其 他

（1）卫生防疫、国境卫生检疫、医学科研和教学等机构在本机构业务范围之外开展诊疗活动以及美容服务机构开展医疗美容业务的，必须依据《条例》及《条例细则》，申请设置相应类别的医疗机构。

（2）中国人民解放军和中国人民武装警察部队编制外的医疗机构，由地方卫生计生行政部门按照《条例》和《条例细则》管理。

（3）中国人民解放军后勤卫生主管部门负责向地方卫生计生行政部门提供军队编制外医疗机构的名称和地址。

（4）医疗机构依法从事诊疗活动受法律保护。

（5）卫生计生行政部门依法独立行使监督管理职权。不受任何单位和个人干涉。

第二节 医疗机构的设置和审批

一、医疗机构的设置规划

各省、自治区、直辖市应当按照当地《医疗机构设置规划》合理配置和合理利用医疗资源。《医疗机构设置规划》由县级以上地方卫生计生行政部门依据《医疗机构设置规划指导原则》制定，经上一级卫生计生行政部门审核，报同级人民政府批准，在本行政区域内发布实施。县级以上地方卫生计生行政部门按照《医疗机构设置规划指导原则》规定的权限和程序组织实施本行政区域《医疗机构设置规划》，定期评价实施情况，并将评价结果按年度向上一级卫生计生行政部门和同级人民政府报告。

医疗机构不分类别、所有制形式、隶属关系、服务对象，其设置必须符合当地《医疗机构设置规划》。

二、医疗机构的设置审批

（一）设置审批机关

床位在一百张以上的综合医院、中医医院、中西医结合医院、民族医医院以及专科医院、疗养院、康复医院、妇幼保健院、急救中心、临床检验中心和专科疾病防治机构的设置审批权限的划分，由省、自治区、直辖市卫生计生行政部门规定；其他医疗机构的设置，由县级卫生计生行政部门负责审批。医学检验实验室、病理诊断中心、医学影像诊断中心、血液透析中心、安宁疗护中心的设置审批权限另行规定。

（二）设置审批人

有下列情形之一的，不得申请设置医疗机构：

（1）不能独立承担民事责任的单位；

（2）正在服刑或者不具有完全民事行为能力的个人；

（3）发生二级以上医疗事故未满五年的医务人员；

（4）因违反有关法律、法规和规章，已被吊销执业证书的医务人员；

（5）被吊销“医疗机构执业许可证”的医疗机构法定代表人或者主要负责人；

（6）省、自治区、直辖市政府卫生计生行政部门规定的其他情形。

有前款第（2）（3）（4）（5）项所列情形之一者，不得充任医疗机构的法定代表人或者主要负责人。

在城市设置诊所的个人，必须同时具备下列条件：经医师执业技术考核合格，取得“医师执业证书”；取得“医师执业证书”或者医师职称后，从事五年以上同一专业的临床工作；省、自治区、直辖市卫生计生行政部门规定的其他条件。

在乡镇和村设置诊所的个人的条件，由省、自治区、直辖市卫生计生行政部门规定。

地方各级人民政府设置医疗机构，由政府指定或者任命的拟设医疗机构的筹建负责人申请；法人或者其他组织设置医疗机构，由其代表人申请；个人设置医疗机构，由设置人申请；两人以上合伙设置医疗机构，由合伙人共同申请。

（三）提交的设置可行性研究报告包括内容

（1）申请单位名称、基本情况以及申请人姓名、年龄、专业履历、身份证号码；

（2）所在地区的人口、经济和社会发展等概况；

（3）所在地区人群健康状况和疾病流行以及有关疾病患病率；

（4）所在地区医疗资源分布情况以及医疗服务需求分析；

（5）拟设医疗机构的名称、选址、功能、任务、服务半径；
（6）拟设医疗机构的服务方式、时间、诊疗科目和床位编制；
（7）拟设医疗机构的组织结构、人员配备；
（8）拟设医疗机构的仪器、设备配备；
（9）拟设医疗机构与服务半径区域内其他医疗机构的关系和影响；
（10）拟设医疗机构的污水、污物、粪便处理方案；
（11）拟设医疗机构的通讯、供电、上下水道、消防设施情况；
（12）资金来源、投资方式、投资总额、注册资金（资本）；
（13）拟设医疗机构的投资预算；
（14）拟设医疗机构五年内的成本效益预测分析，并附申请设计单位或者设置人的资信证明。

申请设置门诊部、诊所、卫生所、医务室、卫生保健所、卫生站、村卫生室（所）、护理站等医疗机构的，可以根据情况适当简化设置可行性研究报告内容。

（四）提交的选址报告包括内容

（1）选址的依据；
（2）选址所在地区的环境和公用设施情况；
（3）选址与周围托幼机构、中小学校、食品生产经营单位布局的关系；
（4）占地和建筑面积。

由两个以上法人或者其他组织共同申请设置医疗机构以及两人以上合伙申请设置医疗机构的，除提交可行性研究报告和选址报告外，还必须提交由各方共同签署的协议书。

医疗机构建筑设计必须按照法律、法规和规章要求经相关审批机关审查同意后，方可施工。设置申请的受理时间，自申请人提供条例和本细则规定的全部材料之日算起。县级以上地方卫生计生行政部门依据当地《医疗机构设置规划》及本细则审查和批准医疗机构的设置。

（五）设置条件

申请设计医疗机构有下列情形之一的，不予批准：
（1）不符合当地《医疗机构设置规划》；
（2）设置人不符合规定的条件；
（3）不能提供满足投资总额的资信证明；
（4）投资总额不能满足各项预算开支；
（5）医疗机构选址不合理；
（6）污水、污物、粪便处理方案不合理；
（7）省、自治区、直辖市卫生计生行政部门规定的其他情形。

（六）设置程序

卫生计生行政部门应当在核发“设置医疗机构批准书”的同时，向上一级卫生计生行政部门备案。上级卫生计生行政部门有权在接到备案报告之日起三十日内纠正或者撤销下级卫生计生行政部门作出的不符合当地《医疗机构设置规划》的设置审批。“设置医疗机构批准书”的有效期，由省、自治区、直辖市卫生计生行政部门规定。

变更“设置医疗机构批准书”中核准的医疗机构的类别、规模、选址和诊疗科目，必须按照《条例》和《条例细则》的规定，重新申请办理设置审批手续。

（七）内部医疗机构备案制度

法人和其他组织设置的为内部职工服务的门诊部、诊所、卫生所（室），由设置单位在该医疗机构执业登记前，向当地县级卫生计生行政部门备案，并提交下列材料：

（1）设置单位或者其主管部门设置医疗机构的决定；

（2）“设置医疗机构备案书”。

卫生计生行政部门应当在接到备案后十五日内给予“设置医疗机构备案回执”。

第三节　医疗机构的名称

一、医疗机构的名称组成

《条例细则》第四十条规定：医疗机构的名称由识别名称和通用名称依次组成。医疗机构的通用名称为：医院、中心卫生院、卫生院、疗养院、妇幼保健院、门诊部、诊所、卫生所、卫生站、卫生室、医务室、卫生保健所、急救中心、急救站、临床检验中心、防治院、防治站、护理院、护理站、中心以及国家卫生计生委规定或者认可的其他名称。

医疗机构可以下列名称作为识别名称；地名、单位名称、个人姓名、医学学科名称、医学专业和专科名称、诊疗科目名称和核准机关批准使用的名称。

二、医疗机构的命名的原则

（1）医疗机构的通用名称以第四十条第二款所列的名称为限；

（2）第四十条第三款所列的医疗机构的识别名称可以合并使用；

（3）名称必须名副其实；

（4）名称必须与医疗机构类别或者诊疗科目相适应；

（5）各级地方人民政府设置的医疗机构的识别名称中应当含有省、市、区、街道、乡、镇、村等行政区划名称，其他医疗机构的识别名称中不得含有行政区划名称；

（6）国家机关、企业和事业单位、社会团体或者个人设置的医疗机构的名称中应当含有设置单位名称或者个人的姓名。

三、医疗机构不得使用的名称

（1）有损于国家、社会或者公共利益的名称；

（2）侵犯他人利益的名称；

（3）以外文字母、汉语拼音组成的名称；

（4）以医疗仪器、药品、医用产品命名的名称。

（5）含有“疑难病”“专治”“专家”“名医”或者同类含义文字的名称以及其他宣传或者暗示诊疗效果的名称；

（6）超出登记的诊疗科目范围的名称；

（7）省级以上卫生计生行政部门规定不得使用的名称。

四、医疗机构名称的核准

（1）以下医疗机构名称由国家卫生计生委核准；属于中医、中西医结合和民族医医疗机构的，由国家中医药管理局核准：

① 含有外国国家（地区）名称及其简称、国际组织名称的。

② 含有“中国”“全国”“中华”“国家”等字样以及跨省地域名称的。

③ 各级地方人民政府设置的医疗机构的识别名称中不含有行政区划名称的。

（2）以“中心”作为医疗机构通用名称的医疗机构名称，由省级以上卫生计生行政部门核准；在识别名称中含有“中心”字样的医疗机构名称的核准，由省、自治区、直辖市卫生计生行政部门规定。含有“中心”字样的医疗机构名称必须同时含有行政区划名称或者地名。

（3）除专科疾病防治机构以外，医疗机构不得以具体疾病名称作为识别名称，确有需要的由省、自治区、直辖市卫生计生行政部门核准。

（4）医疗机构名称经核准登记，于领取“医疗机构执业许可证”后方可使用，在核准机关管辖范围内享有专用权。

五、医疗机构名称使用的其他规定

（1）医疗机构只准使用一个名称。确有需要，经核准机关核准可以使用两个或者两个以上名称，但必须确定一个第一名称。

（2）卫生计生行政部门有权纠正已经核准登记的不适宜的医疗机构名称，上级卫生计生行政部门有权纠正下级卫生计生行政部门已经核准登记的不适宜的医疗机构名称。

（3）两个以上申请人向同一核准机关申请相同的医疗机构名称，核准机关依照申请在先原则核定。属于同一天申请的，应当由申请人双方协商解决；协商不成的，由核准机关作出裁决。

两个以上医疗机构因已经核准登记的医疗机构名称相同发生争议时，核准机关依照登记在先原则处理。属于同一天登记的，应当由双方协商解决；协商不成的，由核准机关报上一级卫生计生行政部门作出裁决。

（4）医疗机构名称不得买卖、出借。未经核准机关许可，医疗机构名称不得转让。

第四节 医疗机构执业

一、医疗机构的执业规则

（一）不得无证开业

任何单位或者个人，未取得“医疗机构执业许可证”，不得开展诊疗活动。医疗机构被吊销或者注销执业许可证后，不得继续开展诊疗活动。

（二）名称一致

医疗机构的印章、银行账户、牌匾以及医疗文件中使用的名称应当与核准登记的医疗机构名称相同；使用两个以上的名称的，应当与第一名称相同。

（三）遵守法律和医疗技术规范

医疗机构职业必须遵守有关法律法规和医疗技术规范，所谓技术规范是指由卫生部国家中医药管理局制定或者认可的与诊疗活动有关的技术标准，操作规程等规范性文件。

（四）加强医德教育

医疗机构应当组织医务人员学习医德规范和有关教材，督促医务人员恪守职业道德。这既是保护患者利益的需要，从长远看也是医疗机构顺利开展执业活动的需要。

（五）依法出具医学证明文件

医疗机构为死因不明者出具的“死亡医学证明书”，只作是否死亡的诊断，不作死亡原因的诊断。如有关方面要求进行死亡原因诊断的，医疗机构必须指派医生对尸体进行解剖和有关死因检查后方能作出死因诊断。

（六）实行保护性医疗措施

医疗机构在诊疗活动中，应当对患者实行保护性医疗措施，并取得患者家属和有关人员的配合。

（七）告知诊治相关情况

医疗机构应当尊重患者对自己的病情、诊断、治疗的知情权利。在实施手术、特殊检查、特殊治疗时，应当向患者作必要的解释。因实施保护性医疗措施不宜向患者说明情况的，应当将有关情况通知患者家属。

所谓特殊检查、特殊治疗，是指具有下列情形之一的诊断治疗活动：

（1）有一定危险性，可能产生不良后果的检查和治疗；
（2）由于患者体质特殊或者病情危毒，可能对患者产生不良后果或危险的检查和治疗；
（3）临床试验性检查和治疗；
（4）收费可能对患者造成较大经济负担的检查和治疗。

（八）消毒制度

医疗机构应当严格执行无菌消毒、隔离制度，采取科学有效的措施处理污水和废弃物，预防和减少医院感染。

（九）病历保存

医疗机构的门诊病历的保存期不得少于十五年；住院病历的保存期不得少于三十年。

（十）医疗质量管理

医疗机构应当按照卫生计生行政部门的有关规定、标准加强医疗质量管理，实施医疗质量保证方案，确保医疗安全和服务质量，不断提高服务水平。

（十一）医疗业务训练

医疗机构应当经常对医务人员进行“基础理论、基本知识、基本技能”的训练与考核，把“严格要求、严密组组、严谨态度”落实到各项工作中。

（十二）内部医疗机构不对外

为内部职工服务的医疗机构未经许可和变更登记不得向社会开放。

（十三）药品管理

医疗机构不得使用假劣药品，过期和失效药品以及违禁药品。门诊部、诊所、卫生所、医务室、卫生保健所和卫生站附设药房（柜）的药品种类由登记机关核定，具体办法由省、自治区、直辖市卫生计生行政部门规定。

（十四）医疗机构标识规则

标有医疗机构标识的票据和病历本册以及处方笺、各种检查的申请单、报告单、证明文书单、药品分装袋、制剂标签等不得买卖、出借和转让。

医疗机构不得冒用标有其他医疗机构标识的票据和病历本册以及处方笺、各种检查的申请单、报告单、证明文书单、药品分装袋、制剂标签等。

（十五）规章制度的执行和落实

医疗机构应当定期检查、考核各项规章制度和各级各类人员岗位责任制的执行和落实情况。

第五节　登记和校验

一、医疗机构的登记

（一）执业登记条件

申请医疗机构执业登记必须填写“医疗机构申请执业登记注册书”，并向登记机关提交下列材料：

（1）“设置医疗机构批准书”或者“设置医疗机构备案回执”；

（2）医疗机构用房产权证明或者使用证明；

（3）医疗机构建筑设计平面图；

（4）验资证明、资产评估报告；

（5）医疗机构规章制度；

（6）医疗机构法定代表人或者主要负责人以及各科室负责人名录和有关资格证书、执业证书复印件；

（7）省、自治区、直辖市卫生计生行政部门规定提供的其他材料。

申请门诊部、诊所、卫生所、医务室、卫生保健所和卫生站登记的，还应当提交附设药房（柜）的药品种类清单、卫生技术人员名录及其有关资格证书、执业证书复印件以及省、自治区、直辖市卫生计生行政部门规定提交的其他材料。

（二）“医疗机构执业许可证”的颁发

登记机关在受理医疗机构执业登记申请后，应当按照条例第十六条规定的条件和《条例》第十九条规定的时限进行审查和实地考察、核实，并对有关执业人员进行消毒、隔离和无菌操作等基本知识和技能的现场抽查考核。经审核合格的，发给“医疗机构执业许可证”；审核不合格的，将审核结果和不予批准的理由以书面形式通知申请人。“医疗机构执业许可证”及其副本由国家卫生计生委统一印制。

（三）不予登记的情况

（1）不符合“设置医疗机构批准书”核准的事项；

（2）不符合《医疗机构基本标准》；

（3）投资不到位；

（4）医疗机构用房不能满足诊疗服务功能；

（5）通讯、供电、上下水道等公共设施不能满足医疗机构正常运转；

（6）医疗机构规章制度不符合要求；

（7）消毒、隔离和无菌操作等基本知识和技能的现场抽查考核不合格；

（8）省、自治区、直辖市卫生计生行政部门规定的其他情形。

（四）执业登记的事项

（1）类别、名称、地址、法定代表人或者主要负责人；
（2）所有制形式；
（3）注册资金（资本）；
（4）服务方式；
（5）诊疗科目；
（6）房屋建筑面积、床位（牙椅）；
（7）服务对象；
（8）职工人数；
（9）执业许可证登记号（医疗机构代码）；
（10）省、自治区、直辖市卫生计生行政部门规定的其他登记事项。

门诊部、诊所、卫生所、医务室、卫生保健所、卫生站除登记前款所列事项外，还应当核准登记附设药房（柜）的药品种类。

（五）关于变更登记和注销登记

（1）因分立或者合并而保留的医疗机构应当申请变更登记；
（2）因分立或者合并而新设置的医疗机构应当申请设置许可证和执业登记；
（3）因合并而终止的医疗机构应当申请注销登记；
（4）机关、企业和事业单位设置的为内部职工服务的医疗机构向社会开放，必须按照前条规定申请办理变更登记；
（5）医疗机构迁移的执业登记；

医疗机构在原登记机关管辖区域内迁移，由原登记机关办理变更登记；向原登记机关管辖区域外迁移的，应当在取得迁移目的地的卫生计生行政部门发给的“设置医疗机构批准书”，并经原登记机关核准办理注销登记后，再向迁移目的地的卫生计生行政部门申请办理执业登记。

（六）变更登记提交的材料

医疗机构变更名称、地址、法定代表人或者主要负责人、所有制形式、服务对象、服务方式、注册资金（资本）、诊疗科目、床位（牙椅）的，必须向登记机关申请办理变更登记，并提交下列材料：
（1）医疗机构法定代表人或者主要负责人签署的“医疗机构申请变更登记注册书”；
（2）申请变更登记的原因和理由；
（3）登记机关规定提交的其他材料。

（七）对变更登记的审核

登记机关在受理变更登记申请后，依据《条例》和《条例细则》的有关规定以及当地《医疗机构设置规划》进行审核，按照登记程序或者简化程序办理变更登记，并作出核准变更登记或者不予变更登记的决定。

（八）医疗机构停业的登记

医疗机构停业，必须经登记机关批准。除改建、扩建、迁建原因，医疗机构停业不得超过一年。

二、医疗机构的校验

（一）关于医疗机构的校验时间

（1）床位在一百张以上的综合医院、中医医院、中西医结合医院、民族医医院以及专科医院、疗养院、康复医院、妇幼保健院、急救中心、临床检验中心和专科疾病防治机构的校验期为三年；

（2）其他医疗机构的校验期为一年。

（二）关于校验手续需提交的文件

医疗机构应当于校验期满前三个月向登记机关申请办理校验手续。办理校验应当交验“医疗机构执业许可证”，并提交下列文件：

（1）“医疗机构校验申请书”；

（2）“医疗机构执业许可证”副本；

（3）省、自治区、直辖市卫生行政部门规定提交的其他材料。

（三）关于暂缓校验期

卫生计生行政部门应当在受理校验申请后的三十日内完成校验。医疗机构有下列情形之一的，登记机关可以根据情况，给予一至六个月的暂缓校验期：

（1）不符合《医疗机构基本标准》；

（2）限期改正期间；

（3）省、自治区、直辖市卫生计生行政部门规定的其他情形。

不设床位的医疗机构在暂缓校验期内不得执业。

暂缓校验期满仍不能通过校验的，由登记机关注销其“医疗机构执业许可证”。

（四）关于信息化手段的管理

各级卫生计生行政部门应当采用电子证照等信息化手段对医疗机构实行全程管理和动态监管。

（五）校验相关事宜的公告

医疗机构开业、迁移、更名、改变诊疗科目以及停业、歇业和校验结果由登记机关予以公告。

第六节　医疗机构的监督管理

一、医疗机构监督管理关系的当事人

各级卫生计生行政部门负责所辖区域内医疗机构的监督管理工作。在监督管理工作中，要充分发挥医院管理学会和卫生工作者协会等学术性和行业性社会团体的作用。县级以上卫生计生行政部门设立医疗机构监督管理办公室。各级医疗机构监督管理办公室在同级卫生计生行政部门的领导下开展工作。

（一）各级医疗机构监督管理办公室的职责

（1）拟订医疗机构监督管理工作计划；

（2）办理医疗机构监督员的审查、发证、换证；

（3）负责医疗机构登记、校验和有关监督管理工作的统计，并向同级卫生计生行政部门报告；

（4）负责接待、办理群众对医疗机构的投诉；

（5）完成卫生计生行政部门交给的其他监督管理工作。

（二）医疗机构监督员的主要职责

县级以上卫生计生行政部门设医疗机构监督员，履行规定的监督管理职责。医疗机构监督员由同级卫生计生行政部门聘任。

医疗机构监督员应当严格执行国家有关法律、法规和规章，其主要职责是：

（1）对医疗机构执行有关法律、法规、规章和标准的情况进行监督、检查、指导；

（2）对医疗机构执业活动进行监督、检查、指导；

（3）对医疗机构违反条例和本细则的案件进行调查、取证；

（4）对经查证属实的案件向卫生计生行政部门提出处理或者处罚意见；

（5）实施职权范围内的处罚；

（6）完成卫生计生行政部门交付的其他监督管理工作。

医疗机构监督员有权对医疗机构进行现场检查，无偿索取有关资料，医疗机构不得拒绝、隐匿或者隐瞒。

医疗机构监督员在履行职责时应当佩戴证章、出示证件。

医疗机构监督员证章、证件由国家卫生计生委监制。

二、医疗机构执业活动的检查

各级卫生计生行政部门对医疗机构的执业活动检查、指导主要包括：

（1）执行国家有关法律、法规、规章和标准情况；
（2）执行医疗机构内部各项规章制度和各级各类人员岗位责任制情况；
（3）医德医风情况；
（4）服务质量和服务水平情况；
（5）执行医疗收费标准情况；
（6）组织管理情况；
（7）人员任用情况；
（8）省、自治区、直辖市卫生计生行政部门规定的其他检查、指导项目。

三、国家实行医疗机构评审制度

国家实行医疗机构评审制度对医疗机构的基本标准、服务质量、技术水平、管理水平等进行综合评价。县级以上卫生计生行政部门负责医疗机构评审的组织和管理；各级医疗机构评审委员会负责医疗机构评审的具体实施。

县级以上中医（药）行政管理部门成立医疗机构评审委员会，负责中医、中西医结合和民族医医疗机构的评审。

医疗机构评审包括周期性评审、不定期重点检查。

医疗机构评审委员会在对医疗机构进行评审时，发现有违反条例和本细则的情节，应当及时报告卫生计生行政部门；医疗机构评审委员会委员为医疗机构监督员的，可以直接行使监督权。

《医疗机构监督管理行政处罚程序》另行制定。

第七节　医疗机构的法律责任

一、无证开业的法律责任

（1）对未取得“医疗机构执业许可证”擅自执业的，责令其停止执业活动，没收非法所得和药品、器械，并处以三千元以下的罚款；

（2）有下列情形之一的，责令其停止执业活动，没收非法所得和药品、器械，处以三千元以上一万元以下的罚款：

① 因擅自执业曾受过卫生行政部门处罚；
② 擅自执业的人员为非卫生技术专业人员；
③ 擅自执业时间在三个月以上；
④ 给患者造成伤害；
⑤ 使用假药、劣药蒙骗患者；
⑥ 以行医为名骗取患者钱物；
⑦ 省、自治区、直辖市卫生行政部门规定的其他情形。

二、不按期办理校验又不停止诊疗活动的法律责任

（1）责令其限期补办校验手续；

（2）在限期内仍不办理校验的，吊销其“医疗机构执业许可证”。

三、转让、出借“医疗机构执业许可证”的法律责任

（1）转让、出借“医疗机构执业许可证”的，没收其非法所得，并处以三千元以下的罚款；

（2）有下列情形之一的，没收其非法所得，处以三千元以上五千元以下的罚款，并吊销“医疗机构执业许可证”：

① 出卖“医疗机构执业许可证”；

② 转让或者出借“医疗机构执业许可证”是以营利为目的；

③ 受让方或者承借方给患者造成伤害；

④ 转让、出借“医疗机构执业许可证”给非卫生技术专业人员；

⑤ 省、自治区、直辖市卫生行政部门规定的其他情形。

四、超出登记的诊疗科目范围的法律责任

除急诊和急救外，医疗机构诊疗活动超出登记的诊疗科目范围，情节轻微的，处以警告；有下列情形之一的，责令其限期改正，并可处以三千元以下罚款：

① 超出登记的诊疗科目范围的诊疗活动累计收入在三千元以下；

② 给患者造成伤害。

有下列情形之一的，处以三千元罚款，并吊销“医疗机构执业许可证”：

① 超出登记的诊疗科目范围的诊疗活动累计收入在三千元以上；

② 给患者造成伤害；

③ 省、自治区、直辖市卫生行政部门规定的其他情形。

五、任用非卫生技术人员从事医疗卫生技术工作的法律责任

（1）责令其立即改正，并可处以三千元以下的罚款；

（2）有下列情形之一的，处以三千元以上五千元以下罚款，并可以吊销其“医疗机构执业许可证”：

① 任用两名以上非卫生技术人员从事诊疗活动；

② 任用的非卫生技术人员给患者造成伤害。医疗机构使用卫生技术人员从事本专业以外的诊疗活动的，按使用非卫生技术人员处理。

六、未依法出具医学证明文件的法律责任

（1）情节轻微的，给予警告，并可处以五百元以下的罚款；

（2）有下列情形之一的，处以五百元以上一千元以下的罚款：

① 出具虚假证明文件造成延误诊治的；

② 出具虚假证明文件给患者精神造成伤害的；

③ 造成其他危害后果的。对直接责任人员由所在单位或者上级机关给予行政处分。

本章小结

医疗机构以救死扶伤，防病治病，为公民的健康服务为宗旨。医疗机构在“开业、机构名称、遵守法律和医疗技术规范、医德教育、出具医学证明文件、实行保护性医疗措施、告知诊治相关情况、消毒制度、病历保存、医疗质量管理、医疗业务训练、药品管理、医疗机构标识、规章制度的执行和落实”方面都有相应的执业规则。登记和校验中要严格按照相关的条件，提交相关资料。对于不按照执业规则开业和开展诊疗活动等机构，依法要承担相应的法律责任。

巩固练习

1. 选择题

（1）登记机关在受理医疗机构执业登记申请后，依法经审核合格的发给（　　）。

A.《医疗机构设置规划》　　B.“医疗机构职业许可证”

C.“设置医疗机构批准书”　　D.“设置医疗机构备案回执”

（2）医疗机构停业，必须经登记机关批准。除改建、扩建、迁建外，停业期限不得超过（　　）年。

A. 1　　B. 2　　C. 3　　D. 5

（3）医疗机构职业规则不包括（　　）。

A. 遵守有关法律法规和医疗技术规范

B. 按照核准登记的诊疗科目开展诊疗活动

C. 对限于设备或者技术条件不能诊治的危重病人应当及时转诊

D. 实施手术或者特殊治疗时，应当征得患者同意，但是不必取得其家属同意和签字

（4）国家实行医疗机构评审制度，各级（　　）负责医疗机构评审的具体实施。

A. 医疗机构评审委员会　　B. 卫生行政部门

C. 医学会　　D. 政府

2. 简答题

（1）简述医疗机构的主要执业规则。

（2）简述医疗机构执业登记提交的材料及不予执业登记的情况。

（3）简述医疗机构的法律责任。

第十三章

医疗事故处理条例

【学习目标】

（1）掌握医疗事故的概念、预防与处置、鉴定流程以及相关法律责任等，并能够进行医疗事故案例分析与解决实际问题。

（2）熟悉医疗事故的分级与医疗事故赔偿的参照因素。

（3）了解医疗事故的行政处理与监督、医疗事故赔偿的项目和标准。

（4）培养医疗安全意识和对患者极端负责的人道主义精神。

第一节　概　述

为了正确处理医疗事故，保护患者和医疗机构及其医务人员的合法权益，维护医疗秩序，保障医疗安全，促进医学科学的发展，2002 年 2 月 20 日国务院第 55 次常务会议通过《医疗事故处理条例》（以下简称《条例》），该条例自 2002 年 9 月 1 日起施行。

一、医疗事故的概念及其处理原则

（一）医疗事故的概念

医疗事故，是指医疗机构及其医务人员在医疗活动中，违反医疗卫生管理法律、行政法规、部门规章和诊疗护理规范、常规，过失造成患者人身损害的事故。其构成要件包括：

1. 行为主体是医疗机构及其医务人员

造成医疗事故的行为主体必须是合法的医疗机构及其医务人员。主体范围中的“医疗机构”是指按照国务院1994年4月发布的《医疗机构管理条例》的规定取得“医疗机构执业许可证”的机构。“医务人员”是指经过考核和卫生行政部门批准或承认，依法取得相关执业资格的各级各类卫生技术人员。该要件表明医疗事故的构成仅限于依法取得执业许可或执业资格的医疗机构及医务人员在其合法医疗活动中所发生的事故。

2. 行为具有违法性

此处的“违法”从内容上看是指违反医疗卫生管理法律、行政法规、部门规章和诊疗护理规范、常规等规范性法律文件；从形式上看包括了作为与不作为的违法行为。行为的违法性是医疗事故发生的直接原因。

3. 过失造成患者人身损害

从后果层面判断医疗事故是否构成，一方面要看主观上是否属于过失行为，包括疏忽大意的过失（行为人应当预见自己的行为可能造成的危害结果，但因疏忽大意而未能预见到）与过于自信的过失（行为人虽然已预见到自己的行为可能导致病员出现危害结果，但是轻信凭自己的技术、经验或有利的客观条件能够避免，因而导致了判断上或行为上的过失，使危害结果发生）。另一方面要看客观上是否造成了患者的人身损害，这是判断医疗行为是否属于医疗事故的一个至关重要的标准。只有当主观上的过失与客观上的人身损害同时具备时，才可能构成医疗事故。

4. 过失行为和损害后果之间存在因果关系

在主观上的行为过失与客观上的人身损害同时具备的情况下，若患者的人身损害并不是由行为人的过失行为导致，二者之间并无因果关系的话，仍不构成医疗事故。

（二）医疗事故的处理原则

处理医疗事故，应当遵循公开、公平、公正、及时、便民的原则，坚持实事求是的科学态度，做到事实清楚、定性准确、责任明确、处理恰当。

二、医疗事故的分级

医疗事故的分级不仅会影响对患者的赔偿，并且与卫生行政部门对医疗事故的行政处理与监督，以及对相关医疗机构及医务人员的行政处罚等方面息息相关。

根据对患者人身造成的损害程度，医疗事故分为四级。一级医疗事故：造成患者死亡、重度残疾的；二级医疗事故：造成患者中度残疾、器官组织损伤导致严重功能障碍的；三级医疗事故：造成患者轻度残疾、器官组织损伤导致一般功能障碍的；四级医疗事故：造成患者明显人身损害的其他后果的。

为了科学划分医疗事故等级，正确处理医疗事故争议，保护患者和医疗机构及其医务人员的合法权益，卫生部于2002年7月31日根据《医疗事故处理条例》规定发布了《医疗事故分级标准（试行）》，自2002年9月1日起施行。

第二节 医疗事故的预防与处置

为了能够预防医疗事故发生以及正确有效的处置医疗事故中的相关问题，医疗机构应制定防范、处理医疗事故的预案，另外医疗机构及其医务人员在医疗活动中，必须严格遵守医疗卫生管理法律、行政法规、部门规章和诊疗护理规范、常规，恪守医疗服务职业道德。为保证其医疗行为的合法性，医疗机构应当对其医务人员进行医疗卫生管理法律、行政法规、部门规章和诊疗护理规范、常规的培训和医疗服务职业道德教育，并且设置医疗服务质量监控部门或者配备专（兼）职人员，具体负责监督本医疗机构的医务人员的医疗服务工作，检查医务人员执业情况，接受患者对医疗服务的投诉，向其提供咨询服务。本节就医疗机构及其医务人员的医疗行为过程的具体要求进行归纳阐述。

一、病历书写、复印或者复制

1. 病历的书写与管理须规范

医疗机构应当按照国务院卫生行政部门规定的要求，书写并妥善保管病历资料。病历书写上要做到条理清晰、真实完整，对此医疗机构应加强对病历书写基本要求的培训，将病历书写质量纳入前述医疗服务质量监管范畴。

病历管理上，《中华人民共和国档案法》《医药卫生档案管理暂行办法》等规范性法律文件中对此作出了具体规定。医疗机构应设置专门部门、专职人员负责病历管理的相关工作。

因抢救急危患者，未能及时书写病历的，有关医务人员应当在抢救结束后 6 小时内据实补记，并加以注明。

2. 病例资料须真实完整

为保证病历资料的客观、真实、完整，《条例》规定严禁涂改、伪造、隐匿、销毁或者抢夺病历资料。

科学管理病历资料并保证病历资料内容的客观、真实、完整，对于加强医务人员从事医疗活动的责任心、减少医疗过失，预防及公正解决医疗事故争议都具有重要意义。《条例》第五十八条对涂改、伪造、隐匿、销毁病历资料的违法行为作出处罚的规定，而《医疗纠纷预防和处理条例》第四十五条作出了更加严厉的处罚规定。同时《执业医师法》中也明确规定了医师在执业活动中，隐匿、伪造或者擅自销毁医学文书及有关资料的，由县级以上人民政府卫生行政部门给予警告或者责令暂停六个月以上一年以下执业活动；情节严重的，吊销其执业证书；构成犯罪的，依法追究刑事责任。

3. 患者可依法获得病历资料

知情权是公民基本权利之一，患者在其医疗活动中享有知情同意权。相对的医疗机构及其医务人员负有告知的义务。按照《医疗纠纷预防和处理条例》第十六条的规定，患者有权查阅、复制其门诊病历、住院志、体温单、医嘱单、化验单（检验报告）、医学影像检查资料、特殊检查同意书、手术同意书、手术及麻醉记录、病理资料、护理记录、医疗费用以及国务院卫生主管部门规定的其他属于病历的全部资料。

患者要求复制病历资料的，医疗机构应当提供复制服务，并在复制的病历资料上加盖证明印记。复制病历资料时，应当有患者或者其近亲属在场。医疗机构应患者的要求为其复制病历资料，可以收取工本费，收费标准应当公开。

患者死亡的，其近亲属可以依照本条例的规定，查阅、复制病历资料。

二、告知与报告

1. 对患者的告知义务

为保障患者的知情权，在医疗活动中，医疗机构及其医务人员应当将患者的病情、医疗措施、医疗风险等如实告知患者，及时解答其咨询。同时，隐私权也是公民基本权利之一，《执业医师法》中也明确规定了医师应关心、爱护、尊重患者，保护患者的隐私。这是职业道德与法律两个层面的要求。故医疗机构及其医务人员在履行告知义务时应当注意其中可能涉及的患者隐私信息，避免对患者产生不利后果。

2. 医疗机构的报告义务

医务人员在医疗活动中发生或者发现医疗事故、可能引起医疗事故的医疗过失行为或者发生医疗事故争议的，应当立即向所在科室负责人报告，科室负责人应当及时向本医疗机构负责医疗服务质量监控的部门或者专（兼）职人员报告；负责医疗服务质量监控的部门或者专（兼）职人员接到报告后，应当立即进行调查、核实，将有关情况如实向本医疗机构的负责人报告，并向患者通报、解释。

发生医疗事故的，医疗机构应当按照规定向所在地卫生行政部门报告。发生下列重大医疗过失行为的，医疗机构应当在 12 小时内向所在地卫生行政部门报告：

（1）导致患者死亡或者可能为二级以上的医疗事故；

（2）导致 3 人以上人身损害后果；

（3）国务院卫生行政部门和省、自治区、直辖市人民政府卫生行政部门规定的其他情形。

在整个医疗活动中，若发生或者发现医疗过失行为，医疗机构及其医务人员应当立即采取有效措施，避免或者减轻对患者身体健康的损害，防止损害扩大。

三、病历资料、现场实物的封存与启封

1. 病历资料的封存与启封

发生医疗事故争议时，死亡病例讨论记录、疑难病例讨论记录、上级医师查房记录、会诊意见、病程记录应当在医患双方在场的情况下封存和启封。封存的病历资料可以是复印件，由医疗机构保管。

另外《医疗纠纷预防和处理条例》第二十四条规定，病历尚未完成需要封存的，对已完

成病历先行封存；病历按照规定完成后，再对后续完成部分进行封存。医疗机构应当对封存的病历开列封存清单，由医患双方签字或者盖章，各执一份。病历资料封存后医疗纠纷已经解决，或者患者在病历资料封存满 3 年未再提出解决医疗纠纷要求的，医疗机构可以自行启封。

2. 现场实物的封存与启封

疑似输液、输血、注射、药物等引起不良后果的，医患双方应当共同对现场实物进行封存和启封，封存的现场实物由医疗机构保管；需要检验的，应当由双方共同指定的、依法具有检验资格的检验机构进行检验；双方无法共同指定时，由卫生行政部门指定。疑似输血引起不良后果，需要对血液进行封存保留的，医疗机构应当通知提供该血液的采供血机构派员到场。

另外《医疗纠纷预防和处理条例》第二十五条规定，现场实物封存后医疗纠纷已经解决，或者患者在现场实物封存满 3 年未再提出解决医疗纠纷要求的，医疗机构可以自行启封。

四、尸　检

患者死亡，医患双方当事人不能确定死因或者对死因有异议的，应当在患者死亡后 48 小时内进行尸检；具备尸体冻存条件的，可以延长至 7 日。尸检应当经死者近亲属同意并签字。尸检应当由按照国家有关规定取得相应资格的机构和病理解剖专业技术人员进行。承担尸检任务的机构和病理解剖专业技术人员有进行尸检的义务。医疗事故争议双方当事人可以请法医病理学人员参加尸检，也可以委派代表观察尸检过程。拒绝或者拖延尸检，超过规定时间，影响对死因判定的，由拒绝或者拖延的一方承担责任。另外《医疗纠纷预防和处理条例》第二十六条同时规定，死者近亲属拒绝签字的，视为死者近亲属不同意进行尸检。不同意或者拖延尸检，超过规定时间，影响对死因判定的，由不同意或者拖延的一方承担责任。

患者在医疗机构内死亡的，尸体应当立即移放太平间。死者尸体存放时间一般不得超过 2 周。逾期不处理的尸体，经医疗机构所在地卫生行政部门批准，并报经同级公安部门备案后，由医疗机构按照规定进行处理。

第三节　医疗事故的技术鉴定

一、鉴定机构

医疗事故技术鉴定工作由医学会组织进行。医疗事故技术鉴定分为首次鉴定和再次鉴定。设区的市级地方医学会和省、自治区、直辖市直接管辖的县（市）地方医学会负责组织首次医疗事故技术鉴定工作。省、自治区、直辖市地方医学会负责组织再次鉴定工作。必要时，中华医学会可以组织疑难、复杂并在全国有重大影响的医疗事故争议的技术鉴定工作。

负责组织医疗事故技术鉴定工作的医学会应当建立专家库。专家库由具备下列条件的医疗卫生专业技术人员组成：（1）有良好的业务素质和执业品德；（2）受聘于医疗卫生机构或者医学教学、科研机构并担任相应专业高级技术职务3年以上。同时具有良好的业务素质和职业品德并具备高级技术任职资格的法医也可以受聘进入专家库。负责组织医疗事故技术鉴定工作的医学会依照《条例》规定聘请医疗卫生专业技术人员和法医进入专家库，可以不受行政区域的限制。

具体的医疗事故技术鉴定，则由负责组织医疗事故技术鉴定工作的医学会组织专家鉴定组进行。

二、鉴定原则和依据

医疗事故技术鉴定工作应当按照程序进行，坚持实事求是的科学态度，做到事实清楚、定性准确、责任明确。

专家鉴定组依照医疗卫生管理法律、行政法规、部门规章和诊疗护理规范、常规，运用医学科学原理和专业知识，独立进行医疗事故技术鉴定，对医疗事故进行鉴别和判定，为处理医疗事故争议提供医学依据。任何单位或者个人不得干扰医疗事故技术鉴定工作，不得威胁、利诱、辱骂、殴打专家鉴定组成员。专家鉴定组成员不得接受双方当事人的财物或者其他利益。

三、鉴定程序和要求

1. 鉴定的申请

卫生行政部门接到医疗机构关于重大医疗过失行为的报告或者医疗事故争议当事人要求处理医疗事故争议的申请后，对需要进行医疗事故技术鉴定的，应当交由负责医疗事故技术鉴定工作的医学会组织鉴定；医患双方协商解决医疗事故争议，需要进行医疗事故技术鉴定的，由双方当事人共同委托负责医疗事故技术鉴定工作的医学会组织鉴定。

2. 鉴定的受理和收费

负责组织医疗事故技术鉴定工作的医学会应当自受理医疗事故技术鉴定之日起5日内通知医疗事故争议双方当事人提交进行医疗事故技术鉴定所需的材料。当事人应当自收到医学会的通知之日起10日内提交有关医疗事故技术鉴定的材料、书面陈述及答辩。医疗机构提交的有关医疗事故技术鉴定的材料应当包括下列内容：

（1）住院患者的病程记录、死亡病例讨论记录、疑难病例讨论记录、会诊意见、上级医师查房记录等病历资料原件；

（2）住院患者的住院志、体温单、医嘱单、化验单（检验报告）、医学影像检查资料、特殊检查同意书、手术同意书、手术及麻醉记录单、病理资料、护理记录等病历资料原件；

（3）抢救急危患者，在规定时间内补记的病历资料原件；

（4）封存保留的输液、注射用物品和血液、药物等实物，或者依法具有检验资格的检验机构对这些物品、实物作出的检验报告；

（5）与医疗事故技术鉴定有关的其他材料。在医疗机构建有病历档案的门诊、急诊患者，其病历资料由医疗机构提供；没有在医疗机构建立病历档案的，由患者提供。医患双方应当依照《条例》的规定提交相关材料。医疗机构无正当理由未依照《条例》的规定如实提供相关材料，导致医疗事故技术鉴定不能进行的，应当承担责任。

医疗事故技术鉴定，可以收取鉴定费用。经鉴定，属于医疗事故的，鉴定费用由医疗机构支付；不属于医疗事故的，鉴定费用由提出医疗事故处理申请的一方支付。鉴定费用标准由省、自治区、直辖市人民政府价格主管部门会同同级财政部门、卫生行政部门规定。

3. 专家鉴定组的组成

参加医疗事故技术鉴定的相关专业的专家，由医患双方在医学会主持下从专家库中随机抽取。在特殊情况下，医学会根据医疗事故技术鉴定工作的需要，可以组织医患双方在其他医学会建立的专家库中随机抽取相关专业的专家参加鉴定或者函件咨询。符合《条例》第二十三条规定条件的医疗卫生专业技术人员和法医有义务受聘进入专家库，并承担医疗事故技术鉴定工作。

专家鉴定组进行医疗事故技术鉴定，实行合议制。专家鉴定组人数为单数，涉及的主要学科的专家一般不得少于鉴定组成员的二分之一；涉及死因、伤残等级鉴定的，并应当从专家库中随机抽取法医参加专家鉴定组。

专家鉴定组成员有下列情形之一的，应当回避，当事人也可以以口头或者书面的方式申请其回避：

（1）是医疗事故争议当事人或者当事人的近亲属的；

（2）与医疗事故争议有利害关系的；

（3）与医疗事故争议当事人有其他关系，可能影响公正鉴定的。

4. 医学会调查取证

专家鉴定组应当认真审查双方当事人提交的材料，听取双方当事人的陈述及答辩并进行核实。双方当事人应当按照《条例》的规定如实提交进行医疗事故技术鉴定所需要的材料，并积极配合调查。当事人任何一方不予配合，影响医疗事故技术鉴定的，由不予配合的一方承担责任。

5. 专家鉴定组进行技术鉴定

医疗事故技术鉴定办法由国务院卫生行政部门制定。专家鉴定组应当在事实清楚、证据确凿的基础上，综合分析患者的病情和个体差异，作出鉴定结论，并制作医疗事故技术鉴定书。鉴定结论以专家鉴定组成员的过半数通过。鉴定过程应当如实记载。

医疗事故技术鉴定书应当包括下列主要内容：

（1）双方当事人的基本情况及要求；

（2）当事人提交的材料和负责组织医疗事故技术鉴定工作的医学会的调查材料；

（3）对鉴定过程的说明；

（4）医疗行为是否违反医疗卫生管理法律、行政法规、部门规章和诊疗护理规范、常规；

（5）医疗过失行为与人身损害后果之间是否存在因果关系；

（6）医疗过失行为在医疗事故损害后果中的责任程度；

（7）医疗事故等级；

（8）对医疗事故患者的医疗护理医学建议。

6. 形成医疗事故技术鉴定书

负责组织医疗事故技术鉴定工作的医学会应当自接到当事人提交的有关医疗事故技术鉴定的材料、书面陈述及答辩之日起45日内组织鉴定并出具医疗事故技术鉴定书。负责组织医疗事故技术鉴定工作的医学会可以向双方当事人调查取证。

7. 鉴定结论的审核

当事人对首次医疗事故技术鉴定结论不服的,可以自收到首次鉴定结论之日起15日内向医疗机构所在地卫生行政部门提出再次鉴定的申请。

四、不属于医疗事故的情形

现代医学科学虽然发展迅速，但仍存在很多客观局限的地方，在医疗活动中，即使医务人员是在合法合理的前提下作出医疗行为，仍可能因为无法预见的原因导致患者遭受不良后果。故《条例》对类似情况作出了免责性规定，有下列情形之一的，不属于医疗事故：

（1）在紧急情况下为抢救垂危患者生命而采取紧急医学措施造成不良后果的；

（2）在医疗活动中由于患者病情异常或者患者体质特殊而发生医疗意外的；

（3）在现有医学科学技术条件下，发生无法预料或者不能防范的不良后果的；

（4）无过错输血感染造成不良后果的；

（5）因患方原因延误诊疗导致不良后果的；

（6）因不可抗力造成不良后果的。

第四节　医疗事故的行政处理与监督

卫生行政部门应当依照《条例》和有关法律、行政法规、部门规章的规定，对发生医疗事故的医疗机构和医务人员作出行政处理。

一、卫生行政部门对重大医疗过失行为的处理监督

卫生行政部门接到医疗机构关于重大医疗过失行为的报告后，除责令医疗机构及时采取必要的医疗救治措施，防止损害后果扩大外，应当组织调查，判定是否属于医疗事故；对不能判定是否属于医疗事故的，应当依照《条例》的有关规定交由负责医疗事故技术鉴定工作的医学会组织鉴定。

二、卫生行政部门对医疗事故争议的处理监督

（一）医疗事故争议的申请受理

1. 申　请

发生医疗事故争议，当事人申请卫生行政部门处理的，应当提出书面申请。申请书应当

载明申请人的基本情况、有关事实、具体请求及理由等。当事人自知道或者应当知道其身体健康受到损害之日起 1 年内，可以向卫生行政部门提出医疗事故争议处理申请。

2. 管　辖

发生医疗事故争议，当事人申请卫生行政部门处理的，由医疗机构所在地的县级人民政府卫生行政部门受理。医疗机构所在地是直辖市的，由医疗机构所在地的区、县人民政府卫生行政部门受理。

有下列情形之一的，县级人民政府卫生行政部门应当自接到医疗机构的报告或者当事人提出医疗事故争议处理申请之日起 7 日内移送上一级人民政府卫生行政部门处理：

（1）患者死亡；

（2）可能为二级以上的医疗事故；

（3）国务院卫生行政部门和省、自治区、直辖市人民政府卫生行政部门规定的其他情形。

3. 受　理

卫生行政部门应当自收到医疗事故争议处理申请之日起 10 日内进行审查，作出是否受理的决定。对符合《条例》规定，予以受理，需要进行医疗事故技术鉴定的，应当自作出受理决定之日起 5 日内将有关材料交由负责医疗事故技术鉴定工作的医学会组织鉴定并书面通知申请人；

对不符合《条例》规定，不予受理的，应当书面通知申请人并说明理由。当事人对首次医疗事故技术鉴定结论有异议，申请再次鉴定的，卫生行政部门应当自收到申请之日起 7 日内交由省、自治区、直辖市地方医学会组织再次鉴定。

当事人既向卫生行政部门提出医疗事故争议处理申请，又向人民法院提起诉讼的，卫生行政部门不予受理；卫生行政部门已经受理的，应当终止处理。

（二）医疗事故技术鉴定程序的审核

卫生行政部门收到负责组织医疗事故技术鉴定工作的医学会出具的医疗事故技术鉴定书后，应当对参加鉴定的人员资格和专业类别、鉴定程序进行审核；必要时，可以组织调查，听取医疗事故争议双方当事人的意见。

卫生行政部门经审核，对符合《条例》规定作出的医疗事故技术鉴定结论，应当作为对发生医疗事故的医疗机构和医务人员作出行政处理以及进行医疗事故赔偿调解的依据；经审核，发现医疗事故技术鉴定不符合《条例》规定的，应当要求重新鉴定。

（三）医疗事故争议的报告

医疗事故争议由双方当事人自行协商解决的，医疗机构应当自协商解决之日起 7 日内向所在地卫生行政部门作出书面报告，并附具协议书。

医疗事故争议经人民法院调解或者判决解决的，医疗机构应当自收到生效的人民法院的调解书或者判决书之日起 7 日内向所在地卫生行政部门作出书面报告，并附具调解书或者判决书。

县级以上地方人民政府卫生行政部门应当按照规定逐级将当地发生的医疗事故以及依法对发生医疗事故的医疗机构和医务人员作出行政处理的情况，上报国务院卫生行政部门。

第五节　医疗事故的赔偿

一、赔偿争议的解决途径

发生医疗事故的赔偿等民事责任争议，医患双方可以协商解决；不愿意协商或者协商不成的，当事人可以向卫生行政部门提出调解申请，也可以直接向人民法院提起民事诉讼。

（一）协商解决

双方当事人协商解决医疗事故的赔偿等民事责任争议的，应当制作协议书。协议书应当载明双方当事人的基本情况和医疗事故的原因、双方当事人共同认定的医疗事故等级以及协商确定的赔偿数额等，并由双方当事人在协议书上签名。

（二）申请调解

已确定为医疗事故的，卫生行政部门应医疗事故争议双方当事人请求，可以进行医疗事故赔偿调解。调解时，应当遵循当事人双方自愿原则，并应当依据《条例》的规定计算赔偿数额。经调解，双方当事人就赔偿数额达成协议的，制作调解书，双方当事人应当履行；调解不成或者经调解达成协议后一方反悔的，卫生行政部门不再调解。

（三）民事诉讼

医疗事故争议双方当事人协商不成或者调解无效的，可以向人民法院提起诉讼。

二、医疗事故赔偿的参照因素

医疗事故赔偿的参照因素主要包括：医疗事故等级、医疗过失行为在医疗事故损害后果中的责任程度以及医疗事故损害后果与患者原有疾病状况之间的关系。

不属于医疗事故的，医疗机构不承担医疗事故的赔偿责任。

三、医疗事故赔偿的项目和标准

医疗事故赔偿项目一般包括：医疗费、误工费、住院伙食补助费、陪护费、残疾生活补助费、残疾用具费、丧葬费、被扶养人生活费、交通费、住宿费、精神抚慰金 11 个项目。

1. 医疗费

按照医疗事故对患者造成的人身损害进行治疗所发生的医疗费用计算，凭据支付，但不包括原发病医疗费用。结案后确实需要继续治疗的，按照基本医疗费用支付。

2. 误工费

患者有固定收入的，按照本人因误工减少的固定收入计算，对收入高于医疗事故发生地上一年度职工年平均工资 3 倍以上的，按照 3 倍计算；无固定收入的，按照医疗事故发生地上一年度职工年平均工资计算。

3. 住院伙食补助费

按照医疗事故发生地国家机关一般工作人员的出差伙食补助标准计算。

4. 陪护费

患者住院期间需要专人陪护的，按照医疗事故发生地上一年度职工年平均工资计算。

5. 残疾生活补助费

根据伤残等级，按照医疗事故发生地居民年平均生活费计算，自定残之月起最长赔偿 30 年；但是，60 周岁以上的，不超过 15 年；70 周岁以上的，不超过 5 年。

6. 残疾用具费

因残疾需要配置补偿功能器具的，凭医疗机构证明，按照普及型器具的费用计算。

7. 丧葬费

按照医疗事故发生地规定的丧葬费补助标准计算。

8. 被扶养人生活费

以死者生前或者残疾者丧失劳动能力前实际扶养且没有劳动能力的人为限，按照其户籍所在地或者居所地居民最低生活保障标准计算。对不满 16 周岁的，扶养到 16 周岁；对年满 16 周岁但无劳动能力的，扶养 20 年；但是，60 周岁以上的，不超过 15 年；70 周岁以上的，不超过 5 年。

9. 交通费

按照患者实际必需的交通费用计算，凭据支付。

10. 住宿费

按照医疗事故发生地国家机关一般工作人员的出差住宿补助标准计算，凭据支付。

11. 精神损害抚慰金

按照医疗事故发生地居民年平均生活费计算。造成患者死亡的，赔偿年限最长不超过 6 年；造成患者残疾的，赔偿年限最长不超过 3 年。

此外，参加医疗事故处理的患者近亲属及医疗事故造成患者死亡的，参加丧葬活动的患者的配偶和直系亲属所需交通费、误工费、住宿费，参照前述规定计算，计算费用的人数不超过 2 人。

医疗事故赔偿费用，实行一次性结算，由承担医疗事故责任的医疗机构支付。

第六节　法律责任

一、行政责任

1. 卫生行政部门工作人员

卫生行政部门的工作人员在处理医疗事故过程中违反《条例》的规定，利用职务上的便利收受他人财物或者其他利益，滥用职权，玩忽职守，或者发现违法行为不予查处，尚不够刑事处罚的，依法给予降级或者撤职的行政处分。

2. 卫生行政部门

卫生行政部门违反《条例》的规定，有下列情形之一的，由上级卫生行政部门给予警告并责令限期改正；情节严重的，对负有责任的主管人员和其他直接责任人员依法给予行政处分：

（1）接到医疗机构关于重大医疗过失行为的报告后，未及时组织调查的；

（2）接到医疗事故争议处理申请后，未在规定时间内审查或者移送上一级人民政府卫生行政部门处理的；

（3）未将应当进行医疗事故技术鉴定的重大医疗过失行为或者医疗事故争议移交医学会组织鉴定的；

（4）未按照规定逐级将当地发生的医疗事故以及依法对发生医疗事故的医疗机构和医务人员的行政处理情况上报的；

（5）未依照《条例》规定审核医疗事故技术鉴定书的。

3. 医疗机构及其负有责任的相关人员

医疗机构发生医疗事故的，由卫生行政部门根据医疗事故等级和情节，给予警告；情节严重的，责令限期停业整顿直至由原发证部门吊销执业许可证；对负有责任的医务人员尚不够刑事处罚的，依法给予行政处分或者纪律处分，并可以责令其暂停6个月以上1年以下执业活动，情节严重的，吊销其执业证书。

医疗机构违反《条例》的规定，有下列情形之一的，由卫生行政部门责令改正；情节严重的，对负有责任的主管人员和其他直接责任人员依法给予行政处分或者纪律处分：

（1）未如实告知患者病情、医疗措施和医疗风险的；

（2）没有正当理由，拒绝为患者提供复印或者复制病历资料服务的；

（3）未按照国务院卫生行政部门规定的要求书写和妥善保管病历资料；

（4）未在规定时间内补记抢救工作病历内容的；

（5）未按照《条例》的规定封存、保管和启封病历资料和实物的；

（6）未设置医疗服务质量监控部门或者配备专（兼）职人员的；

（7）未制定有关医疗事故防范和处理预案的；

（8）未在规定时间内向卫生行政部门报告重大医疗过失行为的；

（9）未按照《条例》的规定向卫生行政部门报告医疗事故的；

（10）未按照规定进行尸检和保存、处理尸体的。

医疗机构或者其他有关机构违反《条例》的规定，承担尸检任务的机构没有正当理由，拒绝进行尸检的，由卫生行政部门责令改正，给予警告；对负有责任的主管人员和其他直接责任人员依法给予行政处分或者纪律处分；情节严重的，由原发证部门吊销其执业证书或者资格证书。

按照《医疗纠纷预防和处理条例》第四十五条的规定，医疗机构篡改、伪造、隐匿、毁灭病历资料的，对直接负责的主管人员和其他直接责任人员，由县级以上人民政府卫生主管部门给予或者责令给予降低岗位等级或者撤职的处分，对有关医务人员责令暂停6个月以上1年以下执业活动；造成严重后果的，对直接负责的主管人员和其他直接责任人员给予或者责令给予开除的处分，对有关医务人员由原发证部门吊销执业证书。

4. 参加医疗事故技术鉴定工作的人员

违反《条例》的规定，接受申请鉴定双方或者一方当事人的财物或者其他利益，出具虚假医疗事故技术鉴定书，尚不够刑事处罚的，由原发证部门吊销其执业证书或者资格证书。

二、民事责任

包括《条例》中医疗事故的赔偿责任以及《侵权责任法》中规定的医疗损害责任，即患者在诊疗活动中受到损害，医疗机构及其医务人员有过错的，由医疗机构承担赔偿责任。

三、刑事责任

当卫生行政部门的工作人员、医务人员、患方人员在参与医疗实践和医疗事故处理活动中，违反法律规定，情节严重，构成犯罪时，依法追究其刑事责任。本节可能涉及的刑事责任主要包括：

1. 医疗事故罪

医疗机构发生医疗事故的，对负有责任的医务人员依照刑法关于医疗事故罪的规定，依法追究刑事责任。根据《中华人民共和国刑法》第三百三十五条规定，医务人员由于严重不负责任，造成就诊人死亡或者严重损害就诊人身体健康的，处三年以下有期徒刑或者拘役。

2. 受贿罪、滥用职权罪、玩忽职守罪

卫生行政部门的工作人员在处理医疗事故过程中违反《条例》的规定，利用职务上的便利收受他人财物或者其他利益，滥用职权，玩忽职守，或发现违法行为不予查处，以及参加医疗事故技术鉴定工作的人员违反《条例》的规定，接受申请鉴定双方或者一方当事人的财物或者其他利益，出具虚假医疗事故技术鉴定书等情况下，造成严重后果的，依照刑法关于受贿罪、滥用职权罪、玩忽职守罪或者其他有关罪的规定，依法追究刑事责任。

3. 扰乱社会秩序罪、非法行医罪、非法进行节育手术罪

以医疗事故为由，寻衅滋事、抢夺病历资料，扰乱医疗机构正常医疗秩序和医疗事故技术鉴定工作，依照刑法关于扰乱社会秩序罪的规定，依法追究刑事责任。另外不具有医疗执业资质的主体非法进行医疗行为按照刑法规定构成非法行医罪、非法进行节育手术罪的，依法追究刑事责任。

本章小结

医疗事故，是指医疗机构及其医务人员在医疗活动中，违反医疗卫生管理法律、行政法规、部门规章和诊疗护理规范、常规，过失造成患者人身损害的事故。造成医疗事故的行为主体必须是合法的医疗机构及其医务人员。处理医疗事故，应当遵循公开、公平、公正、及时、便民的原则，坚持实事求是的科学态度，做到事实清楚、定性准确、责任明确、处理恰当。根据对患者人身造成的损害程度，医疗事故分为四级：一级医疗事故：造成患者死亡、重度残疾的；二级医疗事故：造成患者中度残疾、器官组织损伤导致严重功能障碍的；三级医疗事故：造成患者轻度残疾、器官组织损伤导致一般功能障碍的；四级医疗事故：造成患者明显人身损害的其他后果的。发生医疗事故的赔偿等民事责任争议，医患双方可以协商解决；不愿意协商或者协商不成的，当事人可以向卫生行政部门提出调解申请，也可以直接向人民法院提起民事诉讼。

巩固练习

简答题

（1）在发生哪些重大医疗过失行为时，医疗机构应当在 12 小时内向所在地卫生行政部门报告？

（2）如何确定医疗事故赔偿的具体数额？

（3）请简述医疗事故中涉及的法律责任。

第十四章

人体器官移植条例

【学习目标】

（1）掌握申请人体器官移植手术患者的排序原则；人体器官捐献的原则及捐献人体器官公民的条件。

（2）熟悉人体器官移植诊疗科目登记、人体器官移植的伦理审查、摘取活体器官应当履行的义务及摘取尸体器官的要求。

（3）了解医疗机构的法律责任；医务人员的法律责任。

（4）培养学生良好的职业道德，激发学生在学习中强化责任意识。

第一节 概 述

为了规范人体器官移植，保证医疗质量，保障人体健康，维护公民的合法权益，2007 年 3 月 21 日国务院第 171 次常务会议通过了《人体器官移植条例》，该条例由国务院于 2007 年 3 月 31 日发布，自 2007 年 5 月 1 日起施行。《人体器官移植条例》中规定：人体器官移植，是指摘取人体器官捐献人具有特定功能的心脏、肺脏、肝脏、肾脏或者胰腺等器官的全部或者部分，将其植入接受人身体以代替其病损器官的过程。我国境内从事人体器官移植，均适用《人体器官移植条例》，但从事人体细胞和角膜、骨髓等人体组织移植，不适用本条例。

一、申请人体器官移植手术患者排序原则

申请人体器官移植手术患者的排序，应当符合医疗需要，遵循公平、公正和公开的原则。具体办法由国务院卫生主管部门制订。

二、禁止买卖人体器官

我国禁止人体器官买卖。任何组织或者个人不得以任何形式买卖人体器官，不得从事与买卖人体器官有关的活动。

买卖人体器官或者从事与买卖人体器官有关活动的，由设区的市级以上地方人民政府卫生主管部门依照职责分工没收违法所得，并处交易额 8 倍以上 10 倍以下的罚款；医疗机构参与上述活动的，还应当对负有责任的主管人员和其他直接责任人员依法给予处分，并由原登记部门撤销该医疗机构人体器官移植诊疗科目登记，该医疗机构 3 年内不得再申请人体器官移植诊疗科目登记；医务人员参与上述活动的，由原发证部门吊销其执业证书。国家工作人员参与买卖人体器官或者从事与买卖人体器官有关活动的，由有关国家机关依据职权依法给予撤职、开除的处分。

三、人体器官移植的监督管理及举报

国务院卫生主管部门负责全国人体器官移植的监督管理工作。县级以上地方人民政府卫生主管部门负责本行政区域人体器官移植的监督管理工作。各级红十字会依法参与人体器官捐献的宣传等工作。

任何组织或者个人对违反《人体器官移植条例》的行为，有权向卫生主管部门和其他有关部门举报；对卫生主管部门和其他有关部门未依法履行监督管理职责的行为，有权向本级人民政府、上级人民政府有关部门举报。接到举报的人民政府、卫生主管部门和其他有关部门对举报应当及时核实、处理，并将处理结果向举报人通报。

国家通过建立人体器官移植工作体系，开展人体器官捐献的宣传、推动工作，确定人体器官移植预约者名单，组织协调人体器官的使用。

四、从事人体器官移植医疗机构报告制度

从事人体器官移植的医疗机构应当定期将实施人体器官移植的情况向所在地省、自治区、直辖市人民政府卫生主管部门报告。具体办法由国务院卫生主管部门制订。

第二节　人体器官的捐献

一、人体器官捐献的原则

人体器官捐献应当遵循自愿、无偿的原则。

公民享有捐献或者不捐献其人体器官的权利；任何组织或者个人不得强迫、欺骗或者利诱他人捐献人体器官。

二、捐献人体器官公民的条件

捐献人体器官的公民应当具有完全民事行为能力。任何组织或者个人不得摘取未满 18 周岁公民的活体器官用于移植。

三、人体器官捐献意愿的撤销

公民享有捐献或者不捐献其人体器官的权利，对已经表示捐献其人体器官的意愿，有权予以撤销。

公民捐献人体器官的意愿应获得充分的尊重：公民生前表示不同意捐献其人体器官的，任何组织或者个人不得捐献、摘取该公民的人体器官；公民生前未表示不同意捐献其人体器官的，该公民死亡后，其配偶、成年子女、父母可以以书面形式共同表示同意捐献该公民人体器官的意愿。

四、活体器官捐献人的条件

捐献人体器官的公民应当年满 18 周岁且具有完全民事行为能力。任何组织或者个人不得摘取未满 18 周岁公民的活体器官用于移植。

五、活体器官接受人的条件

活体器官的接受人限于活体器官捐献人的配偶、直系血亲或者三代以内旁系血亲，或者有证据证明与活体器官捐献人存在因帮扶等形成亲情关系的人员。这里需要注意的是，2009 年卫生部颁布的《关于规范活体器官移植的若干规定》进一步限定了《人体器官移植条例》允许捐献器官的范围，其中的“配偶”仅限于结婚 3 年以上或婚后已育有子女的；“因帮扶等形成亲情关系”，仅限于养父母和养子女之间的关系以及继父母和继子女之间的关系。

第三节　人体器官的移植

一、人体器官移植诊疗科目登记

（一）医疗机构人体器官移植诊疗科目登记

医疗机构从事人体器官移植，应当依照《医疗机构管理条例》的规定，向所在地省、自治区、直辖市人民政府卫生主管部门申请办理人体器官移植诊疗科目登记。医疗机构从事人体器官移植，应当具备下列条件：① 有与从事人体器官移植相适应的执业医师和其他医务人员；② 有满足人体器官移植所需要的设备、设施；③ 有由医学、法学、伦理学等方面专家组成的人体器官移植技术临床应用与伦理委员会，该委员会中从事人体器官移植的医学专家不超过委员人数的1/4；④ 有完善的人体器官移植质量监控等管理制度。

（二）卫生主管部门人体器官移植诊疗科目登记

省、自治区、直辖市人民政府卫生主管部门进行人体器官移植诊疗科目登记，除依据医疗机构人体器官移植诊疗科目登记规定的条件外，还应当考虑本行政区域人体器官移植的医疗需求和合法的人体器官来源情况。省、自治区、直辖市人民政府卫生主管部门应当及时公布已经办理人体器官移植诊疗科目登记的医疗机构名单。

（三）人体器官移植诊疗科目登记的注销

已经办理人体器官移植诊疗科目登记的医疗机构不再具备医疗机构从事人体器官移植 4 项规定条件的，应当停止从事人体器官移植，并向原登记部门报告。原登记部门应当自收到报告之日起 2 日内注销该医疗机构的人体器官移植诊疗科目登记，并予以公布。

省级以上人民政府卫生主管部门应当定期组织专家根据人体器官移植手术成功率、植入的人体器官和术后患者的长期存活率，对医疗机构的人体器官移植临床应用能力进行评估，并及时公布评估结果；对评估不合格的，由原登记部门撤销人体器官移植诊疗科目登记。具体办法由国务院卫生主管部门制订。

二、对人体器官捐献人的医学检查和接受人的风险评估

实施人体器官移植手术的医疗机构及其医务人员应当对人体器官捐献人进行医学检查，对接受人因人体器官移植感染疾病的风险进行评估，并采取措施，降低风险。

三、人体器官移植的伦理审查

（一）审查申请

在摘取活体器官前或者尸体器官捐献人死亡前，负责人体器官移植的执业医师应当向所在医疗机构的人体器官移植技术临床应用与伦理委员会提出摘取人体器官审查申请。人体器官移植技术临床应用与伦理委员会不同意摘取人体器官的，医疗机构不得做出摘取人体器官的决定，医务人员不得摘取人体器官。

（二）审查事项

人体器官移植技术临床应用与伦理委员会收到摘取人体器官审查申请后，应当对下列事项进行审查，并出具同意或者不同意的书面意见：① 人体器官捐献人的捐献意愿是否真实；② 有无买卖或者变相买卖人体器官的情形；③ 人体器官的配型和接受人的适应症是否符合伦理原则和人体器官移植技术管理规范。

经 2/3 以上委员同意，人体器官移植技术临床应用与伦理委员会方可出具同意摘取人体器官的书面意见。

四、摘取活体器官应当履行的义务

从事人体器官移植的医疗机构及其医务人员摘取活体器官前，应当履行下列义务：

（1）向活体器官捐献人说明器官摘取手术的风险、术后注意事项、可能发生的并发症及其预防措施等，并与活体器官捐献人签署知情同意书；

（2）查验活体器官捐献人同意捐献其器官的书面意愿、活体器官捐献人与接受人存在帮扶关系的证明材料；

（3）确认除摘取器官产生的直接后果外不会损害活体器官捐献人其他正常的生理功能。

从事人体器官移植的医疗机构应当保存活体器官捐献人的医学资料，并进行随访。

五、摘取尸体器官的要求

摘取尸体器官，应当在依法判定尸体器官捐献人死亡后进行。从事人体器官移植的医务人员不得参与捐献人的死亡判定。

从事人体器官移植的医疗机构及其医务人员应当尊重死者的尊严；对摘取器官完毕的尸体，应当进行符合伦理原则的医学处理，除用于移植的器官以外，应当恢复尸体原貌。

六、个人资料保密

从事人体器官移植的医务人员应当对人体器官捐献人、接受人和申请人体器官移植手术的患者的个人资料保密。

七、实施人体器官移植手术费用

从事人体器官移植的医疗机构实施人体器官移植手术，除向接受人收取下列费用外，不得收取或者变相收取所移植人体器官的费用：

（1）摘取和植入人体器官的手术费；

（2）保存和运送人体器官的费用；

（3）摘取、植入人体器官所发生的药费、检验费、医用耗材费。

前款规定费用的收取标准，依照有关法律、行政法规的规定确定并予以公布。

第四节　法律责任

一、医疗机构的法律责任

（一）买卖人体器官或者从事与买卖人体器官有关活动的责任

（1）医疗机构参与买卖人体器官或者从事与买卖人体器官有关活动的，由设区的市级以上地方人民政府卫生主管部门依照职责分工没收违法所得，并处交易额 8 倍以上 10 倍以下的罚款；

（2）除此外，还应当对负有责任的主管人员和其他直接责任人员依法给予处分，并由原登记部门撤销该医疗机构人体器官移植诊疗科目登记，该医疗机构 3 年内不得再申请人体器官移植诊疗科目登记。

（二）人体器官移植的责任

（1）医疗机构未办理人体器官移植诊疗科目登记，擅自从事人体器官移植的，依照《医疗机构管理条例》的规定予以处罚。

（2）实施人体器官移植手术的医疗机构及其医务人员违反本条例规定，未对人体器官捐献人进行医学检查或者未采取措施，导致接受人因人体器官移植手术感染疾病的，依照《医疗事故处理条例》的规定予以处罚。

（3）医疗机构未定期将实施人体器官移植的情况向所在地省、自治区、直辖市人民政府卫生主管部门报告的，由所在地省、自治区、直辖市人民政府卫生主管部门责令限期改正；逾期不改正的，对负有责任的主管人员和其他直接责任人员依法给予处分。

（三）其他责任

医疗机构有下列情形之一的，对负有责任的主管人员和其他直接责任人员依法给予处分；情节严重的，由原登记部门撤销该医疗机构人体器官移植诊疗科目登记，该医疗机构 3 年内不得再申请人体器官移植诊疗科目登记：

（1）不再具备医疗机构从事人体器官移植应当具备条件规定，仍从事人体器官移植的；

（2）未经人体器官移植技术临床应用与伦理委员会审查同意，做出摘取人体器官的决定，或者胁迫医务人员违反本条例规定摘取人体器官的；

（3）摘取活体器官前未依照从事人体器官移植的医疗机构及其医务人员摘取活体器官前应当履行义务规定履行说明、查验、确认义务的；

（4）对摘取器官完毕的尸体未进行符合伦理原则的医学处理，恢复尸体原貌的。

二、医务人员的法律责任

（一）买卖人体器官或者从事与买卖人体器官有关活动的责任

（1）医务人员参与买卖人体器官或者从事与买卖人体器官有关活动的，由设区的市级以上地方人民政府卫生主管部门依照职责分工没收违法所得，并处交易额 8 倍以上 10 倍以下的罚款；

（2）由原发证部门吊销其执业证书。

（二）人体器官移植的责任

（1）从事人体器官移植的医务人员违反《人体器官移植条例》规定，泄露人体器官捐献人、接受人或者申请人体器官移植手术患者个人资料的，依照《执业医师法》或者国家有关护士管理的规定予以处罚。

（2）违反规定，给他人造成损害的，应当依法承担民事责任。

（3）违反《人体器官移植条例》第二十一条规定收取费用的，依照价格管理的法律、行政法规的规定予以处罚。

（4）从事人体器官移植的医务人员参与尸体器官捐献人的死亡判定的，由县级以上地方人民政府卫生主管部门依照职责分工暂停其6个月以上1年以下执业活动；情节严重的，由原发证部门吊销其执业证书。

（三）其他责任

医务人员有下列情形之一的，依法给予处分；情节严重的，由县级以上地方人民政府卫生主管部门依照职责分工暂停其6个月以上1年以下执业活动；情节特别严重的，由原发证部门吊销其执业证书：

（1）未经人体器官移植技术临床应用与伦理委员会审查同意摘取人体器官的；

（2）摘取活体器官前未依照摘取活体器官应当履行的义务规定履行说明、查验、确认义务的；

（3）对摘取器官完毕的尸体未进行符合伦理原则的医学处理，恢复尸体原貌的。

三、构成犯罪的，依法追究刑事责任

违反《人体器官移植条例》规定，有下列情形之一，构成犯罪的，依法追究刑事责任：

（1）未经公民本人同意摘取其活体器官的；

（2）公民生前表示不同意捐献其人体器官而摘取其尸体器官的；

（3）摘取未满18周岁公民的活体器官的。

国家机关工作人员在人体器官移植监督管理工作中滥用职权、玩忽职守、徇私舞弊，构成犯罪的，依法追究刑事责任；尚不构成犯罪的，依法给予处分。

本章小结

本章较为系统地介绍了人体器官移植的概况、手术患者排序原则、人体器官的捐献的原则、捐献人体器官公民的条件、捐献意愿的撤销、活体器官接受人的条件、人体器官的移植诊疗科目登记、对人体器官捐献人的医学检查和接受人的风险评估、人体器官移植的伦理审查、摘取活体器官应当履行的义务、摘取尸体器官的要求及医疗机构与医务人员的法律责任。

器官移植是指通过手术等方法，替换体内已损伤的、病态的或者衰竭的器官，以达到治疗目的的一种医疗措施。从理论上讲器官移植可以分为三大类：自体移植、同种移植和异种移植。通常所称器官移植实际上仅指同种异体脏器移植，即采取手术方法，切取某一人体（活体或尸体）内的脏器，将其移入接受人体内，替换其已损伤的、病态的或衰竭的器官，以救治其疾病。

器官移植是20世纪以来医学领域的一项具有跨时代意义的新技术，为许多不治之症的患者带来了生的希望和可能。我国器官移植工作虽起步晚，但发展迅速。为保障器官移植工作规范、有序、健康的发展，2007年3月21日国务院第171次常务会议通过《人体器官移植条例》，并于2007年5月1日起施行。

巩固练习

简答题

（1）什么是人体器官移植？

（2）人体器官捐献的原则是什么？

（3）活体器官接受人的条件有哪些？

（4）摘取活体器官应当履行的义务有哪些？

（5）从事人体器官移植的医务人员的法律责任有哪些？

第十五章

放射诊疗管理规定

【学习目标】

（1）掌握放射诊疗的概念与分类；放射诊断检查、放射治疗的原则。

（2）熟悉放射诊疗工作人员、放射诊疗场所、患者受检查的防护要求。

（3）了解医疗机构的法律责任；安全防护装置、辐射检测仪器和个人防护用品的配备与使用。

（4）培养对医学事业的敬业精神，增强保护患者身体安全健康的责任与担当。

第一节　概　述

为加强放射诊疗工作的管理，保证医疗质量和医疗安全，保障放射诊疗工作人员、患者和公众的健康权益，依据《中华人民共和国职业病防治法》《放射性同位素与射线装置安全和防护条例》和《医疗机构管理条例》等法律、行政法规的规定，2005 年 6 月 2 日，卫生部通过了《放射诊疗管理规定》，该规定于 2006 年 1 月 24 日以卫生部令第 46 号发布，2006 年 3 月 1 日正式施行。现行规定系 2016 年 1 月 19 日根据《国家卫生计生委关于修改〈外国医师来华短期行医暂行管理办法〉等 8 件部门规章的决定》（国家卫生和计划生育委员会令第 8 号）修改。

本规定中相关用语的含义。放射治疗：利用电离辐射的生物效应治疗肿瘤等疾病的技术。核医学：利用放射性同位素治疗疾病或进行医学研究的技术。介入放射学：在医学影像系统监视指导下，经皮针穿刺或插入导管做抽吸注射、引流或对管腔、血管等做成型、灌注、栓塞等，以诊断与治疗疾病的技术。X 射线影像诊断：利用 X 射线的穿透等性质取得人体内器官与组织的影像信息以诊断疾病的技术。

一、放射诊疗的概念

放射诊疗工作，是指使用放射性同位素、射线装置进行临床医学诊断、治疗和健康检查的活动。

卫生部负责全国放射诊疗工作的监督管理。县级以上地方人民政府卫生行政部门负责本行政区域内放射诊疗工作的监督管理。

二、放射诊疗的分类

放射诊疗工作按照诊疗风险和技术难易程度分为四类管理：

（1）放射治疗；

（2）核医学；

（3）介入放射学；

（4）X射线影像诊断。

医疗机构开展放射诊疗工作，应当具备与其开展的放射诊疗工作相适应的条件，经所在地县级以上地方卫生行政部门的放射诊疗技术和医用辐射机构许可。医疗机构应当采取有效措施，保证放射防护、安全与放射诊疗质量符合有关规定、标准和规范的要求。

第二节　执业条件

一、医疗机构开展放射诊疗工作应当具备的基本条件

（1）具有经核准登记的医学影像科诊疗科目；

（2）具有符合国家相关标准和规定的放射诊疗场所和配套设施；

（3）具有质量控制与安全防护专（兼）职管理人员和管理制度，并配备必要的防护用品和监测仪器；

（4）产生放射性废气、废液、固体废物的，具有确保放射性废气、废物、固体废物达标排放的处理能力或者可行的处理方案；

（5）具有放射事件应急处理预案。

二、医疗机构开展不同类别放射诊疗工作应当具备的人员条件

（一）开展放射治疗工作应当具有的人员条件

（1）中级以上专业技术职务任职资格的放射肿瘤医师；

（2）病理学、医学影像学专业技术人员；

（3）大学本科以上学历或中级以上专业技术职务任职资格的医学物理人员；

（4）放射治疗技师和维修人员。

（二）开展核医学工作应当具有的人员条件

（1）中级以上专业技术职务任职资格的核医学医师；
（2）病理学、医学影像学专业技术人员；
（3）大学本科以上学历或中级以上专业技术职务任职资格的技术人员或核医学技师。

（三）开展介入放射学工作应当具有的人员条件

（1）大学本科以上学历或中级以上专业技术职务任职资格的放射影像医师；
（2）放射影像技师；
（3）相关内、外科的专业技术人员。

（四）开展X射线影像诊断工作的，应当具有专业的放射影像医师。

三、医疗机构开展不同类别放射诊疗工作应当具备的设备条件

（1）开展放射治疗工作的，至少有一台远距离放射治疗装置、并具有模拟定位设备和相应的治疗计划系统等设备；
（2）开展核医学工作的，具有核医学设备及其他相关设备；
（3）开展介入放射学工作的，具有带影像增强器的医用诊断X射线机、数字减影装置等设备；
（4）开展X射线影像诊断工作的，有医用诊断X射线机或CT机等设备。

四、医疗机构应当配备并使用安全防护装置、辐射检测仪器和个人防护用品的条件

（1）放射治疗场所应当按照相应标准设置多重安全联锁系统、剂量监测系统、影像监控、对讲装置和固定式剂量监测报警装置；配备放疗剂量仪、剂量扫描装置和个人剂量报警仪；
（2）开展核医学工作的，设有专门的放射性同位素分装、注射、储存场所，放射性废物屏蔽设备和存放场所；配备活度计、放射性表面污染监测仪；
（3）介入放射学与其他X射线影像诊断工作场所应当配备工作人员防护用品和受检者个人防护用品。

五、医疗机构应当对放射设备和场所设置醒目的警示标志

（1）装有放射性同位素和放射性废物的设备、容器，设有电离辐射标志；
（2）放射性同位素和放射性废物储存场所，设有电离辐射警告标志及必要的文字说明；
（3）放射诊疗工作场所的入口处，设有电离辐射警告标志；
（4）放射诊疗工作场所应当按照有关标准的要求分为控制区、监督区，在控制区进出口及其他适当位置，设有电离辐射警告标志和工作指示灯。

第三节　安全防护与质量保证

一、医疗机构对质量保证和安全防护的工作职责

医疗机构应当配备专（兼）职的管理人员，负责放射诊疗工作的质量保证和安全防护。其主要职责是：

（1）组织制定并落实放射诊疗和放射防护管理制度；

（2）定期组织对放射诊疗工作场所、设备和人员进行放射防护检测、监测和检查；

（3）组织本机构放射诊疗工作人员接受专业技术、放射防护知识及有关规定的培训和健康检查；

（4）制定放射事件应急预案并组织演练；

（5）记录本机构发生的放射事件并及时报告卫生行政部门。

二、对医疗机构的放射诊疗设备和检测仪表的基本要求

（1）新安装、维修或更换重要部件后的设备，应当经省级以上卫生行政部门资质认证的检测机构对其进行检测，合格后方可启用；

（2）定期进行稳定性检测、校正和维护保养，由省级以上卫生行政部门资质认证的检测机构每年至少进行一次状态检测；

（3）按照国家有关规定检验或者校准用于放射防护和质量控制的检测仪表；

（4）放射诊疗设备及其相关设备的技术指标和安全、防护性能，应当符合有关标准与要求。不合格或国家有关部门规定淘汰的放射诊疗设备不得购置、使用、转让和出租。

三、放射诊疗场所防护要求

（1）医疗机构应当定期对放射诊疗工作场所、放射性同位素储存场所和防护设施进行放射防护检测，保证辐射水平符合有关规定或者标准。放射性同位素不得与易燃、易爆、腐蚀性物品同库储存；储存场所应当采取有效的防泄漏等措施，并安装必要的报警装置。放射性同位素储存场所应当有专人负责，有完善的存入、领取、归还登记和检查的制度，做到交接严格，检查及时，账目清楚。账物相符，记录资料完整。

（2）开展核医学诊疗的医疗机构，应当遵守相应的操作规范、规程，防止放射性同位素污染人体、设备、工作场所和环境；按照有关标准的规定对接受体内放射性药物诊治的患者进行控制，避免其他患者和公众受到超过允许水平的照射。

（3）核医学诊疗产生的放射性固体废物、废液及患者的放射性排出物应当单独收集，与其他废物、废液分开存放，按照国家有关规定处理。

（4）医疗机构应当制定防范和处置放射事件的应急预案；发生放射事件后应当立即采取有效应急救援和控制措施，防止事件的扩大和蔓延。

（5）医疗机构发生下列放射事件情形之一的，应当及时进行调查处理，如实记录，并按照有关规定及时报告卫生行政部门和有关部门：① 诊断放射性药物实际用量偏离处方剂量50%以上的；② 放射治疗实际照射剂量偏离处方剂量25%以上的；③ 人员误照或误用放射性药物的；④ 放射性同位素丢失、被盗和污染的；⑤ 设备故障或人为失误引起的其他放射事件。

四、放射诊疗工作人员防护要求

（1）放射诊疗工作人员应当按照有关规定配戴个人剂量计。

（2）医疗机构应当按照有关规定和标准，对放射诊疗工作人员进行上岗前、在岗期间和离岗时的健康检查，定期进行专业及防护知识培训，并分别建立个人剂量、职业健康管理和教育培训档案。

（3）医疗机构应当制定与本单位从事的放射诊疗项目相适应的质量保证方案，遵守质量保证监测规范。

五、患者和受检查的防护要求

放射诊疗工作人员对患者和受检者进行医疗照射时，应当遵守医疗照射正当化和放射防护最优化的原则，有明确的医疗目的，严格控制受照剂量；对邻近照射野的敏感器官和组织进行屏蔽防护，并事先告知患者和受检者辐射对健康的影响。

六、放射诊断检查的原则和实施

医疗机构在实施放射诊断检查前应当对不同检查方法进行利弊分析，在保证诊断效果的前提下，优先采用对人体健康影响较小的诊断技术。实施检查应当遵守下列规定：

（1）严格执行检查资料的登记、保存、提取和借阅制度，不得因资料管理、受检者转诊等原因使受检者接受不必要的重复照射；

（2）不得将核素显像检查和 X 射线胸部检查列入对婴幼儿及少年儿童体检的常规检查项目；

（3）对育龄妇女腹部或骨盆进行核素显像检查或 X 射线检查前，应问明是否怀孕；非特殊需要，对受孕后八至十五周的育龄妇女，不得进行下腹部放射影像检查；

（4）应当尽量以胸部 X 射线摄影代替胸部荧光透视检查；

（5）实施放射性药物给药和 X 射线照射操作时，应当禁止非受检者进入操作现场；因患者病情需要其他人员陪检时，应当对陪检者采取防护措施。

七、放射治疗的原则和实施

开展放射治疗的医疗机构，在对患者实施放射治疗前，应当进行影像学、病理学及其他相关检查，严格掌握放射治疗的适应证。对确需进行放射治疗的，应当制定科学的治疗计划，并按照下列要求实施：

（1）对体外远距离放射治疗，放射诊疗工作人员在进入治疗室前，应首先检查操作控制台的源位显示，确认放射线束或放射源处于关闭位时，方可进入；

（2）对近距离放射治疗，放射诊疗工作人员应当使用专用工具拿取放射源，不得徒手操作；对接受敷贴治疗的患者采取安全护理，防止放射源被患者带走或丢失；

（3）在实施永久性籽粒插植治疗时，放射诊疗工作人员应随时清点所使用的放射性籽粒，防止在操作过程中遗失；放射性籽粒植入后，必须进行医学影像学检查，确认植入部位和放射性籽粒的数量；

（4）治疗过程中，治疗现场至少应有 2 名放射诊疗工作人员，并密切注视治疗装置的显示及病人情况，及时解决治疗中出现的问题；严禁其他无关人员进入治疗场所；

（5）放射诊疗工作人员应当严格按照放射治疗操作规范、规程实施照射；不得擅自修改治疗计划；

（6）放射诊疗工作人员应当验证治疗计划的执行情况，发现偏离计划现象时，应当及时采取补救措施并向本科室负责人或者本机构负责医疗质量控制的部门报告。

第四节　法律责任

一、医疗机构的法律责任

（1）医疗机构有下列情形之一的，由县级以上卫生行政部门给予警告、责令限期改正，并可以根据情节处以 3 000 元以下的罚款；情节严重的，吊销其“医疗机构执业许可证”：

① 未取得放射诊疗许可从事放射诊疗工作的；

② 未办理诊疗科目登记或者未按照规定进行校验的；

③ 未经批准擅自变更放射诊疗项目或者超出批准范围从事放射诊疗工作的。

（2）医疗机构使用不具备相应资质的人员从事放射诊疗工作的，由县级以上卫生行政部门责令限期改正. 并可以处以 5 000 元以下的罚款；情节严重的，吊销其“医疗机构执业许可证”。

（3）医疗机构违反建设项目卫生审查、竣工验收有关规定的，按照《中华人民共和国职业病防治法》的规定进行处罚。

（4）医疗机构违反本规定，有下列行为之一的，由县级以上卫生行政部门给予警告，责令限期改正；并可处一万元以下的罚款：

① 购置、使用不合格或国家有关部门规定淘汰的放射诊疗设备的；

② 未按照规定使用安全防护装置和个人防护用品的；

③ 未按照规定对放射诊疗设备、工作场所及防护设施进行检测和检查的；

④ 未按照规定对放射诊疗工作人员进行个人剂量监测、健康检查、建立个人剂量和健康档案的；

⑤ 发生放射事件并造成人员健康严重损害的；

⑥ 发生放射事件未立即采取应急救援和控制措施或者未按照规定及时报告的；

⑦ 违反本规定的其他情形。

二、卫生行政部门及其工作人员的法律责任

卫生行政部门及其工作人员违反本规定，对不符合条件的医疗机构发放“放射诊疗许可证”的，或者不履行法定职责，造成放射事故的，对直接负责的主管人员和其他直接责任人员，依法给予行政处分；情节严重，构成犯罪的，依法追究刑事责任。

本章小结

放射诊疗工作，是指使用放射性同位素、射线装置进行临床医学诊断、治疗和健康检查的活动。放射诊疗工作按照诊疗风险和技术难易程度分为四类管理：

放射治疗、核医学、介入放射学、 X 射线影像诊断。医疗机构开展放射诊疗工作应当具备的基本条件：具有经核准登记的医学影像科诊疗科目；具有符合国家相关标准和规定的放射诊疗场所和配套设施；具有质量控制与安全防护专（兼）职管理人员和管理制度，并配备必要的防护用品和监测仪器；产生放射性废气、废液、固体废物的，具有确保放射性废气、废物、固体废物达标排放的处理能力或者可行的处理方案；具有放射事件应急处理预案。放射诊疗工作人员防护要求：

放射诊疗工作人员应当按照有关规定配戴个人剂量计；医疗机构应当按照有关规定和标准，对放射诊疗工作人员进行上岗前、在岗期间和离岗时的健康检查，定期进行专业及防护知识培训，并分别建立个人剂量、职业健康管理和教育培训档案；医疗机构应当制定与本单位从事的放射诊疗项目相适应的质量保证方案，遵守质量保证监测规范。患者和受检查的防护要求：放射诊疗工作人员对患者和受检者进行医疗照射时，应当遵守医疗照射正当化和放射防护最优化的原则，有明确的医疗目的，严格控制受照剂量；对邻近照射野的敏感器官和组织进行屏蔽防护，并事先告知患者和受检者辐射对健康的影响。医疗机构、卫生行政部门及其工作人员违反《放射诊疗管理规定》，均应承担法律责任。

巩固练习

简答题

（1）请问什么是放射诊疗工作？

（2）请问放射诊疗工作按照诊疗风险和技术难易程度分为哪几类？

（3）请问医疗机构开展放射诊疗工作应当具备哪些基本条件？

（4）请问放射诊疗工作人员防护有哪些基本要求？

（5）请问患者和受检查的防护要求有哪些？

第十六章

处方管理办法

【学习目标】

（1）掌握处方的概念、处方开具与调剂原则、开具处方的要求。

（2）熟悉处方书写的规则、药品剂量与数量的书写的要求、开具处方的条件。

（3）了解处方权的获得、医疗机构对处方的管理、医师的法律责任。

（4）培养对医学事业的敬业精神，增强保护患者身体安全健康的责任与担当。

第一节　概　述

为规范处方管理，提高处方质量，促进合理用药，保障医疗安全，根据《中华人民共和国执业医师法》《中华人民共和国药品管理法》《医疗机构管理条例》《麻醉药品和精神药品管理条例》等有关法律、法规，2006 年 11 月 27 日中华人民共和国卫生部部务会议讨论通过了《处方管理办法》，该办法于 2007 年 2 月 14 日发布，2007 年 5 月 1 日起施行。

本办法所称药学专业技术人员，是指按照卫生部《卫生技术人员职务试行条例》规定，取得药学专业技术职务任职资格人员，包括主任药师、副主任药师、主管药师、药师、药士。

本办法所称医疗机构，是指按照《医疗机构管理条例》批准登记的从事疾病诊断、治疗活动的医院、社区卫生服务中心（站）、妇幼保健院、卫生院、疗养院、门诊部、诊所、卫生室（所）、急救中心（站）、专科疾病防治院（所、站）以及护理院（站）等医疗机构。

一、处方的概念

《处方管理办法》所称处方，是指由注册的执业医师和执业助理医师（以下简称医师）在诊疗活动中为患者开具的、由取得药学专业技术职务任职资格的药学专业技术人员（以下简称药师）审核、调配、核对，并作为患者用药凭证的医疗文书。处方包括医疗机构病区用药医嘱单。

卫生部负责全国处方开具、调剂、保管相关工作的监督管理。县级以上地方卫生行政部门负责本行政区域内处方开具、调剂、保管相关工作的监督管理。本办法适用于与处方开具、调剂、保管相关的医疗机构及其人员。

二、处方开具与调剂原则

医师开具处方和药师调剂处方应当遵循安全、有效、经济的原则。处方药应当凭医师处方销售、调剂和使用。

第二节　处方管理的一般规定

处方标准由卫生部统一规定，处方格式由省、自治区、直辖市卫生行政部门（以下简称省级卫生行政部门）统一制定，处方由医疗机构按照规定的标准和格式印制。

一、处方书写的规则

处方书写应当符合下列规则：

（1）患者一般情况、临床诊断填写清晰、完整，并与病历记载相一致。

（2）每张处方限于一名患者的用药。

（3）字迹清楚，不得涂改；如需修改，应当在修改处签名并注明修改日期。

（4）药品名称应当使用规范的中文名称书写，没有中文名称的可以使用规范的英文名称书写；医疗机构或者医师、药师不得自行编制药品缩写名称或者使用代号；书写药品名称、剂量、规格、用法、用量要准确规范，药品用法可用规范的中文、英文、拉丁文或者缩写体书写，但不得使用“遵医嘱”“自用”等含糊不清字句。

（5）患者年龄应当填写实足年龄，新生儿、婴幼儿写日、月龄，必要时要注明体重。

（6）西药和中成药可以分别开具处方，也可以开具一张处方，中药饮片应当单独开具处方。

（7）开具西药、中成药处方，每一种药品应当另起一行，每张处方不得超过 5 种药品。

（8）中药饮片处方的书写，一般应当按照“君、臣、佐、使”的顺序排列；调剂、煎煮的特殊要求注明在药品右上方，并加括号，如布包、先煎、后下等；对饮片的产地、炮制有特殊要求的，应当在药品名称之前写明。

（9）药品用法用量应当按照药品说明书规定的常规用法用量使用，特殊情况需要超剂量使用时，应当注明原因并再次签名。

（10）除特殊情况外，应当注明临床诊断。

（11）开具处方后的空白处划一斜线以示处方完毕。

（12）处方医师的签名式样和专用签章应当与院内药学部门留样备查的式样相一致，不得任意改动，否则应当重新登记留样备案。

二、药品剂量与数量的书写的要求

药品剂量与数量用阿拉伯数字书写。剂量应当使用法定剂量单位：重量以克（g）、毫克（mg）、微克（μg）、纳克（ng）为单位；容量以升（L）、毫升（mL）为单位；国际单位（IU）、单位（U）；中药饮片以克（g）为单位。片剂、丸剂、胶囊剂、颗粒剂分别以片、丸、粒、袋为单位；溶液剂以支、瓶为单位；软膏及乳膏剂以支、盒为单位；注射剂以支、瓶为单位，应当注明含量；中药饮片以剂为单位。

第三节　处方权的获得

一、处方权的取得

（1）经注册的执业医师在执业地点取得相应的处方权。经注册的执业助理医师在医疗机构开具的处方，应当经所在执业地点执业医师签名或加盖专用签章后方有效。

（2）经注册的执业助理医师在乡、民族乡、镇、村的医疗机构独立从事一般的执业活动，可以在注册的执业地点取得相应的处方权。

（3）医师应当在注册的医疗机构签名留样或者专用签章备案后，方可开具处方。

（4）医疗机构应当按照有关规定，对本机构执业医师和药师进行麻醉药品和精神药品使用知识和规范化管理的培训。执业医师经考核合格后取得麻醉药品和第一类精神药品的处方权，药师经考核合格后取得麻醉药品和第一类精神药品调剂资格。医师取得麻醉药品和第一类精神药品处方权后，方可在本机构开具麻醉药品和第一类精神药品处方，医师不得为自己开具该类药品处方。药师取得麻醉药品和第一类精神药品调剂资格后，方可在本机构调剂麻醉药品和第一类精神药品。

（5）试用期人员开具处方，应当经所在医疗机构有处方权的执业医师审核、并签名或加盖专用签章后方有效。

（6）进修医师由接收进修的医疗机构对其胜任本专业工作的实际情况进行认定后授予相应的处方权。

二、开具处方的条件

（1）医师应当根据医疗、预防、保健需要，按照诊疗规范、药品说明书中的药品适应证、药理作用、用法、用量、禁忌、不良反应和注意事项等开具处方。开具医疗用毒性药品、放射性药品的处方应当严格遵守有关法律、法规和规章的规定。

（2）医疗机构应当根据本机构性质、功能、任务，制定药品处方集。

（3）医疗机构应当按照经药品监督管理部门批准并公布的药品通用名称购进药品。同一通用名称药品的品种，注射剂型和口服剂型各不得超过 2 种，处方组成类同的复方制剂 1～2 种。因特殊诊疗需要使用其他剂型和剂量规格药品的情况除外。

第四节　处方的开具

一、医师开具一般药品处方的要求

（1）医师开具处方应当使用经药品监督管理部门批准并公布的药品通用名称、新活性化合物的专利药品名称和复方制剂药品名称。医师开具院内制剂处方时应当使用经省级卫生行政部门审核、药品监督管理部门批准的名称。医师可以使用由卫生部公布的药品习惯名称开具处方。

（2）处方开具当日有效。特殊情况下需延长有效期的，由开具处方的医师注明有效期限，但有效期最长不得超过 3 天。

（3）处方一般不得超过 7 日用量；急诊处方一般不得超过 3 日用量；对于某些慢性病、老年病或特殊情况，处方用量可适当延长，但医师应当注明理由。医疗用毒性药品、放射性药品的处方用量应当严格按照国家有关规定执行。

（4）医师利用计算机开具、传递普通处方时，应当同时打印出纸质处方，其格式与手写处方一致；打印的纸质处方经签名或者加盖签章后有效。药师核发药品时，应当核对打印的纸质处方，无误后发给药品，并将打印的纸质处方与计算机传递处方同时收存备查。

（5）乡村医生按照《乡村医生从业管理条例》的规定，在省级卫生行政部门制定的乡村医生基本用药目录范围内开具药品处方。

二、医师开具特殊药品处方的要求

医师应当按照卫生部制定的麻醉药品和精神药品临床应用指导原则，开具麻醉药品、第一类精神药品处方。

（1）门（急）诊癌症疼痛患者和中、重度慢性疼痛患者需长期使用麻醉药品和第一类精神药品的，首诊医师应当亲自诊查患者，建立相应的病历，要求其签署《知情同意书》。病历中应当留存下列材料复印件：① 二级以上医院开具的诊断证明；② 患者户籍簿、身份证或者其他相关有效身份证明文件；③ 为患者代办人员身份证明文件。

（2）除需长期使用麻醉药品和第一类精神药品的门（急）诊癌症疼痛患者和中、重度慢性疼痛患者外，麻醉药品注射剂仅限于医疗机构内使用。

（3）为门（急）诊患者开具的麻醉药品注射剂，每张处方为一次常用量；控缓释制剂，每张处方不得超过 7 日常用量；其他剂型，每张处方不得超过 3 日常用量。第一类精神药品注射剂，每张处方为一次常用量；控缓释制剂，每张处方不得超过 7 日常用量；其他剂型，每张处方不得超过 3 日常用量。哌醋甲酯用于治疗儿童多动症时，每张处方不得超过 15 日常用量。第二类精神药品一般每张处方不得超过 7 日常用量；对于慢性病或某些特殊情况的患者，处方用量可以适当延长，医师应当注明理由。

（4）为门（急）诊癌症疼痛患者和中、重度慢性疼痛患者开具的麻醉药品、第一类精神药品注射剂，每张处方不得超过 3 日常用量；控缓释制剂，每张处方不得超过 15 日常用量；其他剂型，每张处方不得超过 7 日常用量。

（5）为住院患者开具的麻醉药品和第一类精神药品处方应当逐日开具，每张处方为 1 日常用量。

（6）对于需要特别加强管制的麻醉药品，盐酸二氢埃托啡处方为一次常用量，仅限于二级以上医院内使用；盐酸哌替啶处方为一次常用量，仅限于医疗机构内使用。

（7）医疗机构应当要求长期使用麻醉药品和第一类精神药品的门（急）诊癌症患者和中、重度慢性疼痛患者，每 3 个月复诊或者随诊一次。

第五节　处方的调剂

一、取得处方调剂资格的条件

（1）取得药学专业技术职务任职资格的人员方可从事处方调剂工作。

（2）药师在执业的医疗机构取得处方调剂资格。药师签名或者专用签章式样应当在本机构留样备查。

（3）具有药师以上专业技术职务任职资格的人员负责处方审核、评估、核对、发药以及安全用药指导；药士从事处方调配工作。

二、药师在处方调剂中的规定

（1）药师应当凭医师处方调剂处方药品，非经医师处方不得调剂。

（2）药师应当按照操作规程调剂处方药品：认真审核处方，准确调配药品，正确书写药袋或粘贴标签，注明患者姓名和药品名称、用法、用量，包装；向患者交付药品时，按照药品说明书或者处方用法，进行用药交待与指导，包括每种药品的用法、用量、注意事项等。

（3）药师应当认真逐项检查处方前记、正文和后记书写是否清晰、完整，并确认处方的合法性。

（4）药师应当对处方用药适宜性进行审核，审核内容包括：① 规定必须做皮试的药品，处方医师是否注明过敏试验及结果的判定；② 处方用药与临床诊断的相符性；③ 剂量、用法的正确性；④ 选用剂型与给药途径的合理性；⑤ 是否有重复给药现象；⑥ 是否有潜在临床意义的药物相互作用和配伍禁忌；⑦ 其他用药不适宜情况。

（5）药师经处方审核后，认为存在用药不适宜时，应当告知处方医师，请其确认或者重新开具处方。药师发现严重不合理用药或者用药错误，应当拒绝调剂，及时告知处方医师，并应当记录，按照有关规定报告。

（6）药师调剂处方时必须做到“四查十对”：查处方，对科别、姓名、年龄；查药品，对药名、剂型、规格、数量；查配伍禁忌，对药品性状、用法用量；查用药合理性，对临床诊断。

（7）药师在完成处方调剂后，应当在处方上签名或者加盖专用签章。

（8）药师应当对麻醉药品和第一类精神药品处方，按年月日逐日编制顺序号。

（9）药师对于不规范处方或者不能判定其合法性的处方，不得调剂。

三、医疗机构在处方调剂中的规定

（1）医疗机构应当将本机构基本用药供应目录内同类药品相关信息告知患者。

（2）除麻醉药品、精神药品、医疗用毒性药品和儿科处方外，医疗机构不得限制门诊就诊人员持处方到药品零售企业购药。

第六节　监督管理

一、医疗机构的监督管理职责

（1）医疗机构应当加强对本机构处方开具、调剂和保管的管理。

（2）医疗机构应当建立处方点评制度，填写处方评价表，对处方实施动态监测及超常预警，登记并通报不合理处方，对不合理用药及时予以干预。

（3）医疗机构应当对出现超常处方 3 次以上且无正当理由的医师提出警告，限制其处方权；限制处方权后，仍连续 2 次以上出现超常处方且无正当理由的，取消其处方权。

（4）医师出现下列情形之一的，处方权由其所在医疗机构予以取消：① 被责令暂停执业；② 考核不合格离岗培训期间；③ 被注销、吊销执业证书；④ 不按照规定开具处方，造成严重后果的；⑤ 不按照规定使用药品，造成严重后果的；⑥ 因开具处方牟取私利。

（5）处方由调剂处方药品的医疗机构妥善保存。普通处方、急诊处方、儿科处方保存期限为 1 年，医疗用毒性药品、第二类精神药品处方保存期限为 2 年，麻醉药品和第一类精神药品处方保存期限为 3 年。处方保存期满后，经医疗机构主要负责人批准、登记备案，方可销毁。

（6）医疗机构应当根据麻醉药品和精神药品处方开具情况，按照麻醉药品和精神药品品种、规格对其消耗量进行专册登记，登记内容包括发药日期、患者姓名、用药数量。专册保存期限为 3 年。

二、处方权人和处方调剂人员的自我监督职责

（1）未取得处方权的人员及被取消处方权的医师不得开具处方。未取得麻醉药品和第一类精神药品处方资格的医师不得开具麻醉药品和第一类精神药品处方。

（2）除治疗需要外，医师不得开具麻醉药品、精神药品、医疗用毒性药品和放射性药品处方。

（3）未取得药学专业技术职务任职资格的人员不得从事处方调剂工作。

三、卫生行政部门的监督管理职责

（1）县级以上地方应当定期对本行政区域内医疗机构处方管理情况进行监督检查。县级以上卫生行政部门在对医疗机构实施监督管理过程中，发现医师出现本办法第四十六条规定情形的，应当责令医疗机构取消医师处方权。

（2）卫生行政部门的工作人员依法对医疗机构处方管理情况进行监督检查时，应当出示证件；被检查的医疗机构应当予以配合，如实反映情况，提供必要的资料，不得拒绝、阻碍、隐瞒。

第七节　法律责任

一、医疗机构的法律责任

（1）医疗机构有下列情形之一的，由县级以上卫生行政部门按照《医疗机构管理条例》第四十八条的规定，责令限期改正，并可处以 5 000 元以下的罚款；情节严重的，吊销其《医疗机构执业许可证》：① 使用未取得处方权的人员、被取消处方权的医师开具处方的；② 使用未取得麻醉药品和第一类精神药品处方资格的医师开具麻醉药品和第一类精神药品处方的；③ 使用未取得药学专业技术职务任职资格的人员从事处方调剂工作的。

（2）医疗机构未按照规定保管麻醉药品和精神药品处方，或者未依照规定进行专册登记的，按照《麻醉药品和精神药品管理条例》第七十二条的规定，由设区的市级卫生行政部门责令限期改正，给予警告；逾期不改正的，处 5 000 元以上 1 万元以下的罚款；情节严重的，吊销其印鉴卡；对直接负责的主管人员和其他直接责任人员，依法给予降级、撤职、开除的处分。

二、医师和药师的法律责任

（1）医师和药师出现下列情形之一的，由县级以上卫生行政部门按照《麻醉药品和精神药品管理条例》第七十三条的规定予以处罚：① 未取得麻醉药品和第一类精神药品处方资格的医师擅自开具麻醉药品和第一类精神药品处方的；② 具有麻醉药品和第一类精神药品处方医师未按照规定开具麻醉药品和第一类精神药品处方，或者未按照卫生部制定的麻醉药品和精神药品临床应用指导原则使用麻醉药品和第一类精神药品的；③ 药师未按照规定调剂麻醉药品、精神药品处方的。

（2）医师出现下列情形之一的，按照《中华人民共和国执业医师法》第三十七条的规定，由县级以上卫生行政部门给予警告或者责令暂停六个月以上一年以下执业活动；情节严重的，吊销其执业证书：① 未取得处方权或者被取消处方权后开具药品处方的；② 未按照本办法规定开具药品处方的；③ 违反本办法其他规定的。

（3）药师未按照规定调剂处方药品，情节严重的，由县级以上卫生行政部门责令改正、通报批评，给予警告；并由所在医疗机构或者其上级单位给予纪律处分。

三、卫生行政部门的法律责任

县级以上地方卫生行政部门未按照本办法规定履行监管职责的，由上级卫生行政部门责令改正。

本章小结

《处方管理办法》所称处方，是指由注册的执业医师和执业助理医师在诊疗活动中为患者开具的、由取得药学专业技术职务任职资格的药学专业技术人员审核、调配、核对，并作为患者用药凭证的医疗文书。处方包括医疗机构病区用药医嘱单。医师开具处方和药师调剂处方应当遵循安全、有效、经济的原则。处方药应当凭医师处方销售、调剂和使用。处方书写应当符合 12 条规则。药品剂量与数量要用阿拉伯数字书写。开具处方应具备 3 个条件：医师应当根据医疗、预防、保健需要，按照诊疗规范、药品说明书中的药品适应证、药理作用、用法、用量、禁忌、不良反应和注意事项等开具处方；医疗机构应当根据本机构性质、功能、任务，制定药品处方集；医疗机构应当按照经药品监督管理部门批准并公布的药品通用名称购进药品。医疗机构、医师、药师违反《处方管理办法》均要承担法律责任。

巩固练习

简答题

（1）简述处方的概念和处方开具与调剂原则。

（2）请问处方书写的规则有哪些？

（3）请问药品剂量与数量的书写的要求有哪些？

（4）请问医师如何取得处方权？

（5）请问开具处方的条件有哪些？

（6）请问开具处方有哪些要求？

第十七章

抗菌药物临床应用管理办法

【学习目标】

（1）掌握抗菌药物的药物品种及临床应用的原则，抗菌药物临床应用的分级管理；处方权的授予。

（2）熟悉抗菌药物遴选和定期评估制度；细菌耐药预警机制。

（3）了解抗菌药物临床应用异常情况的调查和处理；特殊使用级抗菌药物的使用。

（4）培养对抗菌药物严格管理的敬业精神，增强保护患者身体安全健康的责任与担当。

第一节　概　述

为加强医疗机构抗菌药物临床应用管理，规范抗菌药物临床应用行为，提高抗菌药物临床应用水平，促进临床合理应用抗菌药物，控制细菌耐药，保障医疗质量和医疗安全，根据相关卫生法律法规，2012 年 2 月 13 日卫生部部务会审议通过了《抗菌药物临床应用管理办法》（以下简称《管理办法》），该办法自 2012 年 8 月 1 日起施行。

一、抗菌药物的药物品种及临床应用的原则

卫生部负责全国医疗机构抗菌药物临床应用的监督管理。县级以上地方卫生行政部门负责本行政区域内医疗机构抗菌药物临床应用的监督管理。《管理办法》适用于各级各类医疗机构抗菌药物临床应用管理工作。

《管理办法》所称抗菌药物是指治疗细菌、支原体、衣原体、立克次体、螺旋体、真菌等病原微生物所致感染性疾病病原的药物，不包括治疗结核病、寄生虫病和各种病毒所致感染性疾病的药物以及具有抗菌作用的中药制剂。

抗菌药物临床应用应当遵循安全、有效、经济的原则。

二、抗菌药物临床应用的分级管理

抗菌药物临床应用实行分级管理。根据安全性、疗效、细菌耐药性、价格等因素，将抗菌药物分为三级：非限制使用级、限制使用级与特殊使用级。具体划分标准如下：

（1）非限制使用级抗菌药物是指经长期临床应用证明安全、有效，对细菌耐药性影响较小，价格相对较低的抗菌药物；

（2）限制使用级抗菌药物是指经长期临床应用证明安全、有效，对细菌耐药性影响较大，或者价格相对较高的抗菌药物；

（3）特殊使用级抗菌药物是指具有以下情形之一的抗菌药物：① 具有明显或者严重不良反应，不宜随意使用的抗菌药物；② 需要严格控制使用，避免细菌过快产生耐药的抗菌药物；③ 疗效、安全性方面的临床资料较少的抗菌药物；④ 价格昂贵的抗菌药物。

抗菌药物分级管理目录由各省级卫生行政部门制定，报卫生部备案。

第二节　抗菌药物临床应用管理

一、抗菌药物遴选和定期评估制度

医疗机构应当严格执行《处方管理办法》《医疗机构药事管理规定》《抗菌药物临床应用指导原则》《国家处方集》等相关规定及技术规范，加强对抗菌药物遴选、采购、处方、调剂、临床应用和药物评价的管理。

医疗机构应当建立抗菌药物遴选和定期评估制度。医疗机构遴选和新引进抗菌药物品种，应当由临床科室提交申请报告，经药学部门提出意见后，由抗菌药物管理工作组审议。抗菌药物管理工作组三分之二以上成员审议同意，并经药事管理与药物治疗学委员会三分之二以上委员审核同意后方可列入采购供应目录。抗菌药物品种或者品规存在安全隐患、疗效不确定、耐药率高、性价比差或者违规使用等情况的，临床科室、药学部门、抗菌药物管理工作组可以提出清退或者更换意见。清退意见经抗菌药物管理工作组二分之一以上成员同意后执行，并报药事管理与药物治疗学委员会备案；更换意见经药事管理与药物治疗学委员会讨论通过后执行。清退或者更换的抗菌药物品种或者品规原则上 12 个月内不得重新进入本机构抗菌药物供应目录。

医疗机构应当按照省级卫生行政部门制定的抗菌药物分级管理目录，制定本机构抗菌药物供应目录，并向核发其“医疗机构执业许可证”的卫生行政部门备案。医疗机构抗菌药物供应目录包括采购抗菌药物的品种、品规。未经备案的抗菌药物品种、品规，医疗机构不得采购。

医疗机构应当严格控制本机构抗菌药物供应目录的品种数量。同一通用名称抗菌药物品种，注射剂型和口服剂型各不得超过 2 种。具有相似或者相同药理学特征的抗菌药物不得重复列入供应目录。

医疗机构确因临床工作需要，抗菌药物品种和品规数量超过规定的，应当向核发其“医疗机构执业许可证”的卫生行政部门详细说明原因和理由；说明不充分或者理由不成立的，卫生行政部门不得接受其抗菌药物品种和品规数量的备案。

医疗机构应当定期调整抗菌药物供应目录品种结构，并于每次调整后15个工作日内向核发其“医疗机构执业许可证”的卫生行政部门备案。调整周期原则上为2年，最短不得少于1年。

医疗机构应当按照国家药品监督管理部门批准并公布的药品通用名称购进抗菌药物，优先选用《国家基本药物目录》《国家处方集》和《国家基本医疗保险、工伤保险和生育保险药品目录》收录的抗菌药物品种。基层医疗卫生机构只能选用基本药物（包括各省区市增补品种）中的抗菌药物品种。

医疗机构抗菌药物应当由药学部门统一采购供应，其他科室或者部门不得从事抗菌药物的采购、调剂活动。临床上不得使用非药学部门采购供应的抗菌药物。

因特殊治疗需要，医疗机构需使用本机构抗菌药物供应目录以外抗菌药物的，可以启动临时采购程序。临时采购应当由临床科室提出申请，说明申请购入抗菌药物名称、剂型、规格、数量、使用对象和使用理由，经本机构抗菌药物管理工作组审核同意后，由药学部门临时一次性购入使用。医疗机构应当严格控制临时采购抗菌药物品种和数量，同一通用名抗菌药物品种启动临时采购程序原则上每年不得超过5例次。如果超过5例次，应当讨论是否列入本机构抗菌药物供应目录。调整后的抗菌药物供应目录总品种数不得增加。医疗机构应当每半年将抗菌药物临时采购情况向核发其“医疗机构执业许可证”的卫生行政部门备案。

二、细菌耐药预警机制

医疗机构应当开展细菌耐药监测工作，建立细菌耐药预警机制，并采取下列相应措施：

（1）主要目标细菌耐药率超过30%的抗菌药物，应当及时将预警信息通报本机构医务人员；

（2）主要目标细菌耐药率超过40%的抗菌药物，应当慎重经验用药；

（3）主要目标细菌耐药率超过50%的抗菌药物，应当参照药敏试验结果选用；

（4）主要目标细菌耐药率超过75%的抗菌药物，应当暂停针对此目标细菌的临床应用，根据追踪细菌耐药监测结果，再决定是否恢复临床应用。

医疗机构应当建立本机构抗菌药物临床应用情况排名、内部公示和报告制度。医疗机构应当对临床科室和医务人员抗菌药物使用量、使用率和使用强度等情况进行排名并予以内部公示；对排名后位或者发现严重问题的医师进行批评教育，情况严重的予以通报。医疗机构应当按照要求对临床科室和医务人员抗菌药物临床应用情况进行汇总，并向核发其“医疗机构执业许可证”的卫生行政部门报告。非限制使用级抗菌药物临床应用情况，每年报告一次；限制使用级和特殊使用级抗菌药物临床应用情况，每半年报告一次。

三、抗菌药物临床应用异常情况的调查和处理

医疗机构应当对以下抗菌药物临床应用异常情况开展调查，并根据不同情况作出处理：

（1）使用量异常增长的抗菌药物；

(2) 半年内使用量始终居于前列的抗菌药物；
(3) 经常超适应证、超剂量使用的抗菌药物；
(4) 企业违规销售的抗菌药物；
(5) 频繁发生严重不良事件的抗菌药物。

医疗机构应当加强对抗菌药物生产、经营企业在本机构销售行为的管理，对存在不正当销售行为的企业，应当及时采取暂停进药、清退等措施。

四、抗菌药物临床应用知识和规范化管理培训和考核

抗菌药物临床应用知识和规范化管理培训和考核内容应当包括：

(1)《中华人民共和国药品管理法》《中华人民共和国执业医师法》《抗菌药物临床应用管理办法》《处方管理办法》《医疗机构药事管理规定》《抗菌药物临床应用指导原则》《国家基本药物处方集》《国家处方集》和《医院处方点评管理规范（试行）》等相关法律、法规、规章和规范性文件；
(2) 抗菌药物临床应用及管理制度；
(3) 常用抗菌药物的药理学特点与注意事项；
(4) 常见细菌的耐药趋势与控制方法；
(5) 抗菌药物不良反应的防治。

第三节　抗菌药物的临床应用

一、处方权的授予

具有高级专业技术职务任职资格的医师，可授予特殊使用级抗菌药物处方权；具有中级以上专业技术职务任职资格的医师，可授予限制使用级抗菌药物处方权；具有初级专业技术职务任职资格的医师，在乡、民族乡、镇、村的医疗机构独立从事一般执业活动的执业助理医师以及乡村医生，可授予非限制使用级抗菌药物处方权。药师经培训并考核合格后，方可获得抗菌药物调剂资格。二级以上医院应当定期对医师和药师进行抗菌药物临床应用知识和规范化管理的培训。医师经本机构培训并考核合格后，方可获得相应的处方权。其他医疗机构依法享有处方权的医师、乡村医生和从事处方调剂工作的药师，由县级以上地方卫生行政部门组织相关培训、考核。经考核合格的，授予相应的抗菌药物处方权或者抗菌药物调剂资格。

二、预防感染指证的掌握

医疗机构和医务人员应当严格掌握使用抗菌药物预防感染的指证。预防感染、治疗轻度或者局部感染应当首选非限制使用级抗菌药物；严重感染、免疫功能低下合并感染或者病原菌只对限制使用级抗菌药物敏感时，方可选用限制使用级抗菌药物。

三、特殊使用级抗菌药物的使用

严格控制特殊使用级抗菌药物使用。特殊使用级抗菌药物不得在门诊使用。临床应用特殊使用级抗菌药物应当严格掌握用药指证，经抗菌药物管理工作组指定的专业技术人员会诊同意后，由具有相应处方权医师开具处方。特殊使用级抗菌药物会诊人员由具有抗菌药物临床应用经验的感染性疾病科、呼吸科、重症医学科、微生物检验科、药学部门等具有高级专业技术职务任职资格的医师、药师或具有高级专业技术职务任职资格的抗菌药物专业临床药师担任。

四、越级使用的情形

因抢救生命垂危的患者等紧急情况，医师可以越级使用抗菌药物。越级使用抗菌药物应当详细记录用药指证，并应当于 24 小时内补办越级使用抗菌药物的必要手续。

第四节 监督管理

一、抗菌药物处方、医嘱点评

（一）卫生部监督管理职责

卫生部建立全国抗菌药物临床应用监测网和全国细菌耐药监测网，对全国抗菌药物临床应用和细菌耐药情况进行监测；根据监测情况定期公布抗菌药物临床应用控制指标，开展抗菌药物临床应用质量管理与控制工作。省级卫生行政部门应当建立本行政区域的抗菌药物临床应用监测网和细菌耐药监测网，对医疗机构抗菌药物临床应用和细菌耐药情况进行监测，开展抗菌药物临床应用质量管理与控制工作。抗菌药物临床应用和细菌耐药监测技术方案由卫生部另行制定。

（二）县级以上卫生行政部门监督管理职责

（1）县级以上卫生行政部门应当加强对本行政区域内医疗机构抗菌药物临床应用情况的监督检查。

（2）县级以上地方卫生行政部门应当建立医疗机构抗菌药物临床应用管理评估制度。

（3）县级以上地方卫生行政部门应当建立抗菌药物临床应用情况排名、公布和诫勉谈话制度。对本行政区域内医疗机构抗菌药物使用量、使用率和使用强度等情况进行排名，将排名情况向本行政区域内医疗机构公布，并报上级卫生行政部门备案；对发生重大、特大医疗质量安全事件或者存在严重医疗质量安全隐患的各级各类医疗机构的负责人进行诫勉谈话，情况严重的予以通报。

（4）县级卫生行政部门负责对辖区内乡镇卫生院、社区卫生服务中心（站）抗菌药物使用量、使用率等情况进行排名并予以公示。受县级卫生行政部门委托，乡镇卫生院负责对辖区内村卫生室抗菌药物使用量、使用率等情况进行排名并予以公示，并向县级卫生行政部门报告。

（5）卫生行政部门应当将医疗机构抗菌药物临床应用情况纳入医疗机构考核指标体系；将抗菌药物临床应用情况作为医疗机构定级、评审、评价重要指标，考核不合格的，视情况对医疗机构作出降级、降等、评价不合格处理。

（6）卫生行政部门工作人员依法对医疗机构抗菌药物临床应用情况进行监督检查时，应当出示证件，被检查医疗机构应当予以配合，提供必要的资料，不得拒绝、阻碍和隐瞒。

（三）医疗机构监督管理职责

医疗机构抗菌药物管理机构应当定期组织相关专业技术人员对抗菌药物处方、医嘱实施点评，并将点评结果作为医师定期考核、临床科室和医务人员绩效考核依据。

二、对开具抗菌药物超常处方医师的处理

医疗机构应当对出现抗菌药物超常处方 3 次以上且无正当理由的医师提出警告，限制其特殊使用级和限制使用级抗菌药物处方权。

三、取消医师抗菌药物处方权的情形

医师出现下列情形之一的，医疗机构应当取消其处方权：① 抗菌药物考核不合格的；② 限制处方权后，仍出现超常处方且无正当理由的；③ 未按照规定开具抗菌药物处方，造成严重后果的；④ 未按照规定使用抗菌药物，造成严重后果的；⑤ 开具抗菌药物处方牟取不正当利益的。

药师未按照规定审核抗菌药物处方与用药医嘱，造成严重后果的，或者发现处方不适宜、超常处方等情况未进行干预且无正当理由的，医疗机构应当取消其药物调剂资格。

医师处方权和药师药物调剂资格取消后，在六个月内不得恢复其处方权和药物调剂资格。

第五节　法律责任

一、通过开具抗菌药物牟取不正当利益的法律责任

医疗机构有下列情形之一的，由县级以上卫生行政部门责令限期改正，给予警告，并可根据情节轻重处以三万元以下罚款；对负有责任的主管人员和其他直接责任人员，可根据情节给予处分：

（1）使用未取得抗菌药物处方权的医师或者使用被取消抗菌药物处方权的医师开具抗菌药物处方的；

（2）未对抗菌药物处方、医嘱实施适宜性审核，情节严重的；

（3）非药学部门从事抗菌药物购销、调剂活动的；

（4）将抗菌药物购销、临床应用情况与个人或者科室经济利益挂钩的；

（5）在抗菌药物购销、临床应用中牟取不正当利益的。

医疗机构的负责人、药品采购人员、医师等有关人员索取、收受药品生产企业、药品经营企业或者其代理人给予的财物或者通过开具抗菌药物牟取不正当利益的，由县级以上地方卫生行政部门依据国家有关法律法规进行处理。

二、医师违反抗菌药物临床应用规定的法律责任

医师有下列情形之一的，由县级以上卫生行政部门按照《执业医师法》第三十七条的有关规定，给予警告或者责令暂停六个月以上一年以下执业活动；情节严重的，吊销其执业证书；构成犯罪的，依法追究刑事责任：

（1）未按照本办法规定开具抗菌药物处方，造成严重后果的；

（2）使用未经国家药品监督管理部门批准的抗菌药物的；

（3）使用本机构抗菌药物供应目录以外的品种、品规，造成严重后果的；

（4）违反本办法其他规定，造成严重后果的。乡村医生有前款规定情形之一的，由县级卫生行政部门按照《乡村医师从业管理条例》第三十八条有关规定处理。

本章小结

卫生部负责全国医疗机构抗菌药物临床应用的监督管理。县级以上地方卫生行政部门负责本行政区域内医疗机构抗菌药物临床应用的监督管理。《管理办法》适用于各级各类医疗机构抗菌药物临床应用管理工作。《管理办法》所称抗菌药物是指治疗细菌、支原体、衣原体、立克次体、螺旋体、真菌等病原微生物所致感染性疾病病原的药物，不包括治疗结核病、寄生虫病和各种病毒所致感染性疾病的药物以及具有抗菌作用的中药制剂。抗菌药物临床应用应当遵循安全、有效、经济的原则。抗菌药物临床应用实行分级管理。根据安全性、疗效、细菌耐药性、价格等因素，将抗菌药物分为三级：非限制使用级、限制使用级与特殊使用级。医疗机构应当建立抗菌药物遴选和定期评估制度。医疗机构应当建立抗菌药物遴选和定期评估制度。具有高级专业技术职务任职资格的医师，可授予特殊使用级抗菌药物处方权；具有中级以上专业技术职务任职资格的医师，可授予限制使用级抗菌药物处方权；具有初级专业技术职务任职资格的医师，在乡、民族乡、镇、村的医疗机构独立从事一般执业活动的执业助理医师以及乡村医生，可授予非限制使用级抗菌药物处方权。药师经培训并考核合格后，方可获得抗菌药物调剂资格。

巩固练习

简答题

（1）请问抗菌药物的药物品种指哪些？临床应用的原则是什么？

（2）抗菌药物处方权的授予的规定是什么？

（3）请问抗菌药物遴选和定期评估制度有哪些规定？

（4）请问抗菌药物临床应用异常情况的调查和处理程序是什么？

第十八章

医疗机构临床用血管理办法

【学习目标】

（1）掌握临床输血管理委员会及输血科（血库）的设立和职责。

（2）熟悉临床用血管理，包括临床用血计划、临床用血申请、签署临床输血治疗知情同意书、临时采集血液必须同时符合的条件、临床用血不良事件监测报告、临床用血医学文书管理及医务人员职责。

（3）了解医疗机构及其医务人员违反《医疗机构临床用血管理办法》的法律责任。

（4）培养临床用血责任意识，提高为患者负责的社会责任感。

第一节　医疗机构临床用血管理概述

卫生部于2012年6月7日公布了《医疗机构临床用血管理办法》（卫生部令第85号），用于规范临床用血，是对《中华人民共和国献血法》的具体执行事项的规定和细化，进一步完善我国血液管理的法规体系。医疗机构应当积极推行节约用血的新型医疗技术。三级医院、有条件的二级医院和妇幼保健院应当开展自体输血技术，建立并完善管理制度和技术规范，提高合理用血水平，保证医疗质量和安全。医疗机构应动员符合条件的患者接受自体输血技术，提高输血治疗效果和安全性。积极推行成分输血，保证医疗质量和安全。加强无偿献血知识的宣传教育工作，规范开展互助献血工作。血站负责互助献血血液的采集、检测及用血者血液调配等工作。

一、医疗机构临床用血管理组织与职责

卫生部负责全国医疗机构临床用血的监督管理。县级以上地方人民政府卫生行政部门负责本行政区域医疗机构临床用血的监督管理。

医疗机构应当加强临床用血管理，将其作为医疗质量管理的重要内容，完善组织建设，建立健全岗位责任制，制定并落实相关规章制度和技术操作规程。

（一）临床用血管理委员会的设立

卫生部成立临床用血专家委员会，其主要职责是：

（1）协助制订国家临床用血相关制度、技术规范和标准；

（2）协助指导全国临床用血管理和质量评价工作，促进提高临床合理用血水平；

（3）协助临床用血重大安全事件的调查分析，提出处理意见；

（4）承担卫生部交办的有关临床用血管理的其他任务。

卫生部建立协调机制，做好临床用血管理工作，提高临床合理用血水平，保证输血治疗质量。

各省、自治区、直辖市人民政府卫生行政部门成立省级临床用血质量控制中心，负责辖区内医疗机构临床用血管理的指导、评价和培训等工作。医疗机构应当加强组织管理，明确岗位职责，健全管理制度。医疗机构法定代表人为临床用血管理第一责任人。

二级以上医院和妇幼保健院应当设立临床用血管理委员会，负责本机构临床合理用血管理工作。主任委员由院长或者分管医疗的副院长担任，成员由医务部门、输血科、麻醉科、开展输血治疗的主要临床科室、护理部门、手术室等部门负责人组成。医务、输血部门共同负责临床合理用血日常管理工作。其他医疗机构应当设立临床用血管理工作组，并指定专（兼）职人员负责日常管理工作。

（二）临床用血管理委员会的职责

（1）认真贯彻临床用血管理相关法律、法规、规章、技术规范和标准，制订本机构临床用血管理的规章制度并监督实施；

（2）评估确定临床用血的重点科室、关键环节和流程；

（3）定期监测、分析和评估临床用血情况，开展临床用血质量评价工作，提高临床合理用血水平；

（4）分析临床用血不良事件，提出处理和改进措施；

（5）指导并推动开展自体输血等血液保护及输血新技术；

（6）承担医疗机构交办的有关临床用血的其他任务。

（三）临床用血管理委员会的监督管理

卫生部负责全国医疗机构临床用血的监督管理。县级以上地方人民政府卫生行政部门负责本行政区域医疗机构临床用血的监督管理。

二、输血科（血库）

输血科主要负责临床用血的指导和技术实施，其目的是以临床医疗的需求为中心，确保血液质量、保障输血安全，节约血液资源，满足临床用血的安全与需求，保证医院医疗工作安全有序进行。

（一）输血科及血库的设立

医疗机构应当根据有关规定和临床用血需求设置输血科或者血库，并根据自身功能、任务、规模，配备与输血工作相适应的专业技术人员、设施、设备。不具备条件设置输血科或者血库的医疗机构，应当安排专（兼）职人员负责临床用血工作。

（二）输血科及血库的主要职责

（1）建立临床用血质量管理体系，推动临床合理用血；
（2）负责制订临床用血储备计划，根据血站供血的预警信息和医院的血液库存情况协调临床用血；
（3）负责血液预订、入库、储存、发放工作；
（4）负责输血相关免疫血液学检测；
（5）参与推动自体输血等血液保护及输血新技术；
（6）参与特殊输血治疗病例的会诊，为临床合理用血提供咨询；
（7）参与临床用血不良事件的调查；
（8）根据临床治疗需要，参与开展血液治疗相关技术；
（9）承担医疗机构交办的有关临床用血的其他任务。

第二节　临床用血管理

医疗机构的临床用血管理，应建立并完善管理制度和工作规范，并保证落实。医疗机构应当使用卫生行政部门指定血站提供的血液。医疗机构科研用血由所在地省级卫生行政部门负责核准。医疗机构应当配合血站建立血液库存动态预警机制，保障临床用血需求和正常医疗秩序。省、自治区、直辖市人民政府卫生行政部门应当加强边远地区医疗机构临床用血保障工作，科学规划和建设中心血库与储血点。

一、临床用血

（一）临床用血常规管理

1. 临床用血计划

医疗机构的临床用血应当科学制订临床用血计划，建立临床合理用血的评价制度，提高临床合理用血水平。各省、自治区、直辖市人民政府卫生行政部门应当制订临床用血保障措施和应急预案，保证自然灾害、突发事件等大量伤员和特殊病例、稀缺血型等应急用血的供应和安全。

2. 血液管理

（1）医疗机构应当对血液预订、接收、入库、储存、出库及库存预警等进行管理，保证血液储存、运送符合国家有关标准和要求。

（2）医疗机构接收血站发送的血液后，应当对血袋标签进行核对。符合国家有关标准和要求的血液入库，做好登记；并按不同品种、血型和采血日期（或有效期），分别有序存放于专用储藏设施内。

血袋标签核对的主要内容是：① 血站的名称；② 献血编号或者条形码、血型；③ 血液品种；④ 采血日期及时间或者制备日期及时间；⑤ 有效期及时间；⑥ 储存条件。禁止将血袋标签不合格的血液入库。

（3）医疗机构应当在血液发放和输血时进行核对，并指定医务人员负责血液的收领、发放工作。

（4）医疗机构的储血设施应当保证运行有效，全血、红细胞的储藏温度应当控制在 2～6 °C，血小板的储藏温度应当控制在 20～24 °C。储血保管人员应当做好血液储藏温度的 24 小时监测记录。储血环境应当符合卫生标准和要求。

（二）临床用血申请

医疗机构应当加强临床用血管理，建立并完善管理制度和工作规范，并保证落实。医疗机构应当使用卫生行政部门指定血站提供的血液。医疗机构科研用血由所在地省级卫生行政部门负责核准。医疗机构应当配合血站建立血液库存动态预警机制，保障临床用血需求和正常医疗秩序。医疗机构应当科学制订临床用血计划，建立临床合理用血的评价制度，提高临床合理用血水平。医疗机构应当对血液预订、接收、入库、储存、出库及库存预警等进行管理，保证血液储存、运送符合国家有关标准和要求。医疗机构接收血站发送的血液后，应当对血袋标签进行核对。符合国家有关标准和要求的血液入库，做好登记；并按不同品种、血型和采血日期（或有效期），分别有序存放于专用储藏设施内。血袋标签核对的主要内容是：① 血站的名称；② 献血编号或者条形码、血型；③ 血液品种；④ 采血日期及时间或者制备日期及时间；⑤ 有效期及时间；⑥ 储存条件。禁止将血袋标签不合格的血液入库。医疗机构应当在血液发放和输血时进行核对，并指定医务人员负责血液的收领、发放工作。

医疗机构的储血设施应当保证运行有效，全血、红细胞的储藏温度应当控制在 2～6 °C，血小板的储藏温度应当控制在 20～24 °C。储血保管人员应当做好血液储藏温度的 24 小时监测记录。储血环境应当符合卫生标准和要求。医务人员应当认真执行临床输血技术规范，严格掌握临床输血适应证，根据患者病情和实验室检测指标，对输血指证进行综合评估，制订输血治疗方案。

1. 医疗机构应建立临床用血申请管理制度

（1）同一患者一天申请备血量少于 800 毫升的，由具有中级以上专业技术职务任职资格的医师提出申请，上级医师核准签发后，方可备血。

（2）同一患者一天申请备血量在 800 毫升至 1 600 毫升的，由具有中级以上专业技术职务任职资格的医师提出申请，经上级医师审核，科室主任核准签发后，方可备血。

（3）同一患者一天申请备血量达到或超过 1 600 毫升的，由具有中级以上专业技术职务任职资格的医师提出申请，科室主任核准签发后，报医务部门批准，方可备血。

2. 急救用血

因抢救生命垂危的患者需要紧急输血，且不能取得患者或者其近亲属意见的，经医疗机构负责人或者授权的负责人批准后，可以立即实施输血治疗。

医疗机构应当积极推行节约用血的新型医疗技术。三级医院、有条件的二级医院和妇幼保健院应当开展自体输血技术，建立并完善管理制度和技术规范，提高合理用血水平，保证医疗质量和安全。医疗机构应当动员符合条件的患者接受自体输血技术，提高输血治疗效果和安全性。医疗机构应当积极推行成分输血，保证医疗质量和安全。医疗机构应当加强无偿献血知识的宣传教育工作，规范开展互助献血工作。血站负责互助献血血液的采集、检测及用血者血液调配等工作。

（三）医务人员职责

医务人员应当认真执行临床输血技术规范，严格掌握临床输血适应证，根据患者病情和实验室检测指标，对输血指证进行综合评估，制订输血治疗方案。

医疗机构应当建立培训制度，加强对医务人员临床用血和无偿献血知识的培训，将临床用血相关知识培训纳入继续教育内容。新上岗医务人员应当接受岗前临床用血相关知识培训及考核。

医疗机构应当建立科室和医师临床用血评价及公示制度。将临床用血情况纳入科室和医务人员工作考核指标体系。

（四）临床输血治疗知情同意书

在输血治疗前，医师应当向患者或者其近亲属说明输血目的、方式和风险，并签署临床输血治疗知情同意书。

（五）临时采集血液

1. 应急用血工作预案

为保证应急用血，医疗机构应制订应急用血工作预案。

2. 临时采集血液的条件

医疗机构可以临时采集血液，并在临时采集血液后 10 日内将情况报告县级以上人民政府卫生行政部门，但必须同时符合以下条件：

（1）危及患者生命，急需输血；

（2）所在地血站无法及时提供血液，且无法及时从其他医疗机构调剂血液，而其他医疗措施不能替代输血治疗；

（3）具备开展交叉配血及乙型肝炎病毒表面抗原、丙型肝炎病毒抗体、艾滋病病毒抗体和梅毒螺旋体抗体的检测能力；

（4）遵守采供血相关操作规程和技术标准。

二、临床用血不良事件监测报告

医疗机构应当根据国家有关法律法规和规范建立临床用血不良事件监测报告制度。临床发现输血不良反应后，应当积极救治患者，及时向有关部门报告，并做好观察和记录。

各省、自治区、直辖市人民政府卫生行政部门应当制订临床用血保障措施和应急预案，保证自然灾害、突发事件等大量伤员和特殊病例、稀缺血型等应急用血的供应和安全。因应急用血或者避免血液浪费，在保证血液安全的前提下，经省、自治区、直辖市人民政府卫生行政部门核准，医疗机构之间可以调剂血液。具体方案由省级卫生行政部门制订。

省、自治区、直辖市人民政府卫生行政部门应当加强边远地区医疗机构临床用血保障工作，科学规划和建设中心血库与储血点。医疗机构应当制订应急用血工作预案。为保证应急用血，医疗机构可以临时采集血液，但必须同时符合以下条件：① 危及患者生命，急需输血；② 所在地血站无法及时提供血液，且无法及时从其他医疗机构调剂血液，而其他医疗措施不能替代输血治疗；③ 具备开展交叉配血及乙型肝炎病毒表面抗原、丙型肝炎病毒抗体、艾滋病病毒抗体和梅毒螺旋体抗体的检测能力；④ 遵守采供血相关操作规程和技术标准。医疗机构应当在临时采集血液后 10 日内将情况报告县级以上人民政府卫生行政部门。

三、临床用血医学文书管理

医疗机构应当建立临床用血医学文书管理制度，确保临床用血信息客观真实、完整、可追溯。医师应当将患者输血适应证的评估、输血过程和输血后疗效评价情况记入病历；临床输血治疗知情同意书、输血记录单等随病历保存。

四、医疗机构应当建立培训制度

医疗机构应当建立培训制度，加强对医务人员临床用血和无偿献血知识的培训，将临床用血相关知识培训纳入继续教育内容。新上岗医务人员应当接受岗前临床用血相关知识培训及考核。

医疗机构应当建立科室和医师临床用血评价及公示制度。将临床用血情况纳入科室和医务人员工作考核指标体系。禁止将用血量和经济收入作为输血科或者血库工作的考核指标。

五、监督管理

县级以上地方人民政府卫生行政部门应当加强对本行政区域内医疗机构临床用血情况的督导检查。县级以上地方人民政府卫生行政部门应当建立医疗机构临床用血评价制度，定期对医疗机构临床用血工作进行评价。县级以上地方人民政府卫生行政部门应当建立临床合理用血情况排名、公布制度。对本行政区域内医疗机构临床用血量和不合理使用等情况进行排名，将排名情况向本行政区域内的医疗机构公布，并报上级卫生行政部门。县级以上地方人民政府卫生行政部门应当将医疗机构临床用血情况纳入医疗机构考核指标体系；将临床用血情况作为医疗机构评审、评价重要指标。

第三节　法律责任

一、医疗机构的法律责任

医疗机构违反《医疗机构临床用血管理办法》有下列情形之一的，由县级以上人民政府卫生行政部门责令限期改正；逾期不改的，进行通报批评，并予以警告；情节严重或者造成严重后果的，可处 3 万元以下的罚款，对负有责任的主管人员和其他直接责任人员依法给予处分：① 未设立临床用血管理委员会或者工作组的；② 未拟定临床用血计划或者一年内未对计划实施情况进行评估和考核的；③ 未建立血液发放和输血核对制度的；④ 未建立临床用血申请管理制度的；⑤ 未建立医务人员临床用血和无偿献血知识培训制度的；⑥ 未建立科室和医师临床用血评价及公示制度的；⑦ 将经济收入作为对输血科或者血库工作的考核指标的。

医疗机构使用未经卫生行政部门指定的血站供应的血液的，由县级以上地方人民政府卫生行政部门给予警告，并处 3 万元以下罚款；情节严重或者造成严重后果的，对负有责任的主管人员和其他直接责任人员依法给予处分。

医疗机构违反《医疗机构临床用血管理办法》关于应急用血采血规定的，由县级以上人民政府卫生行政部门责令限期改正，给予警告；情节严重或者造成严重后果的，处 3 万元以下罚款，对负有责任的主管人员和其他直接责任人员依法给予处分。

二、地方卫生行政部门的法律责任

县级以上地方卫生行政部门未按照违反《医疗机构临床用血管理办法》规定履行监管职责，造成严重后果的，对直接负责的主管人员和其他直接责任人员依法给予记大过、降级、撤职、开除等行政处分。

三、医务人员的法律责任

医疗机构及其医务人员违反《医疗机构临床用血管理办法》规定，将不符合国家规定标准的血液用于患者的，由县级以上地方人民政府卫生行政部门责令改正；给患者健康造成损害的，应当依据国家有关法律法规进行处理，并对负有责任的主管人员和其他直接责任人员依法给予处分。

医疗机构及其医务人员违反临床用血管理规定，构成犯罪的，依法追究刑事责任。

本章小结

血液资源极为宝贵和稀缺，加强保护和合理利用非常重要，医疗机构临床用血是医疗过程中的一个重要环节，其在临床治疗过程中发挥着极其重要的作用，医疗机构临床用血应制定相关规章制度和技术操作规程并将其作为医疗质量管理的重要内容，遵循合理、科学的原则，保护血液资源，保障临床用血安全和医疗质量，不浪费和滥用血液。输血医学发展正引导着临床输血工作向着更加健康、标准化、科学化的方向发展。

巩固练习

1. 多项选择题

医疗机构应当制订应急用血工作预案。为保证应急用血，医疗机构可以临时采集血液，但必须同时符合以下哪些条件？（　　）

A. 危及患者生命，急需输血。

B. 遵守采供血相关操作规程和技术标准。

C. 所在血站可以提供血液。

D. 不具备开展交叉配血及乙型肝炎病毒表面抗原等检测能力。

2. 简答题

（1）请简述临床用血管理委员会的职责。

（2）请简述输血科及血库的主要职责。

第十九章

药品管理法及其实施条例

【学习目标】

（1）掌握药品的概念与特殊性。

（2）了解现行药品管理法的特点和意义；实施条例的体例及实施条例与药品管理法的关系。

（3）熟悉药品管理法的主要内容及实施条例的主要内容。

（4）增强药品质量与管理的法律责任意识。

《中华人民共和国药品管理法》（以下简称《药品管理法》）是以药品监督管理为中心内容，深入论述药品评审与质量检验、医疗器械监督管理、药品生产经营管理、药品使用与安全监督管理、医院药学标准化管理、药品稽查管理、药品集中招投标采购管理等内容，对医药卫生事业和发展具有科学的指导意义。

《中华人民共和国药品管理法》于 1984 年 9 月 20 日第六届全国人民代表大会常务委员会第七次会议通过，自 1985 年 7 月 1 日起施行。2018 年 10 月 22 日，药品管理法修正草案提交全国人大常委会审议，草案全面加大了对生产、销售假药、劣药的处罚力度。2019 年 8 月 26 日，新修订的《中华人民共和国药品管理法》经十三届全国人大常委会第十二次会议表决通过，于 2019 年 12 月 1 日起施行。

《中华人民共和国药品管理法实施条例》（以下简称《实施条例》）是根据《中华人民共和国药品管理法》制定，由朱镕基总理于 2002 年 8 月 4 日颁布的第 360 号中华人民共和国国务院令，自 2002 年 9 月 15 日起施行。其后，该实施条例根据 2016 年 2 月 6 日国务院第 666 号令《国务院关于修改部分行政法规的决定》进行了修订。2019 年 3 月 2 日，依据《国务院关于修改部分行政法规的决定》（国务院令第 709 号）进行了最新修订的《中华人民共和国药品管理法实施条例》正式发布并实施。

第一节　概　述

一、药品的概念

《药品管理法》第一章第二条对于药品给出了明确定义。药品，是指用于预防、治疗、诊断人的疾病，有目的地调节人的生理机能并规定有适应症或者功能主治、用法和用量的物质，包括中药、化学药和生物制品等。

二、药品的特殊性

1. 药品的特殊性

（1）专属性：对症治疗，患什么病用什么药。

（2）两重性：防病治病，不良反应。

（3）质量的重要性：符合法定质量标准的合格药品才能保证疗效。

（4）限时性：先储备，药等病，不能病等药，有效期，宁报废也要储备。

2. 药品管理方式的特殊性

药品消费方式是被动消费，消费者在品种和质量方面很少有选择的余地，因此，政府必须对药品的生产、经营和使用实行特殊管理，实行许可证制度。

3. 药品经营的特殊性

不能用价格来调节其需求。

第二节　药品管理

一、禁止生产、销售假药

《药品管理法》第十章第九十八条规定：禁止生产（包括配制，下同）、销售、使用假药、劣药。有下列情形之一的，为假药：

（1）药品所含成份与国家药品标准规定的成份不符；

（2）以非药品冒充药品或者以他种药品冒充此种药品：

（3）变质的药品；

（4）药品所标明的适应症或者功能主治超出规定范围。

二、禁止生产、销售劣药

有下列情形之一的，为劣药：

（1）药品成份的含量不符合国家药品标准；

（2）被污染的药品；

（3）未标明或者更改有效期的药品；

（4）未注明或者更改产品批号的药品；

（5）超过有效期的药品；

（6）擅自添加防腐剂、辅料的药品；

（7）其他不符合药品标准的药品。

禁止未取得药品批准证明文件生产、进口药品；禁止使用未按照规定审评、审批的原料药、包装材料和容器生产药品。药品监督管理部门应当依照法律、法规的规定对药品研制、生产、经营和药品使用单位使用药品等活动进行监督检查，必要时可以对为药品研制、生产、经营、使用提供产品或者服务的单位和个人进行延伸检查，有关单位和个人应当予以配合，不得拒绝和隐瞒。

三、处方药和非处方药

（一）概　念

1. 非处方药（over the counter，OTC，国外称为柜台销售药）

依据《实施条例》的定义，非处方药是指由国务院药品监督管理部门公布的，不需要凭执业医师和执业助理医师处方，消费者可以自行判断、购买和使用的药品。虽然各国药品管理法规因国而异，但对非处方药要求极其相似、一般必须具备下列基本因素：

（1）在药品包装上有“非处方药品”的明显标识；药品说明书及包装说明内容确切，易为病人读懂和接受。

（2）药品作用确切，易被用药者亲身感知。

（3）药品作用平和，按正确方法使用，很少发生不良反应。即使连续多日使用，也不易在人体蓄积引起毒性反应。

（4）药品的适应症都是常见的轻微疾病，病症明显，容易由病人自行判断。

（5）药品性质稳定，即使在室温条件下保存二年以上也不会失效。

2. 处方药（RX）

处方药是指凭执业医师和执业助理医师处方方可购买、调配和使用的药品。由于患者无法正确了解自己的病情，患者只有就诊后医生开具处方才可获得处方药，并在医务人员指导和监控下使用。

处方药与非方药的关系不是一成不变的，非处方药来自处方药，一般情况下，如果处方药经长期临床实践证明是安全有效、使用方便、价格低廉，即使是非医疗专业人员也能使用，经国家药品监督管理部门批准即可转为非处方药。

（二）标　识

（1）非处方药专有标识是指用于已列入《国家非处方药目录》，并通过药品监督管理部门审核登记的非处方药药品标签、使用说明书、内包装、外包装的专有标识，也可用作经营非处方药药品的企业指南性标志。

（2）非处方药药品自药品监督管理部门核发“非处方药药品审核登记证书”之日起 12 个月后，其药品标签、使用说明书、内包装、外包装上必须印有处方药专有标识。未印有非处方药专有标识的非处方药药品一律不准出厂。

（3）经营非处方药药品的企业自 2000 年 1 月 1 日起可以使用非处方药专有标识，必须按照国家药品监督管理局公布的坐标比例和色标要求使用。

（4）非处方药专有标识图案分为红色和绿色，红色专有标识用于甲类非处方药药品，绿色专有标识用于乙类非处方药药品和用作指南性标识。

（三）销　售

1. 生产销售和批发销售

处方药、非处方药的生产销售、批发销售业务必须由具有“药品生产企业许可证”“药品经营企业许可证”的药品生产企业、药品批发企业按照分类管理、分类销售的原则和规定，按照合法的渠道向相应的具有合法经营资格的药品零售企业和医疗机构销售处方药药品和非方药药品，并按有关药品监督管理规定留存备查，不得以任何方式直接向病患者推荐、销售处方药药品。

2. 零　售

（1）售处方药和甲类非处方药的零售药店必须具有“药品经营企业许可证”和驻店执业药师。

（2）处方药必须凭医师处方销售、购买和使用。

（3）处方药不得采用开架自选销售、电话销售、邮寄销售等方式，暂不允许采用网上销售方式。

（4）批准允许销售乙类非处方药的普通商业企业不得销售处方药和甲类非处方药。

（四）医疗机构

医疗机构药房的条件及处方药、非处方药的采购、调配等活动参照零售店进行管理。

第三节　药品的生产与经营

一、药品生产

从事药品生产活动，应当经所在地省、自治区、直辖市人民政府药品监督管理部门批准，取得药品生产许可证。无药品生产许可证的，不得生产药品。药品生产许可证应当标明有效期和生产范围，到期重新审查发证。

《药品管理法》第四十二条规定：从事药品生产活动，应当具备以下条件：

（1）有依法经过资格认定的药学技术人员、工程技术人员及相应的技术工人；

（2）有与药品生产相适应的厂房、设施和卫生环境；

（3）有能对所生产药品进行质量管理和质量检验的机构、人员及必要的仪器设备；

（4）有保证药品质量的规章制度，并符合国务院药品监督管理部门依据本法制定的药品生产质量管理规范要求。

开办药品生产企业，申办人应当向拟办企业所在地省、自治区、直辖市人民政府药品监督管理部门提出申请。省、自治区、直辖市人民政府药品监督管理部门应当自收到申请之日起 30 个工作日内，依据《药品管理法》规定的开办条件组织验收；验收合格的，发给“药品生产许可证”。药品生产企业变更“药品生产许可证”许可事项的，应当在许可事项发生变更 30 日前，向原发证机关申请“药品生产许可证”变更登记；未经批准，不得变更许可事项。原发证机关应当自收到申请之日起 15 个工作日内作出决定。

二、药品经营

从事药品批发活动，应当经所在地省、自治区、直辖市人民政府药品监督管理部门批准，取得药品经营许可证。从事药品零售活动，应当经所在地县级以上地方人民政府药品监督管理部门批准，取得药品经营许可证。无药品经营许可证的，不得经营药品。药品经营许可证应当标明有效期和经营范围，到期重新审查发证。

《药品管理法》第五十二条规定：从事药品经营活动应当具备以下条件：

（1）有依法经过资格认定的药师或者其他药学技术人员；

（2）有与所经营药品相适应的营业场所、设备、仓储设施和卫生环境；

（3）有与所经营药品相适应的质量管理机构或者人员；

（4）有保证药品质量的规章制度，并符合国务院药品监督管理部门依据本法制定的药品经营质量管理规范要求。

开办药品批发企业，申办人应当向拟办企业所在地省、自治区、直辖市人民政府药品监督管理部门提出申请。省、自治区、直辖市人民政府药品监督管理部门应当自收到申请之日起 30 个工作日内，依据国务院药品监督管理部门规定的设置标准作出是否同意筹建的决定。申办人完成拟办企业筹建后，应当向原审批部门申请验收。原审批部门应当自收到申请之日起 30 个工作日内，依据《药品管理法》规定的开办条件组织验收；符合条件的，发给“药品经营许可证”。

开办药品零售企业，申办人应当向拟办企业所在地设区的市级药品监督管理机构或者省、自治区、直辖市人民政府药品监督管理部门直接设置的县级药品监督管理机构提出申请。受理申请的药品监督管理机构应当自收到申请之日起 30 个工作日内，依据国务院药品监督管理部门的规定，结合当地常住人口数量、地域、交通状况和实际需要进行审查，作出是否同意筹建的决定。申办人完成拟办企业筹建后，应当向原审批机构申请验收。原审批机构应当自收到申请之日起 15 个工作日内，依据《药品管理法》规定的开办条件组织验收；符合条件的，发给“药品经营许可证”。

第四节　法律责任

违反《药品管理法》规定，构成犯罪的，依法追究刑事责任。

一、生产、销售假药、劣药的法律责任

（1）未取得药品生产许可证、药品经营许可证或者医疗机构制剂许可证生产、销售药品的，责令关闭，没收违法生产、销售的药品和违法所得，并处违法生产、销售的药品（包括已售出和未售出的药品，下同）货值金额十五倍以上三十倍以下的罚款；货值金额不足十万元的，按十万元计算。

（2）生产、销售假药的，没收违法生产、销售的药品和违法所得，责令停产停业整顿，吊销药品批准证明文件，并处违法生产、销售的药品货值金额十五倍以上三十倍以下的罚款；货值金额不足十万元的，按十万元计算；情节严重的，吊销药品生产许可证、药品经营许可证或者医疗机构制剂许可证，十年内不受理其相应申请；药品上市许可持有人为境外企业的，十年内禁止其药品进口。

（3）生产、销售劣药的，没收违法生产、销售的药品和违法所得，并处违法生产、销售的药品货值金额十倍以上二十倍以下的罚款；违法生产、批发的药品货值金额不足十万元的，按十万元计算，违法零售的药品货值金额不足一万元的，按一万元计算；情节严重的，责令停产停业整顿直至吊销药品批准证明文件、药品生产许可证、药品经营许可证或者医疗机构制剂许可证。

生产、销售的中药饮片不符合药品标准，尚不影响安全性、有效性的，责令限期改正，给予警告；可以处十万元以上五十万元以下的罚款。

（4）生产、销售假药，或者生产、销售劣药且情节严重的，对法定代表人、主要负责人、直接负责的主管人员和其他责任人员，没收违法行为发生期间自本单位所获收入，并处所获收入百分之三十以上三倍以下的罚款，终身禁止从事药品生产经营活动，并可以由公安机关处五日以上十五日以下的拘留。

对生产者专门用于生产假药、劣药的原料、辅料、包装材料、生产设备予以没收。

（5）药品使用单位使用假药、劣药的，按照销售假药、零售劣药的规定处罚；情节严重的，法定代表人、主要负责人、直接负责的主管人员和其他责任人员有医疗卫生人员执业证书的，还应当吊销执业证书。

（6）知道或者应当知道属于假药、劣药或者本法第一百二十四条第一款第一项至第五项规定的药品，而为其提供储存、运输等便利条件的，没收全部储存、运输收入，并处违法收入一倍以上五倍以下的罚款；情节严重的，并处违法收入五倍以上十五倍以下的罚款；违法收入不足五万元的，按五万元计算。

（7）对假药、劣药的处罚决定，应当依法载明药品检验机构的质量检验结论。

二、违反药品生产经营、许可、试验规定的法律责任

（1）伪造、变造、出租、出借、非法买卖许可证或者药品批准证明文件的，没收违法所得，并处违法所得一倍以上五倍以下的罚款；情节严重的，并处违法所得五倍以上十五倍以下的罚款，吊销药品生产许可证、药品经营许可证、医疗机构制剂许可证或者药品批准证明文件，对法定代表人、主要负责人、直接负责的主管人员和其他责任人员，处二万元以上二十万元以下的罚款，十年内禁止从事药品生产经营活动，并可以由公安机关处五日以上十五日以下的拘留；违法所得不足十万元的，按十万元计算。

（2）提供虚假的证明、数据、资料、样品或者采取其他手段骗取临床试验许可、药品生产许可、药品经营许可、医疗机构制剂许可或者药品注册等许可的，撤销相关许可，十年内不受理其相应申请，并处五十万元以上五百万元以下的罚款；情节严重的，对法定代表人、主要负责人、直接负责的主管人员和其他责任人员，处二万元以上二十万元以下的罚款，十年内禁止从事药品生产经营活动，并可以由公安机关处五日以上十五日以下的拘留。

（3）违反《药品管理法》规定，有下列行为之一的，没收违法生产、进口、销售的药品和违法所得以及专门用于违法生产的原料、辅料、包装材料和生产设备，责令停产停业整顿，并处违法生产、进口、销售的药品货值金额十五倍以上三十倍以下的罚款；货值金额不足十万元的，按十万元计算；情节严重的，吊销药品批准证明文件直至吊销药品生产许可证、药品经营许可证或者医疗机构制剂许可证，对法定代表人、主要负责人、直接负责的主管人员和其他责任人员，没收违法行为发生期间自本单位所获收入，并处所获收入百分之三十以上三倍以下的罚款，十年直至终身禁止从事药品生产经营活动，并可以由公安机关处五日以上十五日以下的拘留：

① 未取得药品批准证明文件生产、进口药品；

② 使用采取欺骗手段取得的药品批准证明文件生产、进口药品；

③ 使用未经审评审批的原料药生产药品；

④ 应当检验而未经检验即销售药品；

⑤ 生产、销售国务院药品监督管理部门禁止使用的药品；

⑥ 编造生产、检验记录；

⑦ 未经批准在药品生产过程中进行重大变更。

销售前款第一项至第三项规定的药品，或者药品使用单位使用前款第一项至第五项规定的药品的，依照前款规定处罚；情节严重的，药品使用单位的法定代表人、主要负责人、直接负责的主管人员和其他责任人员有医疗卫生人员执业证书的，还应当吊销执业证书。

未经批准进口少量境外已合法上市的药品，情节较轻的，可以依法减轻或者免予处罚。

（4）违反《药品管理法》规定，有下列行为之一的，没收违法生产、销售的药品和违法所得以及包装材料、容器，责令停产停业整顿，并处五十万元以上五百万元以下的罚款；情节严重的，吊销药品批准证明文件、药品生产许可证、药品经营许可证，对法定代表人、主要负责人、直接负责的主管人员和其他责任人员处二万元以上二十万元以下的罚款，十年直至终身禁止从事药品生产经营活动：

① 未经批准开展药物临床试验；

② 使用未经审评的直接接触药品的包装材料或者容器生产药品，或者销售该类药品；

③ 使用未经核准的标签、说明书。

（5）除本法另有规定的情形外，药品上市许可持有人、药品生产企业、药品经营企业、药物非临床安全性评价研究机构、药物临床试验机构等未遵守药品生产质量管理规范、药品经营质量管理规范、药物非临床研究质量管理规范、药物临床试验质量管理规范等的，责令限期改正，给予警告；逾期不改正的，处十万元以上五十万元以下的罚款；情节严重的，处五十万元以上二百万元以下的罚款，责令停产停业整顿直至吊销药品批准证明文件、药品生产许可证、药品经营许可证等，药物非临床安全性评价研究机构、药物临床试验机构等五年内不得开展药物非临床安全性评价研究、药物临床试验，对法定代表人、主要负责人、直接负责的主管人员和其他责任人员，没收违法行为发生期间自本单位所获收入，并处所获收入百分之十以上百分之五十以下的罚款，十年直至终身禁止从事药品生产经营等活动。

（6）违反《药品管理法》规定，有下列行为之一的，责令限期改正，给予警告；逾期不改正的，处十万元以上五十万元以下的罚款：

① 开展生物等效性试验未备案；

② 药物临床试验期间，发现存在安全性问题或者其他风险，临床试验申办者未及时调整临床试验方案、暂停或者终止临床试验，或者未向国务院药品监督管理部门报告；

③ 未按照规定建立并实施药品追溯制度；

④ 未按照规定提交年度报告；

⑤ 未按照规定对药品生产过程中的变更进行备案或者报告；

⑥ 未制定药品上市后风险管理计划；

⑦ 未按照规定开展药品上市后研究或者上市后评价。

（7）除依法应当按照假药、劣药处罚的外，药品包装未按照规定印有、贴有标签或者附有说明书，标签、说明书未按照规定注明相关信息或者印有规定标志的，责令改正，给予警告；情节严重的，吊销药品注册证书。

（8）违反本法规定，药品上市许可持有人、药品生产企业、药品经营企业或者医疗机构未从药品上市许可持有人或者具有药品生产、经营资格的企业购进药品的，责令改正，没收违法购进的药品和违法所得，并处违法购进药品货值金额二倍以上十倍以下的罚款；情节严重的，并处货值金额十倍以上三十倍以下的罚款，吊销药品批准证明文件、药品生产许可证、药品经营许可证或者医疗机构执业许可证；货值金额不足五万元的，按五万元计算。

（9）违反本法规定，药品经营企业购销药品未按照规定进行记录，零售药品未正确说明用法、用量等事项，或者未按照规定调配处方的，责令改正，给予警告；情节严重的，吊销药品经营许可证。

（10）违反本法规定，药品网络交易第三方平台提供者未履行资质审核、报告、停止提供网络交易平台服务等义务的，责令改正，没收违法所得，并处二十万元以上二百万元以下的罚款；情节严重的，责令停业整顿，并处二百万元以上五百万元以下的罚款。

（11）进口已获得药品注册证书的药品，未按照规定向允许药品进口的口岸所在地药品监督管理部门备案的，责令限期改正，给予警告；逾期不改正的，吊销药品注册证书。

（12）违反本法规定，医疗机构将其配制的制剂在市场上销售的，责令改正，没收违法销售的制剂和违法所得，并处违法销售制剂货值金额二倍以上五倍以下的罚款；情节严重的，并处货值金额五倍以上十五倍以下的罚款；货值金额不足五万元的，按五万元计算。

（13）药品上市许可持有人未按照规定开展药品不良反应监测或者报告疑似药品不良反应的，责令限期改正，给予警告；逾期不改正的，责令停产停业整顿，并处十万元以上一百万元以下的罚款。

药品经营企业未按照规定报告疑似药品不良反应的，责令限期改正，给予警告；逾期不改正的，责令停产停业整顿，并处五万元以上五十万元以下的罚款。

医疗机构未按照规定报告疑似药品不良反应的，责令限期改正，给予警告；逾期不改正的，处五万元以上五十万元以下的罚款。

（14）药品上市许可持有人在省、自治区、直辖市人民政府药品监督管理部门责令其召回后，拒不召回的，处应召回药品货值金额五倍以上十倍以下的罚款；货值金额不足十万元的，按十万元计算；情节严重的，吊销药品批准证明文件、药品生产许可证、药品经营许可证，对法定代表人、主要负责人、直接负责的主管人员和其他责任人员，处二万元以上二十万元以下的罚款。药品生产企业、药品经营企业、医疗机构拒不配合召回的，处十万元以上五十万元以下的罚款。

（15）药品上市许可持有人为境外企业的，其指定的在中国境内的企业法人未依照本法规定履行相关义务的，适用本法有关药品上市许可持有人法律责任的规定。

（16）违反《药品管理法》和《实施条例》的规定，有下列行为之一的，由药品监督管理部门在《药品管理法》和《实施条例》规定的处罚幅度内从重处罚：

① 以麻醉药品、精神药品、医疗用毒性药品、放射性药品冒充其他药品，或者以其他药品冒充上述药品的；

② 生产、销售以孕产妇、婴幼儿及儿童为主要使用对象的假药、劣药的；

③ 生产、销售的生物制品、血液制品属于假药、劣药的；

④ 生产、销售、使用假药、劣药，造成人员伤害后果的；

⑤ 生产、销售、使用假药、劣药，经处理后重犯的；

⑥ 拒绝、逃避监督检查，或者伪造、销毁、隐匿有关证据材料的，或者擅自动用查封、扣押物品的。

（17）药品上市许可持有人、药品生产企业、药品经营企业或者医疗机构违反本法规定聘用人员的，由药品监督管理部门或者卫生健康主管部门责令解聘，处五万元以上二十万元以下的罚款。

（18）药品上市许可持有人、药品生产企业、药品经营企业或者医疗机构在药品购销中给予、收受回扣或者其他不正当利益的，药品上市许可持有人、药品生产企业、药品经营企业或者代理人给予使用其药品的医疗机构的负责人、药品采购人员、医师、药师等有关人员财物或者其他不正当利益的，由市场监督管理部门没收违法所得，并处三十万元以上三百万元以下的罚款；情节严重的，吊销药品上市许可持有人、药品生产企业、药品经营企业营业执照，并由药品监督管理部门吊销药品批准证明文件、药品生产许可证、药品经营许可证。

药品上市许可持有人、药品生产企业、药品经营企业在药品研制、生产、经营中向国家工作人员行贿的，对法定代表人、主要负责人、直接负责的主管人员和其他责任人员终身禁止从事药品生产经营活动。

（19）药品上市许可持有人、药品生产企业、药品经营企业的负责人、采购人员等有关人员在药品购销中收受其他药品上市许可持有人、药品生产企业、药品经营企业或者代理人给予的财物或者其他不正当利益的，没收违法所得，依法给予处罚；情节严重的，五年内禁止从事药品生产经营活动。

医疗机构的负责人、药品采购人员、医师、药师等有关人员收受药品上市许可持有人、药品生产企业、药品经营企业或者代理人给予的财物或者其他不正当利益的，由卫生健康主管部门或者本单位给予处分，没收违法所得；情节严重的，还应当吊销其执业证书。

（20）违反本法规定，编造、散布虚假药品安全信息，构成违反治安管理行为的，由公安机关依法给予治安管理处罚。

（21）药品上市许可持有人、药品生产企业、药品经营企业或者医疗机构违反本法规定，给用药者造成损害的，依法承担赔偿责任。

因药品质量问题受到损害的，受害人可以向药品上市许可持有人、药品生产企业请求赔偿损失，也可以向药品经营企业、医疗机构请求赔偿损失。接到受害人赔偿请求的，应当实行首负责任制，先行赔付；先行赔付后，可以依法追偿。

生产假药、劣药或者明知是假药、劣药仍然销售、使用的，受害人或者其近亲属除请求赔偿损失外，还可以请求支付价款十倍或者损失三倍的赔偿金；增加赔偿的金额不足一千元的，为一千元。

三、药品监督管理部门的法律责任

（1）药品监督管理部门或者其设置、指定的药品专业技术机构参与药品生产经营活动的，由其上级主管机关责令改正，没收违法收入；情节严重的，对直接负责的主管人员和其他直接责任人员依法给予处分。

药品监督管理部门或者其设置、指定的药品专业技术机构的工作人员参与药品生产经营活动的，依法给予处分。

（2）药品监督管理部门或者其设置、指定的药品检验机构在药品监督检验中违法收取检验费用的，由政府有关部门责令退还，对直接负责的主管人员和其他直接责任人员依法给予处分；情节严重的，撤销其检验资格。

（3）违反《药品管理法》规定，药品监督管理部门有下列行为之一的，应当撤销相关许可，对直接负责的主管人员和其他直接责任人员依法给予处分：

① 不符合条件而批准进行药物临床试验；

② 对不符合条件的药品颁发药品注册证书；

③ 对不符合条件的单位颁发药品生产许可证、药品经营许可证或者医疗机构制剂许可证。

（4）违反《药品管理法》规定，县级以上地方人民政府有下列行为之一的，对直接负责的主管人员和其他直接责任人员给予记过或者记大过处分；情节严重的，给予降级、撤职或者开除处分：

① 瞒报、谎报、缓报、漏报药品安全事件；

② 未及时消除区域性重大药品安全隐患，造成本行政区域内发生特别重大药品安全事件，或者连续发生重大药品安全事件；

③ 履行职责不力，造成严重不良影响或者重大损失。

（5）违反《药品管理法》规定，药品监督管理等部门有下列行为之一的，对直接负责的主管人员和其他直接责任人员给予记过或者记大过处分；情节较重的，给予降级或者撤职处分；情节严重的，给予开除处分：

① 瞒报、谎报、缓报、漏报药品安全事件；

② 对发现的药品安全违法行为未及时查处；

③ 未及时发现药品安全系统性风险，或者未及时消除监督管理区域内药品安全隐患，造成严重影响；

④ 其他不履行药品监督管理职责，造成严重不良影响或者重大损失。

（6）药品监督管理人员滥用职权、徇私舞弊、玩忽职守的，依法给予处分。

查处假药、劣药违法行为有失职、渎职行为的，对药品监督管理部门直接负责的主管人员和其他直接责任人员依法从重给予处分。

本章小结

药品，是指用于预防、治疗、诊断人的疾病，有目的地调节人的生理机能并规定有适应症或者功能主治、用法和用量的物质，包括中药、化学药和生物制品等。药品具有专属性、两重性、质量重要性和限时性等特点。政府必须对药品的生产、经营和使用实行特殊管理，实行许可证制度。药品的经营不能用价格来调节其需求。生产、销售假药、劣药，违反药品生产经营、许可、试验规定及其药品监督管理部门违反《中华人民共和国药品管理法》，均应承担法律责任。

巩固练习

简答题

（1）请问什么是药品？

（2）请问药品的特殊性是什么？

（3）请问什么是假药？什么是劣药？

（4）请问什么是处方药和非处方药？

第二十章

麻醉药品和精神药品管理条例

【学习目标】

（1）掌握麻醉药品和精神药品的概念、麻醉药品和精神药品的临床使用原则。

（2）熟悉麻醉药品、第一类精神药品购用印鉴卡。

（3）了解麻醉药物和精神药品处方权；麻醉药品、第一类精神药品的使用规定。

（4）培养对医学事业的敬业精神，增强保护患者身体安全健康的责任与担当。

《麻醉药品和精神药品管理条例》(以下简称《条例》)是为加强麻醉药品和精神药品的管理，保证麻醉药品和精神药品的合法、安全、合理使用，防止流入非法渠道而制定。该条例于2005年7月26日经国务院第100次常务会议通过，由国务院于2005年8月3日发布，自2005年11月1日起施行。原《麻醉药品管理办法》和《精神药品管理办法》自《条例》施行之日起废止。相对于老法规，新《条例》进行了较大改动，对麻醉药品和精神药品的管理更加严格、科学、全面，值得业内高度关注。本章通过对《条例》的关键内容作详细阐述，以期为相关部门、企业、人员能更好、更准确理解该《条例》内容，切实抓好麻醉药品和精神药品的管理工作提供一些参考。

第一节　概　述

为加强麻醉药品和精神药品的管理，保证麻醉药品和精神药品的合法、安全、合理使用，防止流入非法渠道，根据药品管理法和其他有关法律的规定，国务院制定颁布了《麻醉药品和精神药品管理条例》，该条例于2005年11月1日生效实施。该《条例》包括总则，种植、实验研究和生产，经营，使用，储存，运输，审批程序和监督管理，法律责任，附则等9章共89条。《条例》根据2013年12月7日《国务院关于修改部分行政法规的决定》进行了第一次修订；根据 2016 年 2 月 6 日《国务院关于修改部分行政法规的决定》进行了第二次修订。

一、麻醉药品和精神药品的概念

（一）麻醉药品概念

麻醉药品是指具有依赖性潜力，不合理使用或者滥用可以产生身体依赖性和精神依赖性（即成瘾性）的药品、药用原植物或物资，包括天然、半合成、合成的阿片类、可卡因类、大麻类以及国家规定管制的其他药品、药用原植物或者物资。

根据国食药监安〔2005〕481 号公布，麻醉药品有 121 种，医疗机构常用的麻醉药品品种有：吗啡、阿片、哌替啶、复方樟脑酊、芬太尼、布桂嗪、瑞芬太尼、美沙酮、舒芬太尼、氢埃托菲、可待因、乙基吗啡、罂粟壳等。

（二）精神药品概念

精神药品是指作用于中枢神经系统使之兴奋或者抑制，具有依赖性潜力，不合理使用或者滥用可以产生药物依赖性的药品或者物资，包括兴奋剂、致幻剂、镇静催眠剂等。精神药品分为第一类精神药品和第二类精神药品。

根据国食药监安〔2005〕481 号公布，第一类有精神药品 52 种，第二类精神药品有 78 种。医疗机构常用的第一类精神药品有：氯胺酮、三唑仑、哌醋甲酯（利他林）、甲喹酮（安眠酮）、丁丙诺菲等。医疗机构常用的第二类精神药品有：阿普唑仑、地西泮、硝西泮、咪达唑仑、氯硝西泮、艾司唑仑、苯巴比妥等。

《条例》所称麻醉药品和精神药品，是指列入麻醉药品目录、精神药品目录（以下称目录）的药品和其他物质。目录由国务院药品监督管理部门会同国务院公安部门、国务院卫生主管部门制定、调整并公布。上市销售但尚未列入目录的药品和其他物质或者第二类精神药品发生滥用，已经造成或者可能造成严重社会危害的，国务院药品监督管理部门会同国务院公安部门、国务院卫生主管部门应当及时将该药品和该物质列入目录或者将该第二类精神药品调整为第一类精神药品。

二、麻醉药品和精神药品的临床使用原则

（1）国家对麻醉药品药用原植物以及麻醉药品和精神药品实行管制。除本条例另有规定的外，任何单位、个人不得进行麻醉药品药用原植物的种植以及麻醉药品和精神药品的实验研究、生产、经营、使用、储存、运输等活动。

（2）药品生产企业需要以麻醉药品和第一类精神药品为原料生产普通药品的，应当向所在地省、自治区、直辖市人民政府药品监督管理部门报送年度需求计划，由省、自治区、直辖市人民政府药品监督管理部门汇总报国务院药品监督管理部门批准后，向定点生产企业购买。药品生产企业需要以第二类精神药品为原料生产普通药品的，应当将年度需求计划报所在地省、自治区、直辖市人民政府药品监督管理部门，并向定点批发企业或者定点生产企业购买。

（3）食品、食品添加剂、化妆品、油漆等非药品生产企业需要使用咖啡因作为原料的，应当经所在地省、自治区、直辖市人民政府药品监督管理部门批准，向定点批发企业或者定点生产企业购买。科学研究、教学单位需要使用麻醉药品和精神药品开展实验、教学活动的，应当经所在地省、自治区、直辖市人民政府药品监督管理部门批准，向定点批发企业或者定点生产企业购买。需要使用麻醉药品和精神药品的标准品、对照品的，应当经所在地省、自治区、直辖市人民政府药品监督管理部门批准，向国务院药品监督管理部门批准的单位购买。

（4）医疗机构需要使用麻醉药品和第一类精神药品的，应当经所在地设区的市级人民政府卫生主管部门批准，取得麻醉药品、第一类精神药品购用印鉴卡（以下称印鉴卡）。医疗机构应当凭印鉴卡向本省、自治区、直辖市行政区域内的定点批发企业购买麻醉药品和第一类精神药品。设区的市级人民政府卫生主管部门发给医疗机构印鉴卡时，应当将取得印鉴卡的医疗机构情况抄送所在地设区的市级药品监督管理部门，并报省、自治区、直辖市人民政府卫生主管部门备案。省、自治区、直辖市人民政府卫生主管部门应当将取得印鉴卡的医疗机构名单向本行政区域内的定点批发企业通报。

（5）医疗机构取得印鉴卡应当具备下列条件：

① 有专职的麻醉药品和第一类精神药品管理人员；

② 有获得麻醉药品和第一类精神药品处方资格的执业医师；

③ 有保证麻醉药品和第一类精神药品安全储存的设施和管理制度。

（6）医疗机构应当按照国务院卫生主管部门的规定，对本单位执业医师进行有关麻醉药品和精神药品使用知识的培训、考核，经考核合格的，授予麻醉药品和第一类精神药品处方资格。执业医师取得麻醉药品和第一类精神药品的处方资格后，方可在本医疗机构开具麻醉药品和第一类精神药品处方，但不得为自己开具该种处方。医疗机构应当将具有麻醉药品和第一类精神药品处方资格的执业医师名单及其变更情况，定期报送所在地设区的市级人民政府卫生主管部门，并抄送同级药品监督管理部门。医务人员应当根据国务院卫生主管部门制定的临床应用指导原则，使用麻醉药品和精神药品。

（7）具有麻醉药品和第一类精神药品处方资格的执业医师，根据临床应用指导原则，对确需使用麻醉药品或者第一类精神药品的患者，应当满足其合理用药需求。在医疗机构就诊的癌症疼痛患者和其他危重患者得不到麻醉药品或者第一类精神药品时，患者或者其亲属可以向执业医师提出申请。具有麻醉药品和第一类精神药品处方资格的执业医师认为要求合理的，应当及时为患者提供所需麻醉药品或者第一类精神药品。

（8）执业医师应当使用专用处方开具麻醉药品和精神药品，单张处方的最大用量应当符合国务院卫生主管部门的规定。对麻醉药品和第一类精神药品处方，处方的调配人、核对人应当仔细核对，签署姓名，并予以登记；对不符合本条例规定的，处方的调配人、核对人应当拒绝发药。麻醉药品和精神药品专用处方的格式由国务院卫生主管部门规定。

（9）医疗机构应当对麻醉药品和精神药品处方进行专册登记，加强管理。麻醉药品处方至少保存 3 年，精神药品处方至少保存 2 年。

（10）医疗机构抢救病人急需麻醉药品和第一类精神药品而本医疗机构无法提供时，可以从其他医疗机构或者定点批发企业紧急借用；抢救工作结束后，应当及时将借用情况报所在地设区的市级药品监督管理部门和卫生主管部门备案。

（11）对临床需要而市场无供应的麻醉药品和精神药品，持有医疗机构制剂许可证和印鉴卡的医疗机构需要配制制剂的，应当经所在地省、自治区、直辖市人民政府药品监督管理部门批准。医疗机构配制的麻醉药品和精神药品制剂只能在本医疗机构使用，不得对外销售。

（12）因治疗疾病需要，个人凭医疗机构出具的医疗诊断书、本人身份证明，可以携带单张处方最大用量以内的麻醉药品和第一类精神药品；携带麻醉药品和第一类精神药品出入境的，由海关根据自用、合理的原则放行。医务人员为了医疗需要携带少量麻醉药品和精神药品出入境的，应当持有省级以上人民政府药品监督管理部门发放的携带麻醉药品和精神药品证明。海关凭携带麻醉药品和精神药品证明放行。

（13）医疗机构、戒毒机构以开展戒毒治疗为目的，可以使用美沙酮或者国家确定的其他用于戒毒治疗的麻醉药品和精神药品。具体管理办法由国务院药品监督管理部门、国务院公安部门和国务院卫生主管部门制定。

第二节　麻醉药品和精神药品的使用

一、麻醉药品、第一类精神药品购用印鉴卡

为加强麻醉药品和第一类精神药品采购、使用管理，保证正常医疗需求，防止麻醉药品和第一类精神药品流入非法渠道，根据《条例》制定麻醉药品、第一类精神药品购用印鉴卡管理规定。

（1）药品生产企业需要以麻醉药品和第一类精神药品为原料生产普通药品的，应当向所在地省、自治区、直辖市人民政府药品监督管理部门报送年度需求计划，由省、自治区、直辖市人民政府药品监督管理部门汇总报国务院药品监督管理部门批准后，向定点生产企业购买。药品生产企业需要以第二类精神药品为原料生产普通药品的，应当将年度需求计划报所在地省、自治区、直辖市人民政府药品监督管理部门，并向定点批发企业或者定点生产企业购买。

（2）食品、食品添加剂、化妆品、油漆等非药品生产企业需要使用咖啡因作为原料的，应当经所在地省、自治区、直辖市人民政府药品监督管理部门批准，向定点批发企业或者定点生产企业购买。科学研究、教学单位需要使用麻醉药品和精神药品开展实验、教学活动的，应当经所在地省、自治区、直辖市人民政府药品监督管理部门批准，向定点批发企业或者定点生产企业购买。需要使用麻醉药品和精神药品的标准品、对照品的，应当经所在地省、自治区、直辖市人民政府药品监督管理部门批准，向国务院药品监督管理部门批准的单位购买。

（3）医疗机构需要使用麻醉药品和第一类精神药品的，应当经所在地设区的市级人民政府卫生主管部门批准，取得麻醉药品、第一类精神药品购用印鉴卡（以下称印鉴卡）。医疗机构应当凭印鉴卡向本省、自治区、直辖市行政区域内的定点批发企业购买麻醉药品和第一类精神药品。设区的市级人民政府卫生主管部门发给医疗机构印鉴卡时，应当将取得印鉴卡的医疗机构情况抄送所在地设区的市级药品监督管理部门，并报省、自治区、直辖市人民政府

卫生主管部门备案。省、自治区、直辖市人民政府卫生主管部门应当将取得印鉴卡的医疗机构名单向本行政区域内的定点批发企业通报。

（4）医疗机构取得印鉴卡应当具备下列条件：

① 有专职的麻醉药品和第一类精神药品管理人员；

② 有获得麻醉药品和第一类精神药品处方资格的执业医师；

③ 有保证麻醉药品和第一类精神药品安全储存的设施和管理制度。

二、麻醉药物和精神药品处方权

为加强麻醉药品、精神药品处方开具、使用、保存管理，保证正常医疗需要，防止流入非法渠道，根据《麻醉药品和精神药品管理条例》和《处方管理办法（试行）》，麻醉药物和精神药品处方权管理规定。目的是为了规范处方开具、调剂、使用和保存管理，提高处方质量、规范与发挥医师药师在促进合理用药中的专业作用、促进安全、有效、经济、适当用药、保障病人用药安全。

（1）医疗机构应当按照国务院卫生主管部门的规定，对本单位执业医师进行有关麻醉药品和精神药品使用知识的培训、考核，经考核合格的，授予麻醉药品和第一类精神药品处方资格。执业医师取得麻醉药品和第一类精神药品的处方资格后，方可在本医疗机构开具麻醉药品和第一类精神药品处方，但不得为自己开具该种处方。医疗机构应当将具有麻醉药品和第一类精神药品处方资格的执业医师名单及其变更情况，定期报送所在地设区的市级人民政府卫生主管部门，并抄送同级药品监督管理部门。医务人员应当根据国务院卫生主管部门制定的临床应用指导原则，使用麻醉药品和精神药品。

（2）具有麻醉药品和第一类精神药品处方资格的执业医师，根据临床应用指导原则，对确需使用麻醉药品或者第一类精神药品的患者，应当满足其合理用药需求。在医疗机构就诊的癌症疼痛患者和其他危重患者得不到麻醉药品或者第一类精神药品时，患者或者其亲属可以向执业医师提出申请。具有麻醉药品和第一类精神药品处方资格的执业医师认为要求合理的，应当及时为患者提供所需麻醉药品或者第一类精神药品。

（3）执业医师应当使用专用处方开具麻醉药品和精神药品，单张处方的最大用量应当符合国务院卫生主管部门的规定。对麻醉药品和第一类精神药品处方，处方的调配人、核对人应当仔细核对，签署姓名，并予以登记；对不符合本条例规定的，处方的调配人、核对人应当拒绝发药。麻醉药品和精神药品专用处方的格式由国务院卫生主管部门规定。

处方是由注册的执业医师和执业助理医师（以下简称“医师”）在诊疗活动中为患者开具的、由药学专业技术人员审核、调配、核对，并作为发药凭证的医疗用药的医疗文书。经注册的执业医师在执业地点取得相应的处方权。经注册的执业助理医师开具的处方须经所在执业地点执业医师签字或加盖专用签章后方有效。医师应当根据医疗、预防、保健需要，按照诊疗规范、药品说明书中的药品适应证、药理作用、用法、用量、禁忌、不良反应和注意事项等开具处方。开具麻醉药品、精神药品、医疗用毒性药品、放射性药品的处方须严格遵守有关法律、法规和规章的规定。

三、麻醉药品、第一类精神药品的使用

（1）医疗机构应当按照国务院卫生主管部门的规定，对本单位执业医师进行有关麻醉药品和精神药品使用知识的培训、考核，经考核合格的，授予麻醉药品和第一类精神药品处方资格。执业医师取得麻醉药品和第一类精神药品的处方资格后，方可在本医疗机构开具麻醉药品和第一类精神药品处方，但不得为自己开具该种处方。

医疗机构应当将具有麻醉药品和第一类精神药品处方资格的执业医师名单及其变更情况，定期报送所在地设区的市级人民政府卫生主管部门，并抄送同级药品监督管理部门。医务人员应当根据国务院卫生主管部门制定的临床应用指导原则，使用麻醉药品和精神药品。

（2）具有麻醉药品和第一类精神药品处方资格的执业医师，根据临床应用指导原则，对确需使用麻醉药品或者第一类精神药品的患者，应当满足其合理用药需求。在医疗机构就诊的癌症疼痛患者和其他危重患者得不到麻醉药品或者第一类精神药品时，患者或者其亲属可以向执业医师提出申请。具有麻醉药品和第一类精神药品处方资格的执业医师认为要求合理的，应当及时为患者提供所需麻醉药品或者第一类精神药品。

（3）执业医师应当使用专用处方开具麻醉药品和精神药品，单张处方的最大用量应当符合国务院卫生主管部门的规定。对麻醉药品和第一类精神药品处方，处方的调配人、核对人应当仔细核对，签署姓名，并予以登记；对不符合本条例规定的，处方的调配人、核对人应当拒绝发药。

麻醉药品和精神药品专用处方的格式由国务院卫生主管部门规定。

（4）医疗机构应当对麻醉药品和精神药品处方进行专册登记，加强管理。麻醉药品处方至少保存 3 年，精神药品处方至少保存 2 年。

（5）医疗机构抢救病人急需麻醉药品和第一类精神药品而本医疗机构无法提供时，可以从其他医疗机构或者定点批发企业紧急借用；抢救工作结束后，应当及时将借用情况报所在地设区的市级药品监督管理部门和卫生主管部门备案。

（6）对临床需要而市场无供应的麻醉药品和精神药品，持有医疗机构制剂许可证和印鉴卡的医疗机构需要配制制剂的，应当经所在地省、自治区、直辖市人民政府药品监督管理部门批准。医疗机构配制的麻醉药品和精神药品制剂只能在本医疗机构使用，不得对外销售。

（7）因治疗疾病需要，个人凭医疗机构出具的医疗诊断书、本人身份证明，可以携带单张处方最大用量以内的麻醉药品和第一类精神药品；携带麻醉药品和第一类精神药品出入境的，由海关根据自用、合理的原则放行。

医务人员为了医疗需要携带少量麻醉药品和精神药品出入境的，应当持有省级以上人民政府药品监督管理部门发放的携带麻醉药品和精神药品证明。海关凭携带麻醉药品和精神药品证明放行。

（8）医疗机构、戒毒机构以开展戒毒治疗为目的，可以使用美沙酮或者国家确定的其他用于戒毒治疗的麻醉药品和精神药品。具体管理办法由国务院药品监督管理部门、国务院公安部门和国务院卫生主管部门制定。

使用时需注意以下事项：

① 首次开具麻醉药品、第一类精神药品处方时，要注意亲自诊查患者、为其建立相应的病历、留存患者身份证明复印件、要求其签署“知情同意书”、病历由医疗机构保管。

② 麻醉药品注射剂仅限于医疗机构内使用,或者由医疗机构派医务人员出诊至患者家中使用。医疗机构应当要求使用麻醉药品非注射剂型和第一类精神药品的患者每 4 个月复诊或者随诊一次。

③ 麻醉药品非注射剂型和第一类精神药品需要带出医疗机构外使用时,具有处方权的医师在患者或者其代办人出示下列材料后方可开具麻醉药品、第一类精神药品处方：二级以上医院开具的诊断证明、患者户籍簿、身份证或者其他相关身份证明、代办人员身份证明、医疗机构应当在患者门诊病历中留存代办人员身份证明复印件。

第三节　法律责任

一、医疗机构的法律责任

（一）药品监督管理部门和卫生主管部门

药品监督管理部门、卫生主管部门违反本条例的规定，有下列情形之一的，由其上级行政机关或者监察机关责令改正；情节严重的，对直接负责的主管人员和其他直接责任人员依法给予行政处分；构成犯罪的，依法追究刑事责任：

（1）对不符合条件的申请人准予行政许可或者超越法定职权作出准予行政许可决定的；

（2）未到场监督销毁过期、损坏的麻醉药品和精神药品的；

（3）未依法履行监督检查职责，应当发现而未发现违法行为、发现违法行为不及时查处，或者未依照本条例规定的程序实施监督检查的；

（4）违反本条例规定的其他失职、渎职行为。

（二）取得印鉴卡的医疗机构

取得印鉴卡的医疗机构违反本条例的规定，有下列情形之一的，由设区的市级人民政府卫生主管部门责令限期改正，给予警告；逾期不改正的，处 5000 元以上 1 万元以下的罚款；情节严重的，吊销其印鉴卡；对直接负责的主管人员和其他直接责任人员，依法给予降级、撤职、开除的处分：

（1）未依照规定购买、储存麻醉药品和第一类精神药品的；

（2）未依照规定保存麻醉药品和精神药品专用处方，或者未依照规定进行处方专册登记的；

（3）未依照规定报告麻醉药品和精神药品的进货、库存、使用数量的；

（4）紧急借用麻醉药品和第一类精神药品后未备案的；

（5）未依照规定销毁麻醉药品和精神药品的。

（三）医疗机构其他应承担的法律责任

（1）提供虚假材料、隐瞒有关情况，或者采取其他欺骗手段取得麻醉药品和精神药品的实验研究、生产、经营、使用资格的，由原审批部门撤销其已取得的资格，5 年内不得提出有关麻醉药品和精神药品的申请；情节严重的，处 1 万元以上 3 万元以下的罚款，有药品生产许可证、药品经营许可证、医疗机构执业许可证的，依法吊销其许可证明文件。

（2）药物临床试验机构以健康人为麻醉药品和第一类精神药品临床试验的受试对象的，由药品监督管理部门责令停止违法行为，给予警告；情节严重的，取消其药物临床试验机构的资格；构成犯罪的，依法追究刑事责任。对受试对象造成损害的，药物临床试验机构依法承担治疗和赔偿责任。

（3）发生麻醉药品和精神药品被盗、被抢、丢失案件的单位，违反本条例的规定未采取必要的控制措施或者未依照本条例的规定报告的，由药品监督管理部门和卫生主管部门依照各自职责，责令改正，给予警告；情节严重的，处 5 000 元以上 1 万元以下的罚款；有上级主管部门的，由其上级主管部门对直接负责的主管人员和其他直接责任人员，依法给予降级、撤职的处分。

（4）违反本条例的规定，致使麻醉药品和精神药品流入非法渠道造成危害，构成犯罪的，依法追究刑事责任；尚不构成犯罪的，由县级以上公安机关处 5 万元以上 10 万元以下的罚款；有违法所得的，没收违法所得；情节严重的，处违法所得 2 倍以上 5 倍以下的罚款；由原发证部门吊销其药品生产、经营和使用许可证明文件。药品监督管理部门、卫生主管部门在监督管理工作中发现前款规定情形的，应当立即通报所在地同级公安机关，并依照国家有关规定，将案件以及相关材料移送公安机关。

二、具有麻醉药品和第一类精神药品处方资格医师的法律责任

具有麻醉药品和第一类精神药品处方资格的执业医师，违反本条例的规定开具麻醉药品和第一类精神药品处方，或者未按照临床应用指导原则的要求使用麻醉药品和第一类精神药品的，由其所在医疗机构取消其麻醉药品和第一类精神药品处方资格；造成严重后果的，由原发证部门吊销其执业证书。执业医师未按照临床应用指导原则的要求使用第二类精神药品或者未使用专用处方开具第二类精神药品，造成严重后果的，由原发证部门吊销其执业证书。

三、未取得麻醉药品和第一类精神药品处方资格医师的法律责任

未取得麻醉药品和第一类精神药品处方资格的执业医师擅自开具麻醉药品和第一类精神药品处方，由县级以上人民政府卫生主管部门给予警告，暂停其执业活动；造成严重后果的，吊销其执业证书；构成犯罪的，依法追究刑事责任。

处方的调配人、核对人违反本条例的规定未对麻醉药品和第一类精神药品处方进行核对，造成严重后果的，由原发证部门吊销其执业证书。

第四节　附　　则

（1）本条例所称实验研究是指以医疗、科学研究或者教学为目的的临床前药物研究。

经批准可以开展与计划生育有关的临床医疗服务的计划生育技术服务机构需要使用麻醉

药品和精神药品的，依照本条例有关医疗机构使用麻醉药品和精神药品的规定执行。

（2）麻醉药品目录中的罂粟壳只能用于中药饮片和中成药的生产以及医疗配方使用。具体管理办法由国务院药品监督管理部门另行规定。

（3）生产含麻醉药品的复方制剂，需要购进、储存、使用麻醉药品原料药的，应当遵守本条例有关麻醉药品管理的规定。

（4）军队医疗机构麻醉药品和精神药品的供应、使用，由国务院药品监督管理部门会同中国人民解放军总后勤部依据本条例制定具体管理办法。

（5）对动物用麻醉药品和精神药品的管理，由国务院兽医主管部门会同国务院药品监督管理部门依据本条例制定具体管理办法。

（6）本条例自 2005 年 11 月 1 日起施行。1987 年 11 月 28 日国务院发布的《麻醉药品管理办法》和 1988 年 12 月 27 日国务院发布的《精神药品管理办法》同时废止。

本章小结

加强麻醉药品和精神药品管理，保证麻醉药品和精神药品的合法、安全、合理使用，防止流入非法渠道。

（1）定点生产经营统一零售价格。国家对麻醉药品和精神药品实行定点生产、定点经营制度。对麻醉药品药用原植物的种植和麻醉药品、精神药品的生产实行总量控制。同时明确，对麻醉药品和精神药品实行政府定价，在制定出厂和批发价格的基础上，逐步实行全国统一零售价格。

（2）限定销售渠道减少流通层次。严格限定麻醉药品和精神药品的销售渠道，在严格规范购销渠道的基础上，减少麻醉药品和第一类精神药品的流通层次。

（3）专用处方制度流向实时监控。取得购用印鉴卡的医疗机构中只有经考核合格、取得专门处方资格的执业医师才能开具麻醉药品和第一类精神药品处方；执业医师应当使用专用处方开具麻醉药品和精神药品。麻醉药品处方保存 3 年，第一类精神药品处方保存 2 年。

对麻醉药品、精神药品从种植到使用各环节中出现药品流入非法渠道，构成犯罪的，依法追究刑事责任；尚不构成犯罪的，由公安部门依法查处。

巩固练习

选择题（每题有 1 ~ 4 个正确答案）

（1）根据《麻醉药品和精神药品管理条例》下列说法正确的是（　　）。

A. 第二类精神药品零售企业应当凭执业医师出具的处方，按规定剂量销售第二类精神药品，并将处方保存 2 年备查

B. 禁止超剂量或者无处方销售第二类精神药品；不得向未成年人销售第二类精神药品

C. 具有麻醉药品和第一类精神药品处方资格的执业医师，根据临床应用指导原则，对确需使用麻醉药品或者第一类精神药品的患者，应当满足其合理用药需求

D. 在医疗机构就诊的癌症疼痛患者和其他危重患者得不到麻醉药品或者第一类精神药品时，患者或者其亲属可以向执业医师提出申请。具有麻醉药品和第一类精神药品处方资格的执业医师认为要求合理的，应当及时为患者提供所需麻醉药品或者第一类精神药品

（2）下列关于麻醉药品的执处方开具说法正确的有（　　）。

A. 执业医师应当使用专用处方开具麻醉药品和精神药品，单张处方的最大用量应当符合国务院卫生主管部门的规定

B. 在医疗机构就诊的癌症疼痛患者和其他危重患者得不到麻醉药品或者第一类精神药品时，患者或者其亲属可以向执业医师提出申请。具有麻醉药品和第一类精神药品处方资格的执业医师认为要求合理的，应当及时为患者提供所需麻醉药品或者第一类精神药品

C. 麻醉药品和精神药品专用处方的格式由医院药剂科规定

D. 对麻醉药品和第一类精神药品处方，处方的调配人、核对人应当仔细核对，签署姓名，并予以登记；对不符合本条例规定的，处方的调配人、核对人应当拒绝发药

（3）对于《麻醉药品和精神药品管理条例》中医疗机构应当对麻醉药品和精神药品处方进行专册登记，加强管理。处方的保存期限说法正确的是（　　）。

A. 麻醉药品处方至少保存 3 年，精神药品处方至少保存 2 年

B. 麻醉药品处方至少保存 10 年，精神药品处方至少保存 20 年

C. 麻醉药品和精神药品处方处方永久保存

D. 以上说法都不正确

（4）《麻醉药品和精神药品管理条例》中　医疗机构抢救病人急需麻醉药品和第一类精神药品而本医疗机构无法提供时（　　）。

A. 不可以从任何单位借用

B. 可以从其他医疗机构或者定点批发企业紧急借用

C. 不可以从其他医疗机构或者定点批发企业紧急借用

D. 以上说法都不正确

（5）根据《麻醉药品和精神药品管理条例》说法正确的是（　　）。

A. 因治疗疾病需要，个人凭医疗机构出具的医疗诊断书、本人身份证明，可以携带单张处方最大用量以内的麻醉药品和第一类精神药品

B. 未取得麻醉药品和第一类精神药品处方资格的执业医师擅自开具麻醉药品和第一类精神药品处方，由县级以上人民政府卫生主管部门给予警告，暂停其执业活动；造成严重后果的，吊销其执业证书；构成犯罪的，依法追究刑事责任

C. 具有麻醉药品和第一类精神药品处方资格的执业医师，违反本条例的规定开具麻醉药品和第一类精神药品处方，或者未按照临床应用指导原则的要求使用麻醉药品和第一类精神药品的，由其所在医疗机构取消其麻醉药品和第一类精神药品处方资格；造成严重后果的，由原发证部门吊销其执业证书

D. 执业医师未按照临床应用指导原则的要求使用第二类精神药品或者未使用专用处方开具第二类精神药品，造成严重后果的，由原发证部门吊销其执业证书

（6）《麻醉药品、第一类精神药品购用印鉴卡》有效期为（　　）。

A. 一年　　B. 两年

C. 三年　　D. 半年

（7）医疗机构销毁麻醉药品、第一类精神药品，应在哪个部门监督下进行？（　　）

A. 所在地药品监督管理部门　　B. 医疗机构领导和药剂科负责人

C. 所在地卫生行政管理部门　　D. 所在地公安部门

（8）根据《麻醉药品和精神药品管理条例》规定，医务人员为了医疗需要携带少量麻醉药品和精神药品出入境的，应当持有哪级以上药品监督管理部门发放的携带药品证明？（　　）

A. 国家级　　B. 省级

C. 市级　　D. 区级或县级

（9）以下哪种药不是同一类镇痛药？（　　）

A. 可待因　　B. 吗啡

C. 芬太尼　　D. 布洛芬

（10）医疗机构需要使用麻醉药品和第一类精神药品的，应当经哪级人民政府卫生主管部门批准，取得《麻醉药品、第一类精神药品购用印鉴卡》？（　　）

A. 国家级　　B. 省级

C. 设区的市级　　D. 区级或县级

（11）按照国家药监局、公安部和卫生部公布的《麻醉药品和精神药品品种目录（2007年版）》，下列哪种药品属第一类精神药品？（　　）

A. 三唑仑　　B. 地西泮

C. 巴比妥　　D. 艾司唑仑

（12）医疗机构在麻醉、精神药品发现如下哪种情况，不需立即报告所在地卫生主管部门、公安部门和药品监督管理部门？（　　）

A. 运输被抢　　B. 验收时破损

C. 保管被盗　　D. 骗取或冒领

（13）《医疗机构麻醉药品、第一类精神药品管理规定》中规定：医疗机构根据需要设置麻醉、第一类精神药品周转库，周转库应（　　）。

A. 每天结算　　B. 每周结算

C. 每月结算　　D. 每季度结算

（14）以下哪种情况，其开具的处方经执业地点的执业医师签字后可以生效？（　　）

A. 药学专业技术人员　　B. 被责令离岗培训的医师

C. 注册执业助理医师　　D. 被责令暂停执业的医师

第二十一章

药品不良反应报告和监测管理办法

【学习目标】

（1）掌握药品不良反应、严重药品不良反应、新的药品不良反应概念。
（2）熟悉药品不良反应报告和监测过程、药品不良反应报告和监测程序。
（3）了解药品不良反应的报告的程序及应承担的法律责任。
（4）培养学生对药品不良反应报告和监测管理的责任意识，增强社会责任感。

第一节　概　述

为加强药品上市后的监管，规范药品不良反应报告和监测，及时、有效控制药品风险，保障公众用药安全，依据《中华人民共和国药品管理法》等有关法律法规，2010 年 12 月 13 日卫生部部务会议审议通过了《药品不良反应报告和监测管理办法》，该办法自 2011 年 7 月 1 日起施行。那到底什么是药品不良反应？怎样做好监测管理呢？首先，我们需要了解以下几个概念：

1. 药品不良反应

药品不良反应，是指合格药品在正常用法用量下出现的与用药目的无关的有害反应。

2. 药品不良反应报告和监测

药品不良反应报告和监测是指药品不良反应的发现、报告、评价和控制的过程。

3. 严重药品不良反应

严重药品不良反应，是指因使用药品引起以下损害情形之一的反应：① 导致死亡；② 危及生命；③ 致癌、致畸、致出生缺陷；④ 导致显著的或者永久的人体伤残或者器官功能的损伤；⑤ 导致住院或者住院时间延长；⑥ 导致其他重要医学事件，如不进行治疗可能出现上述所列情况的。

4. 新的药品不良反应

新的药品不良反应，是指药品说明书中未载明的不良反应。说明书中已有描述，但不良反应发生的性质、程度、后果或者频率与说明书描述不一致或者更严重的，按照新的药品不良反应处理。

5. 药品群体不良事件

药品群体不良事件，是指同一药品在使用过程中，在相对集中的时间、区域内，对一定数量人群的身体健康或者生命安全造成损害或者威胁，需要予以紧急处置的事件。

6. 同一药品

同一药品，是指同一生产企业生产的同一药品名称、同一剂型、同一规格的药品。

7. 药品重点监测

药品重点监测，是指为进一步了解药品的临床使用和不良反应发生情况，研究不良反应的发生特征、严重程度、发生率等，开展的药品安全性监测活动。

第二节 报告与处置

在药品不良反应的监测管理中，国家食品药品监督管理局主管全国药品不良反应报告和监测工作，地方各级药品监督管理部门主管本行政区域内的药品不良反应报告和监测工作。各级卫生行政部门负责本行政区域内医疗机构与实施药品不良反应报告制度有关的管理工作。地方各级药品监督管理部门应当建立健全药品不良反应监测机构，负责本行政区域内药品不良反应报告和监测的技术工作。

一、药品不良反应报告和监测的管理工作

（一）国家食品药品监督管理局

国家食品药品监督管理局负责全国药品不良反应报告和监测的管理工作，并履行以下主要职责：

（1）与卫生部共同制定药品不良反应报告和监测的管理规定和政策，并监督实施；

（2）与卫生部联合组织开展全国范围内影响较大并造成严重后果的药品群体不良事件的调查和处理，并发布相关信息；

（3）对已确认发生严重药品不良反应或者药品群体不良事件的药品依法采取紧急控制措施，作出行政处理决定，并向社会公布；

（4）通报全国药品不良反应报告和监测情况；

（5）组织检查药品生产、经营企业的药品不良反应报告和监测工作的开展情况，并与卫生部联合组织检查医疗机构的药品不良反应报告和监测工作的开展情况。

（二）省、自治区、直辖市药品监督管理部门

省、自治区、直辖市药品监督管理部门负责本行政区域内药品不良反应报告和监测的管理工作，并履行以下主要职责：

（1）根据本办法与同级卫生行政部门共同制定本行政区域内药品不良反应报告和监测的管理规定，并监督实施；

（2）与同级卫生行政部门联合组织开展本行政区域内发生的影响较大的药品群体不良事件的调查和处理，并发布相关信息；

（3）对已确认发生严重药品不良反应或者药品群体不良事件的药品依法采取紧急控制措施，作出行政处理决定，并向社会公布；

（4）通报本行政区域内药品不良反应报告和监测情况；

（5）组织检查本行政区域内药品生产、经营企业的药品不良反应报告和监测工作的开展情况，并与同级卫生行政部门联合组织检查本行政区域内医疗机构的药品不良反应报告和监测工作的开展情况；

（6）组织开展本行政区域内药品不良反应报告和监测的宣传、培训工作。

（三）设区的市级、县级药品监督管理部门

设区的市级、县级药品监督管理部门负责本行政区域内药品不良反应报告和监测的管理工作；与同级卫生行政部门联合组织开展本行政区域内发生的药品群体不良事件的调查，并采取必要控制措施；组织开展本行政区域内药品不良反应报告和监测的宣传、培训工作。县级以上卫生行政部门应当加强对医疗机构临床用药的监督管理，在职责范围内依法对已确认的严重药品不良反应或者药品群体不良事件采取相关的紧急控制措施。

二、药品不良反应报告和监测的技术工作

（一）国家药品不良反应监测中心

国家药品不良反应监测中心负责全国药品不良反应报告和监测的技术工作，并履行以下主要职责：

（1）承担国家药品不良反应报告和监测资料的收集、评价、反馈和上报，以及全国药品不良反应监测信息网络的建设和维护；

（2）制定药品不良反应报告和监测的技术标准和规范，对地方各级药品不良反应监测机构进行技术指导；

（3）组织开展严重药品不良反应的调查和评价，协助有关部门开展药品群体不良事件的调查；

（4）发布药品不良反应警示信息；

（5）承担药品不良反应报告和监测的宣传、培训、研究和国际交流工作。

（二）省级药品不良反应监测机构

省级药品不良反应监测机构负责本行政区域内的药品不良反应报告和监测的技术工作，并履行以下主要职责：

（1）承担本行政区域内药品不良反应报告和监测资料的收集、评价、反馈和上报，以及药品不良反应监测信息网络的维护和管理；

（2）对设区的市级、县级药品不良反应监测机构进行技术指导；

（3）组织开展本行政区域内严重药品不良反应的调查和评价，协助有关部门开展药品群体不良事件的调查；

（4）组织开展本行政区域内药品不良反应报告和监测的宣传、培训工作。

（三）设区的市级、县级药品不良反应监测机构

设区的市级、县级药品不良反应监测机构负责本行政区域内药品不良反应报告和监测资料的收集、核实、评价、反馈和上报；开展本行政区域内严重药品不良反应的调查和评价；协助有关部门开展药品群体不良事件的调查；承担药品不良反应报告和监测的宣传、培训等工作。

药品生产、经营企业和医疗机构应当建立药品不良反应报告和监测管理制度。药品生产企业应当设立专门机构并配备专职人员，药品经营企业和医疗机构应当设立或者指定机构并配备专（兼）职人员，承担本单位的药品不良反应报告和监测工作。

从事药品不良反应报告和监测的工作人员应当具有医学、药学、流行病学或者统计学等相关专业知识，具备科学分析评价药品不良反应的能力。

三、药品不良反应的报告

药品不良反应实行逐级、定期报告制度，必要时可以越级报告。药品生产、经营企业和医疗卫生机构必须指定专（兼）职人员负责本单位生产、经营、使用药品的不良反应报告和监测工作，发现可能与用药有关的不良反应，应详细记录、调查、分析、评价、处理，并填写《药品不良反应/事件报告表》，每季度集中向所在地的省、自治区、直辖市药品不良反应监测中心报告，其中新的或严重的药品不良反应应于发现之日起 15 日内报告，死亡病例须及时报告。

药品生产、经营企业和医疗卫生机构发现群体不良反应，应立即向所在地的省、自治区、直辖市（食品）药品监督管理局、卫生厅（局）以及药品不良反应监测中心报告。省、自治区、直辖市（食品）药品监督管理局应立即会同同级卫生厅（局）组织调查核实，并向国家食品药品监督管理局、卫生部和国家药品不良反应监测中心报告。

个人发现药品引起的新的或严重的不良反应，可直接向所在地的省、自治区、直辖市药品不良反应监测中心或（食品）药品监督管理局报告。药品不良反应监测中心应对报告药品不良反应的单位或个人反馈相关信息。

四、药品不良反应的处置

药品生产、经营企业和医疗机构应当配合药品监督管理部门、卫生行政部门和药品不良反应监测机构对药品不良反应或者群体不良事件的调查，并提供调查所需的资料。

设区的市级、县级药品监督管理部门获知药品群体不良事件后，应当立即与同级卫生行政部门联合组织开展现场调查，并及时将调查结果逐级报至省级药品监督管理部门和卫生行政部门。省级药品监督管理部门与同级卫生行政部门联合对设区的市级、县级的调查进行督促、指导，对药品群体不良事件进行分析、评价，对本行政区域内发生的影响较大的药品群体不良事件，还应当组织现场调查，评价和调查结果应当及时报国家食品药品监督管理局和卫生部。对全国范围内影响较大并造成严重后果的药品群体不良事件，国家食品药品监督管理局应当与卫生部联合开展相关调查工作。

医疗机构发现药品群体不良事件后应当积极救治患者，迅速开展临床调查，分析事件发生的原因，必要时可采取暂停药品的使用等紧急措施。药品监督管理部门可以采取暂停生产、销售、使用或者召回药品等控制措施。卫生行政部门应当采取措施积极组织救治患者。

第三节　法律责任

我国为保证国内药品生产的质量可控与可靠，1988 年颁布了第一部药品安全生产药品生产质量管理规范。1994 年成立了中国药品认证委员会，该委员会于 1995 年开始受理药品认证申请，对药品生产的全过程实施药品安全监管。鉴于我国的实际情况，原国家药品监督管理局 1998 年成立后，国家将卫生部药品认证管理中心这个重要的部门划归国家药品监督管理局管理，加强了药品监管的职能集中。在立法上，完善了药品安全监管的法律，除《药品管理法》外，还颁布了一系列与药品安全相关的行政法规和众多的部门规章。2010 年颁布的《药品不良反应报告和监测管理办法》对各级各类机构的法律责任进行了明确。

医疗机构有下列情形之一的，由所在地卫生行政部门给予警告，责令限期改正；逾期不改的，处三万元以下的罚款。情节严重并造成严重后果的，由所在地卫生行政部门对相关责任人给予行政处分：① 无专职或者兼职人员负责本单位药品不良反应监测工作的；② 未按照要求开展药品不良反应或者群体不良事件报告、调查、评价和处理的；③ 不配合严重药品不良反应和群体不良事件相关调查工作的。药品监督管理部门发现医疗机构有前款规定行为之一的，应当移交同级卫生行政部门处理。卫生行政部门对医疗机构作出行政处罚决定的，应当及时通报同级药品监督管理部门。

各级药品监督管理部门、卫生行政部门和药品不良反应监测机构及其有关工作人员在药品不良反应报告和监测管理工作中违反本办法，造成严重后果的，依照有关规定给予行政处分。药品生产、经营企业和医疗机构违反相关规定，给药品使用者造成损害的，依法承担赔偿责任。

本章小结

药品不良反应是指合格药品在正常用法用量下出现的与用药目的无关的有害反应。药品不良反应报告和监测是指药品不良反应的发现、报告、评价和控制的过程。严重药品不良反应是指因使用药品引起以下损害情形之一的反应：导致死亡；危及生命；致癌、致畸、致出生缺陷；导致显著的或者永久的人体伤残或者器官功能的损伤；导致住院或者住院时间延长；导致其他重要医学事件，如不进行治疗可能出现上述所列情况的。新的药品不良反应是指药品说明书中未载明的不良反应。说明书中已有描述，但不良反应发生的性质、程度、后果或者频率与说明书描述不一致或者更严重的，按照新的药品不良反应处理。药品不良反应的监测管理中，国家食品药品监督管理局主管全国药品不良反应报告和监测工作。

巩固练习

1. 多项选择题

药品严重不良反应是指因服用药品引起以下损害情形之一的反应（　　）。

A. 引起死亡

B. 致癌、致畸、致出生缺陷

C. 对生命有危险并能够致人体永久的或显著的伤残

D. 对器官功能产生永久损伤

E. 导致住院或住院时间延长

2. 简答题

（1）什么是药品不良反应？什么是药物不良事件？

（2）什么是群体不良事件？

（3）使用药品有可能引起哪些严重的药品不良反应？

第二十二章

护士执业法律制度

【学习目标】

（1）掌握申请护士执业资格考试的资格和获得要求；护士首次执业注册申请及办理程序；护士变更执业注册的规定；护士延续执业注册的规定。

（2）熟悉申请护士注册的原则；护士执业注册的有效期；重新申请注册、注销护士执业注册相关规定。

（3）了解护士的概念和《护士条例》立法目的、执业护士的权利和义务、护士执业规则和法律责任。

（4）培养护理人员的依法上岗的法律意识，增强全心全意为人民服务的职业责任感。

随着我国经济的快速发展，医学科学的飞速进步，卫生法律也在不断完善，其中与护士执业有关的法律法规包括《护士条例》《护士执业资格考试办法》《护士执业注册管理办法》《医院工作制度》《中国人民共和国侵权责任法》等。

第一节　概　述

《护士条例》(以下简称《条例》) 于 2008 年 1 月 31 日温家宝总理签署第 517 号中华人民共和国国务院令发布，于 2008 年 5 月 12 日开始实施。《条例》有效缓解了部分管理者对护理专业缺乏了解和基本认识，护士职责不明确、地位得不到认可，护士基本待遇与权益得不到保障、人力不足等问题。同时，《条例》对设立护士执业注册制度、护士的权利和义务、优秀护士的表彰和奖励做出了明确规定，并明确了医疗卫生机构在保障护士权益、加强护士队伍建设方面的责任。

一、护士的概念和立法的目的

《条例》的出台，是为了维护护士的合法权益，规范护理行为，促进护理事业发展，保障医疗安全和人体健康。《条例》中所称护士，是指经执业注册去的护士执业证书，依照本条例规定从事护理活动，履行保护生命、减轻痛苦、增进健康职责的卫生技术人员。但是，只是经过注册获得护士执业证书的人，还不能称为护士，还必须从事护理工作，或者与护士执业相关的工作。所谓护士执业相关的工作，包含护理管理工作和护理工作的延伸，如从事护理部的管理工作，从事护理质量检查和质量控制工作，从事护理文书的质量评查和管理工作，从事消毒隔离、试剂配制工作等。

《条例》作为一部有关护士的行政法规，其立法的目的主要是，护理是一项涉及维护和促进人的健康的医疗活动，具有专业性、服务性的特点；护士人格尊严、人身安全不受侵犯；护士依法履行职责，受法律保护；全社会应当尊重护士。近年来，随着医疗卫生事业的发展，我国护理事业发展比较迅速。护理工作为维护和促进人民群众的健康发挥了积极作用。同时，护理工作也存在一些不容忽视的问题，主要表现在三个方面：一是护士的合法权益缺乏法律保障；二是一些护士不能全面、严格地履行护理职责，忽视基础护理工作，主动服务意识不强，导致护患关系紧张，影响了医疗质量，甚至引发医疗事故；三是部分医疗卫生机构重医疗、轻护理，随意减少护士职数，医护比例严重失调。

二、我国护士执业立法现状

法是由国家制定或认可，并由国家强制力保障实施的社会行为规范的总称；与道德和政策相比，法具有国家强制性、特殊规范性、普遍适用性和特殊实践性的特点。护士管理法律制度是我国卫生法律体系中重要的部分，是用于规范护理活动包括护士注册、护士执业活动、护理服务等涉及护理人员管理的法律法规的总和。我国内陆地区护理立法相对国际来说起步较晚，1956 年我国发布了《国家卫生技术人员职务晋升条例》。1979 年颁布了《卫生技术人员职称及晋升条例试行》等有关护士管理的法规、文件，但这些法规文件没有涉及严格的护士执业注册、护士权利义务、法律责任等内容。1982 年卫生部颁布了《医院工作制度》和《医院工作人员职责》，相应规定了护理工作制度和各级各类护士职责。1988 年卫生部颁布了《医务人员医德规范及其实施办法》，加强对医务人员职业行为的规范。随着我国护理事业的发展，1993 年 3 月 26 日卫生部颁布了《中华人民共和国护士管理办法》并于 1994 年 1 月 1 日起实施。该办法首次不仅明确了护士在医疗、预防、保健和康复工作中的作用，并规定了护士的权利与义务，制定了护士执业考试和注册制度，促进了我国护理事业的发展。2008 年 1 月 23 日，国务院第 206 次常务会议通过了《护士条例》并以国务院第 517 号令颁布，该条例于 2008 年 5 月 12 日起开始施行。这是我国护理事业发展的重要里程碑。

三、西方国家护士执业立法现状

为了维护护士及其服务对象的正当权益，保证护理工作质量，明确护理人员执业的资格及工作范围，以及护理人员相关的权利和义务，世界许多国家制定了《护士法》或《护理法》。

1903 年，美国北卡罗来纳州、新泽西州首先颁布了《护士执业法》。1919 年，英国颁布了《英国护理法》。1921 年，荷兰也颁布了《护理法》。芬兰、意大利、波兰等国也相继公布了自己国家的护理法。第一份护理立法研究报告于 1953 年由世界卫生组织首先发布，并且于 1968 年首先由国际护士委员会建立了专家委员会，制定《系统制定护理法规的参考指导大纲》，这是护理立法史上划时代的重要文件。而在 2000 年，世界卫生组织对 121 个国家进行了调查，其结果显示有 78 个国家制定了相关护士法律。1903 年，注册护士制度首先由美国通过州立法建立。1948 年，日本颁布了《护士、助产士、保健士法》。1985 年泰国出台了《护士法》。1979 年，英国出台了《护士、助产士、公共卫生护士法》。其他发展中国家例如印度、菲律宾等也都以法律的形式建立了相关护士管理制度。

第二节　护士执业考试

为了规范全国护士执业资格考试工作，加强护理专业队伍建设，根据《条例》第七条的规定，经卫生部部务会、人力资源社会保障部部务会审议通过，并经国务院同意，制定了《护士执业资格考试办法》(以下简称《考试办法》)。该办法自 2010 年 7 月 1 日起施行。

一、护士执业考试资格

卫生部负责组织实施护士执业资格考试。国家护士执业资格考试是评价申请护士执业资格者是否具备执业所必须的护理专业知识与工作能力的考试。考试成绩合格者，可申请护士执业注册。具有护理、助产专业中专和大专学历的人员，参加护士执业资格考试并成绩合格，可取得护理初级（士）专业技术资格证书；护理初级（师）专业技术资格按照有关规定通过参加全国卫生专业技术资格考试取得。

具有护理、助产专业本科以上学历的人员，参加护士执业资格考试并成绩合格，可以取得护理初级（士）专业技术资格证书；在达到《卫生技术人员职务试行条例》规定的护师专业技术职务任职资格年限后，可直接聘任护师专业技术职务。

根据全国护士执业资格考试委员会办公室和国家卫生计生委人才交流服务中心的要求，在高等学校、中等职业学校完成国务院教育主管部门和卫生计生主管部门规定的普通全日制 3 年以上的护理、助产专业课程学习，包括在教学、综合医院完成 8 个月以上护理临床实习，并取得相应学历证书的，可以申请参加护士执业资格考试。

二、护士执业证书的获得

《考试办法》明确指出，护士执业资格考试实行国家统一考试制度。统一考试大纲，统一命题，统一合格标准。护士执业资格考试原则上每年举行一次，具体考试日期在举行考试 3 个月前向社会公布。护士执业资格考试包括专业实务和实践能力两个科目。一次考试通过两个科目为考试成绩合格。为加强对考生实践能力的考核，原则上采用“人机对话”考试方式进行。

申请参加护士执业资格考试的人员，应当在公告规定的期限内报名，并提交以下材料：

（1）护士执业资格考试报名申请表；

（2）本人身份证明；

（3）近6个月二寸免冠正面半身照片3张；

（4）本人毕业证书；

（5）报考所需的其他材料。

申请人为在校应届毕业生的，应当持有所在学校出具的应届毕业生毕业证明，到学校所在地的考点报名。学校可以为本校应届毕业生办理集体报名手续。

申请人为非应届毕业生的，可以选择到人事档案所在地报名。

申请参加护士执业资格考试者，应当按国家价格主管部门确定的收费标准缴纳考试费。

护士执业资格考试成绩于考试结束后45个工作日内公布。考生成绩单由报名考点发给考生。考试成绩合格者，取得考试成绩合格证明，作为申请护士执业注册的有效证明。自2019年起，护士执业资格考试成绩合格证明全部实行电子化，考试成绩合格者均须在规定时间内通过中国卫生人才网下载打印成绩合格证明。

第三节　护士执业注册管理

护士经执业注册取得“护士执业证书”后，方可按照注册的执业地点从事护理工作。未经执业注册取得“护士执业证书”者，不得从事诊疗技术规范规定的护理活动。《护士执业注册管理办法》（以下简称《管理办法》）是为了规范护士执业注册管理，根据《护士条例》而制定。

一、申请护士注册的要求及条件

卫生部负责全国护士执业注册监督管理工作。省、自治区、直辖市人民政府卫生行政部门是护士执业注册的主管部门，负责本行政区域的护士执业注册管理工作。省、自治区、直辖市人民政府卫生行政部门结合本行政区域的实际情况，制定护士执业注册工作的具体办法，并报卫生部备案。

（一）申请护士注册的要求

2019年3月，国家卫生健康委提出《关于做好下放护士执业注册审批有关工作的通知》（以下简称《通知》），其目的是为保证护士执业注册管理工作有序衔接、平稳过渡，切实保障医疗质量和安全。按照“便捷高效、开放共享、公开透明、便民惠民”的原则，《通知》要求：

（1）高度重视下放护士执业注册审批工作；

（2）下放护士执业注册审批；

（3）规范护士执业注册管理；加强事中事后监管；

（4）加大宣传贯彻力度。

（二）申请护士注册的条件

申请护士执业注册，应当具备下列条件：

（1）具有完全民事行为能力；

（2）在中等职业学校、高等学校完成教育部和卫生部规定的普通全日制 3 年以上的护理、助产专业课程学习，包括在教学、综合医院完成 8 个月以上护理临床实习，并取得相应学历证书；

（3）通过卫生部组织的护士执业资格考试；

（4）符合《管理办法》第六条规定的健康标准：无精神病史；无色盲、色弱、双耳听力障碍；无影响履行护理职责的疾病、残疾或者功能障碍。

二、护士首次执业注册申请及办理程序

根据《管理办法》相关规定，申请护士执业注册，应当提交下列材料：

（1）护士执业注册申请审核表；

（2）申请人身份证明；

（3）申请人学历证书及专业学习中的临床实习证明；

（4）护士执业资格考试成绩合格证明；

（5）省、自治区、直辖市人民政府卫生行政部门指定的医疗机构出具的申请人 6 个月内健康体检证明；

（6）医疗卫生机构拟聘用的相关材料。

卫生行政部门应当自受理申请之日起 20 个工作日内，对申请人提交的材料进行审核。审核合格的，准予注册，发给“护士执业证书”；对不符合规定条件的，不予注册，并书面说明理由。“护士执业证书”上应当注明护士的姓名、性别、出生日期等个人信息及证书编号、注册日期和执业地点。“护士执业证书”由卫生部统一印制。

护士执业注册申请，应当自通过护士执业资格考试之日起 3 年内提出；逾期提出申请的，除提交规定的材料外，还应当提交在省、自治区、直辖市人民政府卫生行政部门规定的教学、综合医院接受 3 个月临床护理培训并考核合格的证明。

三、护士执业注册的有效期

根据《管理办法》相关规定，护士执业注册有效期为 5 年。护士执业注册有效期届满需要继续执业的，应当在有效期届满前 30 日，向原注册部门申请延续注册。

四、护士变更执业注册的规定

执业地点发生变化的，应办理执业注册变更。《条例》第九条规定，护士在其执业注册有效期内变更执业地点的，应当向拟执业地省、自治区、直辖市人民政府卫生主管部门报告。收到报告的卫生主管部门应当自收到报告之日起 7 个工作日内为其办理变更手续。护士跨省、

自治区、直辖市变更执业地点的，收到报告的卫生主管部门还应当向其原执业地省、自治区、直辖市人民折多功能服卫生主管部门通报。

护士变更执业注册也需要提交护士变更注册申请审核表和申请人的《护士执业证书》。护士变更注册后其执业许可期限为5年。

五、护士延续执业注册的规定

根据《管理办法》相关规定，护士申请延续注册，应当提交下列材料：

（1）护士延续注册申请审核表；

（2）申请人的“护士执业证书”；

（3）省、自治区、直辖市人民政府卫生行政部门指定的医疗机构出具的申请人6个月内健康体检证明。

注册部门自受理延续注册申请之日起20日内进行审核。审核合格的，予以延续注册。同时，有下列情形之一的，不予延续注册：

（1）不符合本办法第六条规定的健康标准的；

（2）被处暂停执业活动处罚期限未满的。

医疗卫生机构可以为本机构聘用的护士集体申请办理护士执业注册和延续注册。

六、重新申请注册

根据《管理办法》相关规定，有下列情形之一的，拟在医疗卫生机构执业时，应当重新申请注册：

（1）注册有效期届满未延续注册的；

（2）受吊销“护士执业证书”处罚，自吊销之日起满2年的。

重新申请注册的，按照本办法第七条的规定提交材料；中断护理执业活动超过3年的，还应当提交在省、自治区、直辖市人民政府卫生行政部门规定的教学、综合医院接受3个月临床护理培训并考核合格的证明。

七、注销护士执业注册

根据《管理办法》相关规定，护士执业注册后有下列情形之一的，原注册部门办理注销执业注册：

（1）注册有效期届满未延续注册；

（2）受吊销“护士执业证书”处罚；

（3）护士死亡或者丧失民事行为能力。

护士执业注册申请人隐瞒有关情况或者提供虚假材料申请护士执业注册的，卫生行政部门不予受理或者不予护士执业注册，并给予警告；已经注册的，应当撤销注册。

第四节　护士执业

护士执业法律制度对执业护士明确固定了其工作权利和义务、护士执业规则和法律责任。《护士条例》中对执业护士的权利与义务也作出明确指示。

一、执业护士的权利和义务

护士的法律权利是作为执业护士在担任护士职务及执行护士行为过程中依法所享有的权利。护士法律义务是指作为护士在担任护士职务及执行护士行为过程中依法必须履行的责任。在职业活动中，护士享有的权利与应承担的义务是一致的。其权利包含：

（1）护士执业，有按照国家有关规定获取工资报酬、享受福利待遇、参加社会保险的权利。任何单位或者个人不得克扣护士工资，降低或者取消护士福利等待遇。

（2）护士执业，有获得与其所从事的护理工作相适应的卫生防护、医疗保健服务的权利。从事直接接触有毒有害物质、有感染传染病危险工作的护士，有依照有关法律、行政法规的规定接受职业健康监护的权利；患职业病的，有依照有关法律、行政法规的规定获得赔偿的权利。

（3）护士有按照国家有关规定获得与本人业务能力和学术水平相应的专业技术职务、职称的权利；有参加专业培训、从事学术研究和交流、参加行业协会和专业学术团体的权利。

（4）护士有获得疾病诊疗、护理相关信息的权利和其他与履行护理职责相关的权利，可以对医疗卫生机构和卫生主管部门的工作提出意见和建议。

其义务包含：

（1）应当遵守法律、法规、规章和诊疗技术规范的规定。这是护士执业的根本准则，即合法性原则。这一原则涵盖了护士执业的基本要求，包含了护士执业过程中应当遵守的大量具体规范和应当履行的大量义务。通过法律、法规、规章和诊疗技术规范的约束，护士履行对患者、患者家属以及社会的义务。如，严格地按照规范进行护理操作；为患者提供良好的环境，确保其舒适和安全；主动征求患者及家属的意见，及时改进工作中的不足；认真执行医嘱，注重与医生之间相互沟通；积极开展健康教育，指导人们建立正确的卫生观念和培养健康行为，唤起民众对健康的重视，促进地区或国家健康保障机制的建立和完善。

（2）在执业活动中，发现患者病情危急，应当立即通知医师；在紧急情况下为抢救垂危患者生命，应当先行实施必要的紧急救护。

（3）发现医嘱违反法律、法规、规章或者诊疗技术规范规定的，应当及时向开具医嘱的医师提出；必要时，应当向该医师所在科室的负责人或者医疗卫生机构负责医疗服务管理的人员报告。

（4）应当尊重、关心、爱护患者，保护患者的隐私。这实质上是对患者人格和权利的尊重，有利于与患者建立相互信任，以诚相待的护患关系。

（5）有义务参与公共卫生和疾病预防控制工作。发生自然灾害、公共卫生事件等严重威胁公众生命健康的突发事件，护士应当服从县级以上人民政府卫生主管部门或者所在医疗卫生机构的安排，参加医疗救护。

此外，为了加强对护士执业行为的监督管理，促进护理行为的规范，条例要求县级以上地方人民政府卫生主管部门建立本行政区域的护士执业良好记录和不良记录，并将该记录记入护士执业信息系统；护士执业良好记录包括护士受到的表彰、奖励以及完成政府指令性任务的情况等内容；护士执业不良记录包括护士因违反条例以及其他法律、法规、规章或者诊疗技术规范的规定受到行政处罚、处分的情况等内容。

二、护士执业规则

护士以其专业化知识和技术为患者提供护理服务，满足人民群众的健康服务需求。护士的专业水平、整体素质与医疗安全、患者的康复、患者对医院服务的满意程度关系密切。临床工作中，与病人接触最多的也是护士。为了确保从事护理工作的护士具有保障病人健康和医疗安全的执业水平，《条例》总结我国护士管理的经验，参照国际通行做法，规定只有受过专门训练并经执业注册取得护士执业证书的人员才能从事护理工作。申请护士执业注册应当具备四个条件：一是具有完全民事行为能力；二是在中等职业学校、高等学校完成教育部和卫生部规定的普通全日制 3 年以上的护理、助产专业课程学习，包括在教学、综合医院完成 8 个月以上护理临床实习，并取得相应学历证书；三是通过卫生部组织的护士执业资格考试；四是符合卫生部规定的健康标准。

为了保证护士安心工作，鼓励人们从事护理工作，满足人民群众对护理服务的需求，《条例》强调了政府的职责，规定：国务院有关部门、县级以上地方人民政府及其有关部门以及乡（镇）人民政府应当采取措施，改善护士的工作条件，保障护士待遇，加强护士队伍建设，促进护理事业健康发展。此外，《条例》还着重规定了护士执业应当享有的合法权利和对护士的表彰、奖励。

三、法律责任

与护理工作有关的机构、单位及执业护理人员等在工作过程中，一旦发生如下情况，应当承担法律责任：

（1）卫生主管部门的工作人员未依照本条例规定履行职责，在护士监督管理工作中滥用职权、徇私舞弊，或者有其他失职、渎职行为的，依法给予处分；构成犯罪的，依法追究刑事责任。

（2）医疗卫生机构有下列情形之一的，由县级以上地方人民政府卫生主管部门依据职责分工责令限期改正，给予警告；逾期不改正的，根据国务院卫生主管部门规定的护士配备标准和在医疗卫生机构合法执业的护士数量核减其诊疗科目，或者暂停其 6 个月以上 1 年以下执业活动；国家举办的医疗卫生机构有下列情形之一、情节严重的，还应当对负有责任的主管人员和其他直接责任人员依法给予处分：

① 违反本条例规定，护士的配备数量低于国务院卫生主管部门规定的护士配备标准的；

② 允许未取得护士执业证书的人员或者允许未依照本条例规定办理执业地点变更手续、延续执业注册有效期的护士在本机构从事诊疗技术规范规定的护理活动的。

（3）医疗卫生机构有下列情形之一的，依照有关法律、行政法规的规定给予处罚；国家举办的医疗卫生机构有下列情形之一、情节严重的，还应当对负有责任的主管人员和其他直接责任人员依法给予处分：

① 未执行国家有关工资、福利待遇等规定的；

② 对在本机构从事护理工作的护士，未按照国家有关规定足额缴纳社会保险费用的；

③ 未为护士提供卫生防护用品，或者未采取有效的卫生防护措施、医疗保健措施的；

④ 对在艰苦边远地区工作，或者从事直接接触有毒有害物质、有感染传染病危险工作的护士，未按照国家有关规定给予津贴的。

（4）医疗卫生机构有下列情形之一的，由县级以上地方人民政府卫生主管部门依据职责分工责令限期改正，给予警告：

① 未制定、实施本机构护士在职培训计划或者未保证护士接受培训的；

② 未依照本条例规定履行护士管理职责的。

（5）护士在执业活动中有下列情形之一的，由县级以上地方人民政府卫生主管部门依据职责分工责令改正，给予警告；情节严重的，暂停其 6 个月以上 1 年以下执业活动，直至由原发证部门吊销其护士执业证书：

① 发现患者病情危急未立即通知医师的；

② 发现医嘱违反法律、法规、规章或者诊疗技术规范的规定，未依照本条例第十七条的规定提出或者报告的；

③ 泄露患者隐私的；

④ 发生自然灾害、公共卫生事件等严重威胁公众生命健康的突发事件，不服从安排参加医疗救护的。

（6）护士在执业活动中造成医疗事故的，依照医疗事故处理的有关规定承担法律责任。

（7）护士被吊销执业证书的，自执业证书被吊销之日起 2 年内不得申请执业注册。

（8）扰乱医疗秩序，阻碍护士依法开展执业活动，侮辱、威胁、殴打护士，或者有其他侵犯护士合法权益行为的，由公安机关依照治安管理处罚法的规定给予处罚；构成犯罪的，依法追究刑事责任。

本章小结

护士执业法律制度是调整医疗护理过程中护理关系的法律规范的总和。学习护理相关法律法规，使护理人员掌握相关的法律知识，对维护护患双方的合法权益、减少医疗纠纷都具有重要的意义。《条例》中所称护士，是指经执业注册取得护士执业证书，依照本条例规定从事护理活动，履行保护生命、减轻痛苦、增进健康职责的卫生技术人员。但是，只是经过注册获得护士执业证书的人，还不能称为护士，还必须从事护理工作，或者与护士执业相关的工作。为护士立法的目的是为了维护护士的合法权益，规范护理行为，促进护理事业发展，保障医疗安全和人体健康，让护士依法履行职责，并受法律保护。《条例》中清晰指出执业资格及考试注册等要求，明确规定了护士执业应当享有的权利和义务，同时，在护士执业过程中，国家有关部门、管理机构、单位及执业护理人员等一旦没有或没有认真履行工作职责时，依法承担相应的法律责任。

巩固练习

简答题

（1）简述护士的概念及《护士条例》立法目的。

（2）请问申请参加护士执业资格考试的条件有哪些？需要提交哪些材料？

（3）申请护士执业注册应当具备哪些条件？应当提交哪些材料？

（4）请问出现哪些情况时应当注销护士执业注册？

（5）请问护士在执业活动中依法享有哪些权利和义务？

第二十三章

中医药法律制度

【学习目标】

（1）掌握中医药的概念、中医药的管理。
（2）熟悉中医药法的立法意义，发展中医药的保障措施、管理体制。
（3）了解关于中医药人才培养的法律规定、违反中医药法的法律责任。
（4）培养热爱中医药卫生事业的热情。

第一节 概 述

《中华人民共和国中医药法》（以下简称《中医药法》）是为了继承和弘扬中医药，保障和促进中医药事业发展，保护人民健康而制定的法律，于 2016 年 12 月 25 日第十二届全国人民代表大会常务委员会第二十五次会议通过，自 2017 年 7 月 1 日起施行。

一、中医药的概念及立法意义

（一）基本概念

中医药是包括汉族和少数民族医药在内的我国各民族医药的统称，是反映中华民族对生命、健康和疾病的认识，具有悠久历史传统和独特理论及技术方法的医药学体系。

（二）立法意义

中医药事业是我国医药卫生事业的重要组成部分。新中国成立以来，党和政府始终高度重视和支持中医药工作。1982 年宪法明确规定“国家发展医疗卫生事业，发展现代医药和我国传统医药”，1985 年中央书记处在《关于卫生工作的决定》中指出“把中医和西医摆在同等重要的地位”，1997 年《中共中央国务院关于卫生改革与发展的决定》中将“中西医并重”作为新时期卫生工作方针之一，2009 年《中共中央国务院关于深化医药卫生体制改革的意见》以及《中共中央国务院关于扶持和促进中医药事业发展的若干意见》提出，要坚持中西医并重的方针，充分发挥中医药作用，并提出了完善中医药事业发展保障措施。2015 年 4 月 22 日，国家中医药管理局发布了《关于全面推进中医药法制建设的指导意见》，提出全国推进中医药法制建设的总体目标和基本要求。2015 年 4 月 24 日，国务院办公厅在《中医药健康服务发展规划（2015-2020 年）》中指出中医药发展的重点任务和相对应的完善政策及保障措施。2016 年 2 月 22 日，国务院在《中医药发展战略规划纲要（2016-2030 年）》中提出下一个十五年规划和基本发展目标。

2003 年国务院制定的《中华人民共和国中医药条例》对促进、规范中医药事业发展发挥了重要作用。但是，随着社会和经济的快速发展，中医药事业发展面临一些新的问题和挑战，国家中医药管理局于 2005 年启动了《中华人民共和国中医药法》的起草工作，2008 年第十一届全国人大常委会将《中医药法》列入五年立法规划，中医药立法才真正意义上进入国家立法程序。

2008 年十一届全国人大常委会将中医药法列入立法规划。2009 年《中共中央国务院关于深化医药卫生体制改革的意见》明确要求加快中医药立法工作。2011 年 12 月原卫生部向国务院报送了中医药法草案（送审稿），2015 年 12 月国务院将中医药法草案提请全国人大常委会审议。全国人大常委会于 2015 年 12 月和 2016 年 8 月、12 月进行三次审议后通过了中医药法。

历经数十年，终于在 2016 年 12 月 25 日第十二届全国人民代表大会常务委员会第二十五次会议通过我国首部《中医药法》，这是中医药发展史上具有里程碑意义的大事，将产生深远的国内国际影响。《中医药法》进一步明确了中医药在我国医疗卫生事业中的重要地位、发展中医药事业的方针和原则，国家大力发展中医药事业，要实行中西医并重的方针，建立符合中医药特点的管理制度，充分发挥中医药在我国医药卫生事业中的作用。

二、中医药发展指导思想

国家发展中医药事业应当遵循中医药发展规律，坚持继承和创新相结合，保持和发挥中医药特色和优势，运用现代科学技术，促进中医药理论和实践的发展。国家鼓励中医西医相互学习，相互补充，协调发展，发挥各自优势，促进中西医结合。

三、发展中医药保障措施

（一）中医药服务体系建设

国家加强中医药服务体系建设，合理规划和配置中医药服务资源，为公民获得中医药服务提供保障。国家支持社会力量投资中医药事业，支持组织和个人捐赠、资助中医药事业。

（二）中医药标准体系建设

国家加强中医药标准体系建设，根据中医药特点对需要统一的技术要求制定标准并及时修订。中医药国家标准、行业标准由国务院有关部门依据职责制定或者修订，并在其网站上公布，供公众免费查阅。国家推动建立中医药国际标准体系。

（三）发展中医药教育

国家发展中医药教育，建立适应中医药事业发展需要、规模适宜、结构合理、形式多样的中医药教育体系，培养中医药人才。

（四）发展少数民族医药

国家采取措施，加大对少数民族医药传承创新、应用发展和人才培养的扶持力度，加强少数民族医疗机构和医师队伍建设，促进和规范少数民族医药事业发展。

（五）支持中医药科研创新

国家支持中医药科学研究和技术开发，鼓励中医药科学技术创新，推广应用中医药科学技术成果，保护中医药知识产权，提高中医药科学技术水平。

（六）支持对外交流合作

国家支持中医药对外交流与合作，促进中医药的国际传播和应用。

（七）表彰和奖励

对在中医药事业中做出突出贡献的组织和个人，按照国家有关规定给予表彰、奖励。

（八）强化政府责任，加大支持力度

1. 政府规划

《中医药法》第四条明确规定“县级以上人民政府应当将中医药事业纳入国民经济和社会发展规划，建立健全中医药管理体系，统筹推进中医药事业发展。”

2. 政府预算

《中医药法》第四十七条明确规定“县级以上人民政府应当为中医药事业发展提供政策支持和条件保障，将中医药事业发展经费纳入本级财政预算。”

3. 政策制定

《中医药法》第四十七条明确规定“县级以上人民政府及其有关部门制定基本医疗保险支付政策、药物政策等医药卫生政策，应当有中医药主管部门参加，注重发挥中医药的优势，支持提供和利用中医药服务。”

4. 价格政策

《中医药法》第四十八条明确规定“县级以上人民政府及其有关部门应当按照法定价格管理权限，合理确定中医医疗服务的收费项目和标准，体现中医医疗服务成本和专业技术价值。”

5. 医保政策

《中医药法》第四十九条明确规定“县级以上地方人民政府有关部门应当按照国家规定，将符合条件的中医医疗机构纳入基本医疗保险定点医疗机构范围，将符合条件的中医诊疗项目、中药饮片、中成药和医疗机构中药制剂纳入基本医疗保险基金支付范围。”

四、中医药管理体制

国务院中医药主管部门负责全国的中医药管理工作。国务院其他有关部门在各自职责范围内负责与中医药管理有关的工作。

县级以上地方人民政府中医药主管部门负责本行政区域的中医药管理工作。县级以上地方人民政府其他有关部门在各自职责范围内负责与中医药管理有关的工作。

第二节　中医药的管理

一、中医医疗机构管理

（1）县级以上人民政府应当将中医医疗机构建设纳入医疗机构设置规划，举办规模适宜的中医医疗机构，扶持有中医药特色和优势的医疗机构发展。合并、撤销政府举办的中医医疗机构或者改变其中医医疗性质，应当征求上一级人民政府中医药主管部门的意见。

（2）政府举办的综合医院、妇幼保健机构和有条件的专科医院、社区卫生服务中心、乡镇卫生院，应当设置中医药科室。县级以上人民政府应当采取措施，增强社区卫生服务站和村卫生室提供中医药服务的能力。

（3）国家支持社会力量举办中医医疗机构。社会力量举办的中医医疗机构在准入、执业、基本医疗保险、科研教学、医务人员职称评定等方面享有与政府举办的中医医疗机构同等的权利。

（4）举办中医医疗机构应当按照国家有关医疗机构管理的规定办理审批手续，并遵守医疗机构管理的有关规定。举办中医诊所的，将诊所的名称、地址、诊疗范围、人员配备情况等报所在地县级人民政府中医药主管部门备案后即可开展执业活动。中医诊所应当将本诊所的诊疗范围、中医医师的姓名及其执业范围在诊所的明显位置公示，不得超出备案范围开展医疗活动。

二、中医医疗机构人员管理

（一）中医医师资格管理

（1）从事中医医疗活动的人员应当依照《中华人民共和国执业医师法》的规定，通过中医医师资格考试取得中医医师资格，并进行执业注册。中医医师资格考试的内容应当体现中医药特点。以师承方式学习中医或者经多年实践，医术确有专长的人员，由至少两名中医医师推荐，经省、自治区、直辖市人民政府中医药主管部门组织实践技能和效果考核合格后，即可取得中医医师资格；

（2）从事中医医疗活动的人员按照考核内容进行执业注册后，即可在注册的执业范围内，以个人开业的方式或者在医疗机构内从事中医医疗活动。

（二）中医医疗机构人员配备管理

中医医疗机构配备医务人员应当以中医药专业技术人员为主，主要提供中医药服务；经考试取得医师资格的中医医师按照国家有关规定，经培训、考核合格后，可以在执业活动中采用与其专业相关的现代科学技术方法。在医疗活动中采用现代科学技术方法的，应当有利于保持和发挥中医药特色和优势。

社区卫生服务中心、乡镇卫生院、社区卫生服务站以及有条件的村卫生室应当合理配备中医药专业技术人员，并运用和推广适宜的中医药技术方法。

三、中药的管理

（一）中药材管理

（1）国家制定中药材种植养殖、采集、贮存和初加工的技术规范、标准，加强对中药材生产流通全过程的质量监督管理，保障中药材质量安全。

（2）国家鼓励发展中药材规范化种植养殖，严格管理农药、肥料等农业投入品的使用，禁止在中药材种植过程中使用剧毒、高毒农药，支持中药材良种繁育，提高中药材质量。

（3）国家建立道地中药材评价体系，支持道地中药材品种选育，扶持道地中药材生产基地建设，加强道地中药材生产基地生态环境保护，鼓励采取地理标志产品保护等措施保护道地中药材。

道地中药材，是指经过中医临床长期应用优选出来的，产在特定地域，与其他地区所产同种中药材相比，品质和疗效更好，且质量稳定，具有较高知名度的中药材。

（4）国务院药品监督管理部门会同中医药主管部门制定古代经典名方管理办法。生产符合国家规定条件的来源于古代经典名方的中药复方制剂，在申请药品批准文号时，可以仅提供非临床安全性研究资料。

古代经典名方，是指至今仍广泛应用、疗效确切、具有明显特色与优势的古代中医典籍所记载的方剂。具体目录由国务院中医药主管部门会同药品监督管理部门制定。

（5）国务院药品监督管理部门组织并加强对中药材质量的监测，定期向社会公布监测结果。国务院有关部门协助做好中药材质量监测有关工作。

采集、贮存中药材以及对中药材进行初加工，应当符合国家有关技术规范、标准和管理规定。

国家鼓励发展中药材现代流通体系，提高中药材包装、仓储等技术水平，建立中药材流通追溯体系。药品生产企业购进中药材应当建立进货查验记录制度。中药材经营者应当建立进货查验和购销记录制度，并标明中药材产地。

（6）国家保护药用野生动植物资源，对药用野生动植物资源实行动态监测和定期普查，建立药用野生动植物资源种质基因库，鼓励发展人工种植养殖，支持依法开展珍贵、濒危药用野生动植物的保护、繁育及其相关研究。

（7）在村医疗机构执业的中医医师、具备中药材知识和识别能力的乡村医生，按照国家有关规定可以自种、自采地产中药材并在其执业活动中使用。

（二）医疗机构炮制中药饮片、配制中药制剂管理

（1）对市场上没有供应的中药饮片，医疗机构可以根据本医疗机构医师处方的需要，在本医疗机构内炮制、使用。医疗机构应当遵守中药饮片炮制的有关规定，对其炮制的中药饮片的质量负责，保证药品安全。医疗机构炮制中药饮片，应当向所在地设区的市级人民政府药品监督管理部门备案。根据临床用药需要，医疗机构可以凭本医疗机构医师的处方对中药饮片进行再加工。

（2）国家鼓励医疗机构根据本医疗机构临床用药需要配制和使用中药制剂，支持应用传统工艺配制中药制剂，支持以中药制剂为基础研制中药新药。

医疗机构配制中药制剂，应当依照《中华人民共和国药品管理法》的规定取得医疗机构制剂许可证，或者委托取得药品生产许可证的药品生产企业、取得医疗机构制剂许可证的其他医疗机构配制中药制剂。委托配制中药制剂，应当向委托方所在地省、自治区、直辖市人民政府药品监督管理部门备案。医疗机构对其配制的中药制剂的质量负责；委托配制中药制剂的，委托方和受托方对所配制的中药制剂的质量分别承担相应责任。

（3）医疗机构配制的中药制剂品种，应当依法取得制剂批准文号。但是，仅应用传统工艺配制的中药制剂品种，向医疗机构所在地省、自治区、直辖市人民政府药品监督管理部门备案后即可配制，不需要取得制剂批准文号。医疗机构应当加强对备案的中药制剂品种的不良反应监测，并按照国家有关规定进行报告。药品监督管理部门应当加强对备案的中药制剂品种配制、使用的监督检查。

四、中医医疗广告管理

医疗机构发布中医医疗广告，应当经所在地省、自治区、直辖市人民政府中医药主管部门审查批准；未经审查批准，不得发布。发布的中医医疗广告内容应当与经审查批准的内容相符合，并符合《中华人民共和国广告法》的有关规定。

五、卫生主管部门监督管理

县级以上人民政府中医药主管部门应当加强对中医药服务的监督检查，并将下列事项作为监督检查的重点：① 中医医疗机构、中医医师是否超出规定的范围开展医疗活动；② 开展中医药服务是否符合国务院中医药主管部门制定的中医药服务基本要求；③ 中医医疗广告发布行为是否符合本法的规定。中医药主管部门依法开展监督检查，有关单位和个人应当予以配合，不得拒绝或者阻挠。

第三节　中医药教育

一、中医药人才培养

多年来，我国中医药教育取得了长足发展。国务院新闻办发布的2016年《中国的中医药》白皮书指出，我国已经建立起独具特色的中医药人才培养体系。我国中医药教育发展很快，但也还存在着一些不足。为更好地体现中医药教育的特点，培养更多高素质的中医药人才，《中医药法》作出如下规定：

1. 中医药教育遵循的原则

中医药教育应当遵循中医药人才成长规律，以中医药内容为主，体现中医药文化特色，注重中医药经典理论和中医药临床实践、现代教育方式和传统教育方式相结合。

2. 中医药学校教育

国家完善中医药学校教育体系，支持专门实施中医药教育的高等学校、中等职业学校和其他教育机构的发展。中医药学校教育的培养目标、修业年限、教学形式、教学内容、教学评价及学术水平评价标准等，应当体现中医药学科特色，符合中医药学科发展规律。

3. 中医药师承教育

国家发展中医药师承教育，支持有丰富临床经验和技术专长的中医医师、中药专业技术人员在执业、业务活动中带徒授业，传授中医药理论和技术方法，培养中医药专业技术人员。

4. 中医药专业技术人员培养和培训

国家加强对中医医师和城乡基层中医药专业技术人员的培养和培训。国家发展中西医结合教育，培养高层次的中西医结合人才。

县级以上地方人民政府中医药主管部门应当组织开展中医药继续教育，加强对医务人员，特别是城乡基层医务人员中医药基本知识和技能的培训。中医药专业技术人员应当按照规定参加继续教育，所在机构应当为其接受继续教育创造条件。

第四节　法律责任

一、中医诊所超出备案范围开展医疗活动的法律责任

中医诊所超出备案范围开展医疗活动的，由所在地县级人民政府中医药主管部门责令改正，没收违法所得，并处一万元以上三万元以下罚款；情节严重的，责令停止执业活动。

中医诊所被责令停止执业活动的，其直接负责的主管人员自处罚决定作出之日起五年内不得在医疗机构内从事管理工作。医疗机构聘用上述不得从事管理工作的人员从事管理工作的，由原发证部门吊销执业许可证或者由原备案部门责令停止执业活动。

二、中医医师超出注册执业范围从事医疗活动的法律责任

经考核取得医师资格的中医医师超出注册的执业范围从事医疗活动的，由县级以上人民政府中医药主管部门责令暂停六个月以上一年以下执业活动，并处一万元以上三万元以下罚款；情节严重的，吊销执业证书。

三、未依法备案的法律责任

举办中医诊所、炮制中药饮片、委托配制中药制剂应当备案而未备案，或者备案时提供虚假材料的，由中医药主管部门和药品监督管理部门按照各自职责分工责令改正，没收违法所得，并处三万元以下罚款，向社会公告相关信息；拒不改正的，责令停止执业活动或者责令停止炮制中药饮片、委托配制中药制剂活动，其直接责任人员五年内不得从事中医药相关活动。医疗机构应用传统工艺配制中药制剂未依照本法规定备案，或者未按照备案材料载明的要求配制中药制剂的，按生产假药给予处罚。

四、违法发布医疗广告的法律责任

发布的中医医疗广告内容与经审查批准的内容不相符的，由原审查部门撤销该广告的审查批准文件，一年内不受理该医疗机构的广告审查申请。违反本法规定，发布中医医疗广告有前款规定以外违法行为的，依照《中华人民共和国广告法》的规定给予处罚。

五、中药材种植过程中使用剧毒、高毒农药的法律责任

在中药材种植过程中使用剧毒、高毒农药的，依照有关法律、法规规定给予处罚；情节严重的，可以由公安机关对其直接负责的主管人员和其他直接责任人员处五日以上十五日以下拘留。

六、民事法律责任

中医医疗机构、中医医师及其他中医药专业人员，中药生产经营企业等在从事医药活动中，违反法律规定，给患者或者其他人员造成损害的，要承担民事法律责任，包括赔偿损失、赔礼道歉等。造成他人人身损害的，应当赔偿医疗费、护理费、交通费等为治疗和康复支出的合理费用，以及因误工减少的收入。造成残疾的，还应当赔偿残疾生活辅助具费和残疾赔偿金。造成死亡的，还应当赔偿丧葬费和死亡赔偿金。侵害他人财产的，依法赔偿财产损失。

七、刑事法律责任

违反法律规定，构成犯罪的，依法追究刑事责任。

（一）医疗事故罪

《中华人民共和国刑法》第三百三十五条规定，医务人员由于严重不负责任，造成就诊人死亡或者严重损害就诊人身体健康的，处三年以下有期徒刑或者拘役。

（二）非法行医罪

《中华人民共和国刑法》第三百三十六条第一款规定，未取得医生执业资格的人非法行医，情节严重的，处三年以下有期徒刑、拘役或者管制，并处或者单处罚金；严重损害就诊人身体健康的，处三年以上十年以下有期徒刑，并处罚金；造成就诊人死亡的，处十年以上有期徒刑，并处罚金。

（三）生产销售假药罪

《中华人民共和国刑法》第一百四十一条第一款规定，生产、销售假药的，处三年以下有期徒刑或者拘役，并处罚金；对人体健康造成严重危害或者有其他严重情节的，处三年以上十年以下有期徒刑，并处罚金；致人死亡或者有其他特别严重情节的，处十年以上有期徒刑、无期徒刑或者死刑，并处罚金或者没收财产。

（四）生产销售劣药罪

《中华人民共和国刑法》第一百四十二条第一款规定，生产、销售劣药，对人体健康造成严重危害的，处三年以上十年以下有期徒刑，并处销售金额百分之五十以上二倍以下罚金；后果特别严重的，处十年以上有期徒刑或者无期徒刑，并处销售金额百分之五十以上二倍以下罚金或者没收财产。

本章小结

为了继承和弘扬中医药，保障和促进中医药事业发展，保护人民健康，国家制定了《中华人民共和国中医药法》。中医药是包括汉族和少数民族医药在内的我国各民族医药的统称，是反映中华民族对生命、健康和疾病的认识，具有悠久历史传统和独特理论及技术方法的医药学体系。

国家通过加强中医药服务体系建设、中医药标准体系建设、发展中医药教育、发展少数民族医药、支持中医药科研创新、支持中医药对外交流与合作，对在中医药事业中做出突出贡献的组织和个人，按照国家有关规定给予表彰、奖励，强化政府责任等措施，为中医药事业发展提供政策支持和条件保障。

举办中医医疗机构应当按照国家有关医疗机构管理的规定办理审批手续，并遵守医疗机构管理的有关规定。从事中医医疗活动的人员应当依照《中华人民共和国执业医师法》的规定。县级以上人民政府中医药主管部门应当加强对中医药服务的监督检查。国家制定中药材种植养殖、采集、贮存和初加工的技术规范、标准，加强对中药材生产流通全过程的质量监督管理，保障中药材质量安全。

中医药事业的发展关键在人才，国家完善中医药学校教育体系，遵循中医药人才成长规律，发展中医药师承教育，加强中医药专业技术人员培养和培训，培养更多高素质的中医药人才。

中医医疗机构、中医医师及其他中医药专业人员，中药生产经营企业等在从事医药活动中违反《中华人民共和国中医药法》和相关法律法规，将承担相应的法律责任，包括行政责任、民事责任和刑事责任。

巩固练习

简答题

（1）简述中医药的概念。

（2）中医药发展的保障措施有哪些？

（3）医疗机构配制中药制剂，可以采取哪些方式？

（4）中医医师在从事医药活动中，违反《中华人民共和国中医药法》，要承担哪些相关的法律责任？

附录一

中华人民共和国执业医师法

目　录

第一章　总　则

第一条　为了加强医师队伍的建设，提高医师的职业道德和业务素质，保障医师的合法权益，保护人民健康，制定本法。

第二条　依法取得执业医师资格或者执业助理医师资格，经注册在医疗、预防、保健机构中执业的专业医务人员，适用本法。

本法所称医师，包括执业医师和执业助理医师。

第三条　医师应当具备良好的职业道德和医疗执业水平，发扬人道主义精神，履行防病治病、救死扶伤、保护人民健康的神圣职责。

全社会应当尊重医师。医师依法履行职责，受法律保护。

第四条　国务院卫生行政部门主管全国的医师工作。

县级以上地方人民政府卫生行政部门负责管理本行政区域内的医师工作。

第五条　国家对在医疗、预防、保健工作中作出贡献的医师，给予奖励。

第六条　医师的医学专业技术职称和医学专业技术职务的评定、聘任，按照国家有关规定办理。

第七条　医师可以依法组织和参加医师协会。

第二章　考试和注册

第八条　国家实行医师资格考试制度。医师资格考试分为执业医师资格考试和执业助理医师资格考试。

医师资格考试的办法，由国务院卫生行政部门制定。医师资格考试由省级以上人民政府卫生行政部门组织实施。

第九条　具有下列条件之一的，可以参加执业医师资格考试：

（一）具有高等学校医学专业本科以上学历，在执业医师指导下，在医疗、预防、保健机构中试用期满一年的；

（二）取得执业助理医师执业证书后，具有高等学校医学专科学历，在医疗、预防、保健机构中工作满二年的；具有中等专业学校医学专业学历，在医疗、预防、保健机构中工作满五年的。

第十条　具有高等学校医学专科学历或者中等专业学校医学专科学历，在执业医师指导下，在医疗、预防、保健机构中试用期满一年的，可以参加执业助理医师资格考试。

第十一条　以师承方式学习传统医学满三年或者经多年实践医术确有专长的，经县级以上人民政府卫生行政部门确定的传统医学专业组织或者医疗、预防、保健机构考核合格并推荐，可以参加执业医师资格或者执业助理医师资格考试。考试的内容和办法由国务院卫生行政部门另行制定。

第十二条　医师资格考试成绩合格，取得执业医师资格或者执业助理医师资格。

第十三条　国家实行医师执业注册制度。

取得医师资格的，可以向所在地县级以上人民政府卫生行政部门申请注册。

除有本法第十五条规定的情形外，受理申请的卫生行政部门应当自收到申请之日起三十日内准予注册，并发给由国务院卫生行政部门统一印制的医师执业证书。

医疗、预防、保健机构可以为本机构中的医师集体办理注册手续。

第十四条　医师经注册后，可以在医疗、预防、保健机构中按照注册的执业地点、执业类别、执业范围执业，从事相应的医疗、预防、保健业务。

未经医师注册取得执业证书，不得从事医师执业活动。

第十五条　有下列情形之一的，不予注册：

（一）不具有完全民事行为能力的；

（二）因受刑事处罚，自刑罚执行完毕之日起至申请注册之日止不满二年的；

（三）受吊销医师执业证书行政处罚，自处罚决定之日起至申请注册之日止不满二年的；

（四）有国务院卫生行政部门规定不宜从事医疗、预防、保健业务的其他情形的。

受理申请的卫生行政部门对不符合条件不予注册的，应当自收到申请之日起三十日内书面通知申请人，并说明理由。申请人有异议的，可以自收到通知之日起十五日内，依法申请复议或者向人民法院提起诉讼。

第十六条　医师注册后有下列情形之一的，其所在的医疗、预防、保健机构应当在三十日内报告准予注册的卫生行政部门，卫生行政部门应当注销注册，收回医师执业证书：

（一）死亡或者被宣告失踪的；

（二）受刑事处罚的；

（三）受吊销医师执业证书行政处罚的；

（四）依照本法第三十一条规定暂停执业活动期满，再次考核仍不合格的；

（五）中止医师执业活动满二年的；

（六）有国务院卫生行政部门规定不宜从事医疗、预防、保健业务的其他情形的。

被注销注册的当事人有异议的，可以自收到注销注册通知之日起十五日内，依法申请复议或者向人民法院提起诉讼。

第十七条 医师变更执业地点、执业类别、执业范围等注册事项的，应当到准予注册的卫生行政部门依照本法第十三条的规定办理变更注册手续。

第十八条 中止医师执业活动二年以上以及有本法第十五条规定情形消失的，申请重新执业，应当由本法第三十一条规定的机构考核合格，并依照本法第十三条的规定重新注册。

第十九条 申请个体行医的执业医师，须经注册后在医疗、预防、保健机构中执业满五年，并按照国家有关规定办理审批手续；未经批准，不得行医。

县级以上地方人民政府卫生行政部门对个体行医的医师，应当按照国务院卫生行政部门的规定，经常监督检查，凡发现有本法第十六条规定的情形的，应当及时注销注册，收回医师执业证书。

第二十条 县级以上地方人民政府卫生行政部门应当将准予注册和注销注册的人员名单予以公告，并由省级人民政府卫生行政部门汇总，报国务院卫生行政部门备案。

第三章 执业规则

第二十一条 医师在执业活动中享有下列权利：

（一）在注册的执业范围内，进行医学诊查、疾病调查、医学处置、出具相应的医学证明文件，选择合理的医疗、预防、保健方案；

（二）按照国务院卫生行政部门规定的标准，获得与本人执业活动相当的医疗设备基本条件；

（三）从事医学研究、学术交流，参加专业学术团体；

（四）参加专业培训，接受继续医学教育；

（五）在执业活动中，人格尊严、人身安全不受侵犯；

（六）获取工资报酬和津贴，享受国家规定的福利待遇；

（七）对所在机构的医疗、预防、保健工作和卫生行政部门的工作提出意见和建议，依法参与所在机构的民主管理。

第二十二条 医师在执业活动中履行下列义务：

（一）遵守法律、法规，遵守技术操作规范；

（二）树立敬业精神，遵守职业道德，履行医师职责，尽职尽责为患者服务；

（三）关心、爱护、尊重患者，保护患者的隐私；

（四）努力钻研业务，更新知识，提高专业技术水平；

（五）宣传卫生保健知识，对患者进行健康教育。

第二十三条 医师实施医疗、预防、保健措施，签署有关医学证明文件，必须亲自诊查、调查，并按照规定及时填写医学文书，不得隐匿、伪造或者销毁医学文书及有关资料。

医师不得出具与自己执业范围无关或者与执业类别不相符的医学证明文件。

第二十四条 对急危患者，医师应当采取紧急措施及时进行诊治；不得拒绝急救处置。

第二十五条 医师应当使用经国家有关部门批准使用的药品、消毒药剂和医疗器械。

除正当治疗外，不得使用麻醉药品、医疗用毒性药品、精神药品和放射性药品。

第二十六条 医师应当如实向患者或者其家属介绍病情，但应注意避免对患者产生不利后果。

医师进行实验性临床医疗，应当经医院批准并征得患者本人或者其家属同意。

第二十七条 医师不得利用职务之便，索取、非法收受患者财物或者牟取其他不正当利益。

第二十八条 遇有自然灾害、传染病流行、突发重大伤亡事故及其他严重威胁人民生命健康的紧急情况时，医师应当服从县级以上人民政府卫生行政部门的调遣。

第二十九条 医师发生医疗事故或者发现传染病疫情时，应当依照有关规定及时向所在机构或者卫生行政部门报告。

医师发现患者涉嫌伤害事件或者非正常死亡时，应当按照有关规定向有关部门报告。

第三十条 执业助理医师应当在执业医师的指导下，在医疗、预防、保健机构中按照其执业类别执业。

在乡、民族乡、镇的医疗、预防、保健机构中工作的执业助理医师，可以根据医疗诊治的情况和需要，独立从事一般的执业活动。

第四章 考核和培训

第三十一条 受县级以上人民政府卫生行政部门委托的机构或者组织应当按照医师执业标准，对医师的业务水平、工作成绩和职业道德状况进行定期考核。

对医师的考核结果，考核机构应当报告准予注册的卫生行政部门备案。

对考核不合格的医师，县级以上人民政府卫生行政部门可以责令其暂停执业活动三个月至六个月，并接受培训和继续医学教育。暂停执业活动期满，再次进行考核，对考核合格的，允许其继续执业；对考核不合格的，由县级以上人民政府卫生行政部门注销注册，收回医师执业证书。

第三十二条 县级以上人民政府卫生行政部门负责指导、检查和监督医师考核工作。

第三十三条 医师有下列情形之一的，县级以上人民政府卫生行政部门应当给予表彰或者奖励：

（一）在执业活动中，医德高尚，事迹突出的；

（二）对医学专业技术有重大突破，作出显著贡献的；

（三）遇有自然灾害、传染病流行、突发重大伤亡事故及其他严重威胁人民生命健康的紧急情况时，救死扶伤、抢救诊疗表现突出的；

（四）长期在边远贫困地区、少数民族地区条件艰苦的基层单位努力工作的；

（五）国务院卫生行政部门规定应当予以表彰或者奖励的其他情形的。

第三十四条 县级以上人民政府卫生行政部门应当制定医师培训计划，对医师进行多种形式的培训，为医师接受继续医学教育提供条件。

县级以上人民政府卫生行政部门应当采取措施，对在农村和少数民族地区从事医疗、预防、保健业务的医务人员实施培训。

第三十五条 医疗、预防、保健机构应当依照规定和计划保证本机构医师的培训和继续医学教育。

县级以上人民政府卫生行政部门委托的承担医师考核任务的医疗卫生机构，应当为医师的培训和接受继续医学教育提供和创造条件。

第五章 法律责任

第三十六条 以不正当手段取得医师执业证书的，由发给证书的卫生行政部门予以吊销；对负有直接责任的主管人员和其他直接责任人员，依法给予行政处分。

第三十七条 医师在执业活动中，违反本法规定，有下列行为之一的，由县级以上人民政府卫生行政部门给予警告或者责令暂停六个月以上一年以下执业活动；情节严重的，吊销其医师执业证书；构成犯罪的，依法追究刑事责任：

（一）违反卫生行政规章制度或者技术操作规范，造成严重后果的；

（二）由于不负责任延误急危病重患者的抢救和诊治，造成严重后果的；

（三）造成医疗责任事故的；

（四）未经亲自诊查、调查，签署诊断、治疗、流行病学等证明文件或者有关出生、死亡等证明文件的；

（五）隐匿、伪造或者擅自销毁医学文书及有关资料的；

（六）使用未经批准使用的药品、消毒药剂和医疗器械的；

（七）不按照规定使用麻醉药品、医疗用毒性药品、精神药品和放射性药品的；

（八）未经患者或者其家属同意，对患者进行实验性临床医疗的；

（九）泄露患者隐私，造成严重后果的；

（十）利用职务之便，索取、非法收受患者财物或者牟取其他不正当利益的；

（十一）发生自然灾害、传染病流行、突发重大伤亡事故以及其他严重威胁人民生命健康的紧急情况时，不服从卫生行政部门调遣的；

（十二）发生医疗事故或者发现传染病疫情，患者涉嫌伤害事件或者非正常死亡，不按照规定报告的。

第三十八条 医师在医疗、预防、保健工作中造成事故的，依照法律或者国家有关规定处理。

第三十九条 未经批准擅自开办医疗机构行医或者非医师行医的，由县级以上人民政府卫生行政部门予以取缔，没收其违法所得及其药品、器械，并处十万元以下的罚款；对医师吊销其执业证书；给患者造成损害的，依法承担赔偿责任；构成犯罪的，依法追究刑事责任。

第四十条 阻碍医师依法执业，侮辱、诽谤、威胁、殴打医师或者侵犯医师人身自由、干扰医师正常工作、生活的，依照治安管理处罚条例的规定处罚；构成犯罪的，依法追究刑事责任。

第四十一条 医疗、预防、保健机构未依照本法第十六条的规定履行报告职责，导致严重后果的，由县级以上人民政府卫生行政部门给予警告；并对该机构的行政负责人依法给予行政处分。

第四十二条 卫生行政部门工作人员或者医疗、预防、保健机构工作人员违反本法有关规定，弄虚作假、玩忽职守、滥用职权、徇私舞弊，尚不构成犯罪的，依法给予行政处分；构成犯罪的，依法追究刑事责任。

第六章 附 则

第四十三条 本法颁布之日前按照国家有关规定取得医学专业技术职称和医学专业技术职务的人员，由所在机构报请县级以上人民政府卫生行政部门认定，取得相应的医师资格。其中在医疗、预防、保健机构中从事医疗、预防、保健业务的医务人员，依照本法规定的条件，由所在机构集体核报县级以上人民政府卫生行政部门，予以注册并发给医师执业证书。具体办法由国务院卫生行政部门会同国务院人事行政部门制定。

第四十四条 计划生育技术服务机构中的医师，适用本法

第四十五条 在乡村医疗卫生机构中向村民提供预防、保健和一般医疗服务的乡村医生，符合本法有关规定的，可以依法取得执业医师资格或者执业助理医师资格；不具备本法规定的执业医师资格或者执业助理医师资格的乡村医生，由国务院另行制定管理办法。

第四十六条 军队医师执行本法的实施办法，由国务院、中央军事委员会依据本法的原则制定。

第四十七条 境外人员在中国境内申请医师考试、注册、执业或者从事临床示教、临床研究等活动的，按照国家有关规定办理。

第四十八条 本法自 1999 年 5 月 1 日起施行。

中华人民共和国中医药法

目　录

第一章　总　则

第一条　为了继承和弘扬中医药，保障和促进中医药事业发展，保护人民健康，制定本法。

第二条　本法所称中医药，是包括汉族和少数民族医药在内的我国各民族医药的统称，是反映中华民族对生命、健康和疾病的认识，具有悠久历史传统和独特理论及技术方法的医药学体系。

第三条　中医药事业是我国医药卫生事业的重要组成部分。国家大力发展中医药事业，实行中西医并重的方针，建立符合中医药特点的管理制度，充分发挥中医药在我国医药卫生事业中的作用。

发展中医药事业应当遵循中医药发展规律，坚持继承和创新相结合，保持和发挥中医药特色和优势，运用现代科学技术，促进中医药理论和实践的发展。

国家鼓励中医西医相互学习，相互补充，协调发展，发挥各自优势，促进中西医结合。

第四条　县级以上人民政府应当将中医药事业纳入国民经济和社会发展规划，建立健全中医药管理体系，统筹推进中医药事业发展。

第五条　国务院中医药主管部门负责全国的中医药管理工作。国务院其他有关部门在各自职

县级以上地方人民政府中医药主管部门负责本行政区域的中医药管理工作。县级以上地方人民政府其他有关部门在各自职责范围内负责与中医药管理有关的工作。

第六条　国家加强中医药服务体系建设，合理规划和配置中医药服务资源，为公民获得中医药服务提供保障。

国家支持社会力量投资中医药事业，支持组织和个人捐赠、资助中医药事业。

第七条　国家发展中医药教育，建立适应中医药事业发展需要、规模适宜、结构合理、形式多样的中医药教育体系，培养中医药人才。

第八条 国家支持中医药科学研究和技术开发，鼓励中医药科学技术创新，推广应用中医药科学技术成果，保护中医药知识产权，提高中医药科学技术水平。

第九条 国家支持中医药对外交流与合作，促进中医药的国际传播和应用。

第十条 对在中医药事业中做出突出贡献的组织和个人，按照国家有关规定给予表彰、奖励。

第二章 中医药服务

第十一条 县级以上人民政府应当将中医医疗机构建设纳入医疗机构设置规划，举办规模适宜的中医医疗机构，扶持有中医药特色和优势的医疗机构发展。

合并、撤销政府举办的中医医疗机构或者改变其中医医疗性质，应当征求上一级人民政府中医药主管部门的意见。

第十二条 政府举办的综合医院、妇幼保健机构和有条件的专科医院、社区卫生服务中心、乡镇卫生院，应当设置中医药科室。

县级以上人民政府应当采取措施，增强社区卫生服务站和村卫生室提供中医药服务的能力。

第十三条 国家支持社会力量举办中医医疗机构。

社会力量举办的中医医疗机构在准入、执业、基本医疗保险、科研教学、医务人员职称评定等方面享有与政府举办的中医医疗机构同等的权利。

第十四条 举办中医医疗机构应当按照国家有关医疗机构管理的规定办理审批手续，并遵守医疗机构管理的有关规定。

举办中医诊所的，将诊所的名称、地址、诊疗范围、人员配备情况等报所在地县级人民政府中医药主管部门备案后即可开展执业活动。中医诊所应当将本诊所的诊疗范围、中医医师的姓名及其执业范围在诊所的明显位置公示，不得超出备案范围开展医疗活动。具体办法由国务院中医药主管部门拟订，报国务院卫生行政部门审核、发布。

第十五条 从事中医医疗活动的人员应当依照《中华人民共和国执业医师法》的规定，通过中医医师资格考试取得中医医师资格，并进行执业注册。中医医师资格考试的内容应当体现中医药特点。

以师承方式学习中医或者经多年实践，医术确有专长的人员，由至少两名中医医师推荐，经省、自治区、直辖市人民政府中医药主管部门组织实践技能和效果考核合格后，即可取得中医医师资格；按照考核内容进行执业注册后，即可在注册的执业范围内，以个人开业的方式或者在医疗机构内从事中医医疗活动。国务院中医药主管部门应当根据中医药技术方法的安全风险拟订本款规定人员的分类考核办法，报国务院卫生行政部门审核、发布。

第十六条 中医医疗机构配备医务人员应当以中医药专业技术人员为主，主要提供中医药服务；经考试取得医师资格的中医医师按照国家有关规定，经培训、考核合格后，可以在执业活动中采用与其专业相关的现代科学技术方法。在医疗活动中采用现代科学技术方法的，应当有利于保持和发挥中医药特色和优势。

社区卫生服务中心、乡镇卫生院、社区卫生服务站以及有条件的村卫生室应当合理配备中医药专业技术人员，并运用和推广适宜的中医药技术方法。

第十七条 开展中医药服务，应当以中医药理论为指导，运用中医药技术方法，并符合国务院中医药主管部门制定的中医药服务基本要求。

第十八条 县级以上人民政府应当发展中医药预防、保健服务，并按照国家有关规定将其纳入基本公共卫生服务项目统筹实施。

县级以上人民政府应当发挥中医药在突发公共卫生事件应急工作中的作用，加强中医药应急物资、设备、设施、技术与人才资源储备。

医疗卫生机构应当在疾病预防与控制中积极运用中医药理论和技术方法。

第十九条 医疗机构发布中医医疗广告，应当经所在地省、自治区、直辖市人民政府中医药主管部门审查批准；未经审查批准，不得发布。发布的中医医疗广告内容应当与经审查批准的内容相符合，并符合《中华人民共和国广告法》的有关规定。

第二十条 县级以上人民政府中医药主管部门应当加强对中医药服务的监督检查，并将下列事项作为监督检查的重点：

（一）中医医疗机构、中医医师是否超出规定的范围开展医疗活动；

（二）开展中医药服务是否符合国务院中医药主管部门制定的中医药服务基本要求；

（三）中医医疗广告发布行为是否符合本法的规定。

中医药主管部门依法开展监督检查，有关单位和个人应当予以配合，不得拒绝或者阻挠。

第三章 中药保护与发展

第二十一条 国家制定中药材种植养殖、采集、贮存和初加工的技术规范、标准，加强对中药材生产流通全过程的质量监督管理，保障中药材质量安全。

第二十二条 国家鼓励发展中药材规范化种植养殖，严格管理农药、肥料等农业投入品的使用，禁止在中药材种植过程中使用剧毒、高毒农药，支持中药材良种繁育，提高中药材质量。

第二十三条 国家建立道地中药材评价体系，支持道地中药材品种选育，扶持道地中药材生产基地建设，加强道地中药材生产基地生态环境保护，鼓励采取地理标志产品保护等措施保护道地中药材。

前款所称道地中药材，是指经过中医临床长期应用优选出来的，产在特定地域，与其他地区所产同种中药材相比，品质和疗效更好，且质量稳定，具有较高知名度的中药材。

第二十四条 国务院药品监督管理部门应当组织并加强对中药材质量的监测，定期向社会公布监测结果。国务院有关部门应当协助做好中药材质量监测有关工作。

采集、贮存中药材以及对中药材进行初加工，应当符合国家有关技术规范、标准和管理规定。

国家鼓励发展中药材现代流通体系，提高中药材包装、仓储等技术水平，建立中药材流通追溯体系。药品生产企业购进中药材应当建立进货查验记录制度。中药材经营者应当建立进货查验和购销记录制度，并标明中药材产地。

第二十五条 国家保护药用野生动植物资源，对药用野生动植物资源实行动态监测和定期普查，建立药用野生动植物资源种质基因库，鼓励发展人工种植养殖，支持依法开展珍贵、濒危药用野生动植物的保护、繁育及其相关研究。

第二十六条 在村医疗机构执业的中医医师、具备中药材知识和识别能力的乡村医生，按照国家有关规定可以自种、自采地产中药材并在其执业活动中使用。

第二十七条 国家保护中药饮片传统炮制技术和工艺，支持应用传统工艺炮制中药饮片，鼓励运用现代科学技术开展中药饮片炮制技术研究。

第二十八条 对市场上没有供应的中药饮片，医疗机构可以根据本医疗机构医师处方的需要，在本医疗机构内炮制、使用。医疗机构应当遵守中药饮片炮制的有关规定，对其炮制的中药饮片的质量负责，保证药品安全。医疗机构炮制中药饮片，应当向所在地设区的市级人民政府药品监督管理部门备案。

根据临床用药需要，医疗机构可以凭本医疗机构医师的处方对中药饮片进行再加工。

第二十九条 国家鼓励和支持中药新药的研制和生产。

国家保护传统中药加工技术和工艺，支持传统剂型中成药的生产，鼓励运用现代科学技术研究开发传统中成药。

第三十条 生产符合国家规定条件的来源于古代经典名方的中药复方制剂，在申请药品批准文号时，可以仅提供非临床安全性研究资料。具体管理办法由国务院药品监督管理部门会同中医药主管部门制定。

前款所称古代经典名方，是指至今仍广泛应用、疗效确切、具有明显特色与优势的古代中医典籍所记载的方剂。具体目录由国务院中医药主管部门会同药品监督管理部门制定。

第三十一条 国家鼓励医疗机构根据本医疗机构临床用药需要配制和使用中药制剂，支持应用传统工艺配制中药制剂，支持以中药制剂为基础研制中药新药。

医疗机构配制中药制剂，应当依照《中华人民共和国药品管理法》的规定取得医疗机构制剂许可证，或者委托取得药品生产许可证的药品生产企业、取得医疗机构制剂许可证的其他医疗机构配制中药制剂。委托配制中药制剂，应当向委托方所在地省、自治区、直辖市人民政府药品监督管理部门备案。

医疗机构对其配制的中药制剂的质量负责；委托配制中药制剂的，委托方和受托方对所配制的中药制剂的质量分别承担相应责任。

第三十二条 医疗机构配制的中药制剂品种，应当依法取得制剂批准文号。但是，仅应用传统工艺配制的中药制剂品种，向医疗机构所在地省、自治区、直辖市人民政府药品监督管理部门备案后即可配制，不需要取得制剂批准文号。

医疗机构应当加强对备案的中药制剂品种的不良反应监测，并按照国家有关规定进行报告。药品监督管理部门应当加强对备案的中药制剂品种配制、使用的监督检查。

第四章　中医药人才培养

第三十三条 中医药教育应当遵循中医药人才成长规律，以中医药内容为主，体现中医药文化特色，注重中医药经典理论和中医药临床实践、现代教育方式和传统教育方式相结合。

第三十四条 国家完善中医药学校教育体系，支持专门实施中医药教育的高等学校、中等职业学校和其他教育机构的发展。

中医药学校教育的培养目标、修业年限、教学形式、教学内容、教学评价及学术水平评价标准等，应当体现中医药学科特色，符合中医药学科发展规律。

第三十五条　国家发展中医药师承教育，支持有丰富临床经验和技术专长的中医医师、中药专业技术人员在执业、业务活动中带徒授业，传授中医药理论和技术方法，培养中医药专业技术人员。

第三十六条　国家加强对中医医师和城乡基层中医药专业技术人员的培养和培训。

国家发展中西医结合教育，培养高层次的中西医结合人才。

第三十七条　县级以上地方人民政府中医药主管部门应当组织开展中医药继续教育，加强对医务人员，特别是城乡基层医务人员中医药基本知识和技能的培训。

中医药专业技术人员应当按照规定参加继续教育，所在机构应当为其接受继续教育创造条件。

第五章　中医药科学研究

第三十八条　国家鼓励科研机构、高等学校、医疗机构和药品生产企业等，运用现代科学技术和传统中医药研究方法，开展中医药科学研究，加强中西医结合研究，促进中医药理论和技术方法的继承和创新。

第三十九条　国家采取措施支持对中医药古籍文献、著名中医药专家的学术思想和诊疗经验以及民间中医药技术方法的整理、研究和利用。

国家鼓励组织和个人捐献有科学研究和临床应用价值的中医药文献、秘方、验方、诊疗方法和技术。

第四十条　国家建立和完善符合中医药特点的科学技术创新体系、评价体系和管理体制，推动中医药科学技术进步与创新。

第四十一条　国家采取措施，加强对中医药基础理论和辨证论治方法，常见病、多发病、慢性病和重大疑难疾病、重大传染病的中医药防治，以及其他对中医药理论和实践发展有重大促进作用的项目的科学研究。

第六章　中医药传承与文化传播

第四十二条　对具有重要学术价值的中医药理论和技术方法，省级以上人民政府中医药主管部门应当组织遴选本行政区域内的中医药学术传承项目和传承人，并为传承活动提供必要的条件。传承人应当开展传承活动，培养后继人才，收集整理并妥善保存相关的学术资料。属于非物质文化遗产代表性项目的，依照《中华人民共和国非物质文化遗产法》的有关规定开展传承活动。

第四十三条　国家建立中医药传统知识保护数据库、保护名录和保护制度。

中医药传统知识持有人对其持有的中医药传统知识享有传承使用的权利，对他人获取、利用其持有的中医药传统知识享有知情同意和利益分享等权利。

国家对经依法认定属于国家秘密的传统中药处方组成和生产工艺实行特殊保护。

第四十四条　国家发展中医养生保健服务，支持社会力量举办规范的中医养生保健机构。中医养生保健服务规范、标准由国务院中医药主管部门制定。

第四十五条　县级以上人民政府应当加强中医药文化宣传，普及中医药知识，鼓励组织和个人创作中医药文化和科普作品。

第四十六条 开展中医药文化宣传和知识普及活动，应当遵守国家有关规定。任何组织或者个人不得对中医药作虚假、夸大宣传，不得冒用中医药名义牟取不正当利益。

广播、电视、报刊、互联网等媒体开展中医药知识宣传，应当聘请中医药专业技术人员进行。

第七章 保障措施

第四十七条 县级以上人民政府应当为中医药事业发展提供政策支持和条件保障，将中医药事业发展经费纳入本级财政预算。

县级以上人民政府及其有关部门制定基本医疗保险支付政策、药物政策等医药卫生政策，应当有中医药主管部门参加，注重发挥中医药的优势，支持提供和利用中医药服务。

第四十八条 县级以上人民政府及其有关部门应当按照法定价格管理权限，合理确定中医医疗服务的收费项目和标准，体现中医医疗服务成本和专业技术价值。

第四十九条 县级以上地方人民政府有关部门应当按照国家规定，将符合条件的中医医疗机构纳入基本医疗保险定点医疗机构范围，将符合条件的中医诊疗项目、中药饮片、中成药和医疗机构中药制剂纳入基本医疗保险基金支付范围。

第五十条 国家加强中医药标准体系建设，根据中医药特点对需要统一的技术要求制定标准并及时修订。

中医药国家标准、行业标准由国务院有关部门依据职责制定或者修订，并在其网站上公布，供公众免费查阅。

国家推动建立中医药国际标准体系。

第五十一条 开展法律、行政法规规定的与中医药有关的评审、评估、鉴定活动，应当成立中医药评审、评估、鉴定的专门组织，或者有中医药专家参加。

第五十二条 国家采取措施，加大对少数民族医药传承创新、应用发展和人才培养的扶持力度，加强少数民族医疗机构和医师队伍建设，促进和规范少数民族医药事业发展。

第八章 法律责任

第五十三条 县级以上人民政府中医药主管部门及其他有关部门未履行本法规定的职责的，由本级人民政府或者上级人民政府有关部门责令改正；情节严重的，对直接负责的主管人员和其他直接责任人员，依法给予处分。

第五十四条 违反本法规定，中医诊所超出备案范围开展医疗活动的，由所在地县级人民政府中医药主管部门责令改正，没收违法所得，并处一万元以上三万元以下罚款；情节严重的，责令停止执业活动。

中医诊所被责令停止执业活动的，其直接负责的主管人员自处罚决定作出之日起五年内不得在医疗机构内从事管理工作。医疗机构聘用上述不得从事管理工作的人员从事管理工作的，由原发证部门吊销执业许可证或者由原备案部门责令停止执业活动。

第五十五条 违反本法规定，经考核取得医师资格的中医医师超出注册的执业范围从事医疗活动的，由县级以上人民政府中医药主管部门责令暂停六个月以上一年以下执业活动，并处一万元以上三万元以下罚款；情节严重的，吊销执业证书。

第五十六条 违反本法规定，举办中医诊所、炮制中药饮片、委托配制中药制剂应当备案而未备案，或者备案时提供虚假材料的，由中医药主管部门和药品监督管理部门按照各自职责分工责令改正，没收违法所得，并处三万元以下罚款，向社会公告相关信息；拒不改正的，责令停止执业活动或者责令停止炮制中药饮片、委托配制中药制剂活动，其直接责任人员五年内不得从事中医药相关活动。

医疗机构应用传统工艺配制中药制剂未依照本法规定备案，或者未按照备案材料载明的要求配制中药制剂的，按生产假药给予处罚。

第五十七条 违反本法规定，发布的中医医疗广告内容与经审查批准的内容不相符的，由原审查部门撤销该广告的审查批准文件，一年内不受理该医疗机构的广告审查申请。

违反本法规定，发布中医医疗广告有前款规定以外违法行为的，依照《中华人民共和国广告法》的规定给予处罚。

第五十八条 违反本法规定，在中药材种植过程中使用剧毒、高毒农药的，依照有关法律、法规规定给予处罚；情节严重的，可以由公安机关对其直接负责的主管人员和其他直接责任人员处五日以上十五日以下拘留。

第五十九条 违反本法规定，造成人身、财产损害的，依法承担民事责任；构成犯罪的，依法追究刑事责任。

第九章 附 则

第六十条 中医药的管理，本法未作规定的，适用《中华人民共和国执业医师法》《中华人民共和国药品管理法》等相关法律、行政法规的规定。

军队的中医药管理，由军队卫生主管部门依照本法和军队有关规定组织实施。

第六十一条 民族自治地方可以根据《中华人民共和国民族区域自治法》和本法的有关规定，结合实际，制定促进和规范本地方少数民族医药事业发展的办法。

第六十二条 盲人按照国家有关规定取得盲人医疗按摩人员资格的，可以以个人开业的方式或者在医疗机构内提供医疗按摩服务。

第六十三条 本法自 2017 年 7 月 1 日起施行。

医疗事故处理条例

第一章　总　则

第一条　为了正确处理医疗事故，保护患者和医疗机构及其医务人员的合法权益，维护医疗秩序，保障医疗安全，促进医学科学的发展，制定本条例。

第二条　本条例所称医疗事故，是指医疗机构及其医务人员在医疗活动中，违反医疗卫生管理法律、行政法规、部门规章和诊疗护理规范、常规，过失造成患者人身损害的事故。

第三条　处理医疗事故，应当遵循公开、公平、公正、及时、便民的原则，坚持实事求是的科学态度，做到事实清楚、定性准确、责任明确、处理恰当。

第四条　根据对患者人身造成的损害程度，医疗事故分为四级：

一级医疗事故：造成患者死亡、重度残疾的；

二级医疗事故：造成患者中度残疾、器官组织损伤导致严重功能障碍的；

三级医疗事故：造成患者轻度残疾、器官组织损伤导致一般功能障碍的；

四级医疗事故：造成患者明显人身损害的其他后果的。

具体分级标准由国务院卫生行政部门制定。

第二章　医疗事故的预防与处置

第五条　医疗机构及其医务人员在医疗活动中，必须严格遵守医疗卫生管理法律、行政法规、部门规章和诊疗护理规范、常规，恪守医疗服务职业道德。

第六条　医疗机构应当对其医务人员进行医疗卫生管理法律、行政法规、部门规章和诊疗护理规范、常规的培训和医疗服务职业道德教育。

第七条　医疗机构应当设置医疗服务质量监控部门或者配备专（兼）职人员，具体负责监督本医疗机构的医务人员的医疗服务工作，检查医务人员执业情况，接受患者对医疗服务的投诉，向其提供咨询服务。

第八条　医疗机构应当按照国务院卫生行政部门规定的要求，书写并妥善保管病历资料。

因抢救急危患者，未能及时书写病历的，有关医务人员应当在抢救结束后 6 小时内据实补记，并加以注明。

第九条　严禁涂改、伪造、隐匿、销毁或者抢夺病历资料。

第十条　患者有权复印或者复制其门诊病历、住院志、体温单、医嘱单、化验单（检验报告）、医学影像检查资料、特殊检查同意书、手术同意书、手术及麻醉记录单、病理资料、护理记录以及国务院卫生行政部门规定的其他病历资料。

患者依照前款规定要求复印或者复制病历资料的，医疗机构应当提供复印或者复制服务并在复印或者复制的病历资料上加盖证明印记。复印或者复制病历资料时，应当有患者在场。

医疗机构应患者的要求，为其复印或者复制病历资料，可以按照规定收取工本费。具体收费标准由省、自治区、直辖市人民政府价格主管部门会同同级卫生行政部门规定。

第十一条 在医疗活动中，医疗机构及其医务人员应当将患者的病情、医疗措施、医疗风险等如实告知患者，及时解答其咨询；但是，应当避免对患者产生不利后果。

第十二条 医疗机构应当制定防范、处理医疗事故的预案，预防医疗事故的发生，减轻医疗事故的损害。

第十三条 医务人员在医疗活动中发生或者发现医疗事故、可能引起医疗事故的医疗过失行为或者发生医疗事故争议的，应当立即向所在科室负责人报告，科室负责人应当及时向本医疗机构负责医疗服务质量监控的部门或者专（兼）职人员报告；负责医疗服务质量监控的部门或者专（兼）职人员接到报告后，应当立即进行调查、核实，将有关情况如实向本医疗机构的负责人报告，并向患者通报、解释。

第十四条 发生医疗事故的，医疗机构应当按照规定向所在地卫生行政部门报告。

发生下列重大医疗过失行为的，医疗机构应当在 12 小时内向所在地卫生行政部门报告：

（一）导致患者死亡或者可能为二级以上的医疗事故；

（二）导致 3 人以上人身损害后果；

（三）国务院卫生行政部门和省、自治区、直辖市人民政府卫生行政部门规定的其他情形。

第十五条 发生或者发现医疗过失行为，医疗机构及其医务人员应当立即采取有效措施，避免或者减轻对患者身体健康的损害，防止损害扩大。

第十六条 发生医疗事故争议时，死亡病例讨论记录、疑难病例讨论记录、上级医师查房记录、会诊意见、病程记录应当在医患双方在场的情况下封存和启封。封存的病历资料可以是复印件，由医疗机构保管。

第十七条 疑似输液、输血、注射、药物等引起不良后果的，医患双方应当共同对现场实物进行封存和启封，封存的现场实物由医疗机构保管；需要检验的，应当由双方共同指定的、依法具有检验资格的检验机构进行检验；双方无法共同指定时，由卫生行政部门指定。

疑似输血引起不良后果，需要对血液进行封存保留的，医疗机构应当通知提供该血液的采供血机构派员到场。

第十八条 患者死亡，医患双方当事人不能确定死因或者对死因有异议的，应当在患者死亡后 48 小时内进行尸检；具备尸体冻存条件的，可以延长至 7 日。尸检应当经死者近亲属同意并签字。

尸检应当由按照国家有关规定取得相应资格的机构和病理解剖专业技术人员进行。承担尸检任务的机构和病理解剖专业技术人员有进行尸检的义务。

医疗事故争议双方当事人可以请法医病理学人员参加尸检，也可以委派代表观察尸检过程。拒绝或者拖延尸检，超过规定时间，影响对死因判定的，由拒绝或者拖延的一方承担责任。

第十九条 患者在医疗机构内死亡的，尸体应当立即移放太平间。死者尸体存放时间一般不得超过 2 周。逾期不处理的尸体，经医疗机构所在地卫生行政部门批准，并报经同级公安部门备案后，由医疗机构按照规定进行处理。

第三章 医疗事故的技术鉴定

第二十条 卫生行政部门接到医疗机构关于重大医疗过失行为的报告或者医疗事故争议当事人要求处理医疗事故争议的申请后，对需要进行医疗事故技术鉴定的，应当交由负责医疗事故技术鉴定工作的医学会组织鉴定；医患双方协商解决医疗事故争议，需要进行医疗事故技术鉴定的，由双方当事人共同委托负责医疗事故技术鉴定工作的医学会组织鉴定。

第二十一条 设区的市级地方医学会和省、自治区、直辖市直接管辖的县（市）地方医学会负责组织首次医疗事故技术鉴定工作。省、自治区、直辖市地方医学会负责组织再次鉴定工作。

必要时，中华医学会可以组织疑难、复杂并在全国有重大影响的医疗事故争议的技术鉴定工作。

第二十二条 当事人对首次医疗事故技术鉴定结论不服的，可以自收到首次鉴定结论之日起 15 日内向医疗机构所在地卫生行政部门提出再次鉴定的申请。

第二十三条 负责组织医疗事故技术鉴定工作的医学会应当建立专家库。

专家库由具备下列条件的医疗卫生专业技术人员组成：

（一）有良好的业务素质和执业品德；

（二）受聘于医疗卫生机构或者医学教学、科研机构并担任相应专业高级技术职务 3 年以上。

符合前款第（一）项规定条件并具备高级技术任职资格的法医可以受聘进入专家库。

负责组织医疗事故技术鉴定工作的医学会依照本条例规定聘请医疗卫生专业技术人员和法医进入专家库，可以不受行政区域的限制。

第二十四条 医疗事故技术鉴定，由负责组织医疗事故技术鉴定工作的医学会组织专家鉴定组进行。

参加医疗事故技术鉴定的相关专业的专家，由医患双方在医学会主持下从专家库中随机抽取。在特殊情况下，医学会根据医疗事故技术鉴定工作的需要，可以组织医患双方在其他医学会建立的专家库中随机抽取相关专业的专家参加鉴定或者函件咨询。

符合本条例第二十三条规定条件的医疗卫生专业技术人员和法医有义务受聘进入专家库，并承担医疗事故技术鉴定工作。

第二十五条 专家鉴定组进行医疗事故技术鉴定，实行合议制。专家鉴定组人数为单数，涉及的主要学科的专家一般不得少于鉴定组成员的二分之一；涉及死因、伤残等级鉴定的，并应当从专家库中随机抽取法医参加专家鉴定组。

第二十六条 专家鉴定组成员有下列情形之一的，应当回避，当事人也可以以口头或者书面的方式申请其回避：

（一）是医疗事故争议当事人或者当事人的近亲属的；

（二）与医疗事故争议有利害关系的；

（三）与医疗事故争议当事人有其他关系，可能影响公正鉴定的。

第二十七条 专家鉴定组依照医疗卫生管理法律、行政法规、部门规章和诊疗护理规范、常规，运用医学科学原理和专业知识，独立进行医疗事故技术鉴定，对医疗事故进行鉴别和判定，为处理医疗事故争议提供医学依据。

任何单位或者个人不得干扰医疗事故技术鉴定工作，不得威胁、利诱、辱骂、殴打专家鉴定组成员。

专家鉴定组成员不得接受双方当事人的财物或者其他利益。

第二十八条 负责组织医疗事故技术鉴定工作的医学会应当自受理医疗事故技术鉴定之

日起5日内通知医疗事故争议双方当事人提交进行医疗事故技术鉴定所需的材料。

当事人应当自收到医学会的通知之日起10日内提交有关医疗事故技术鉴定的材料、书面陈述及答辩。医疗机构提交的有关医疗事故技术鉴定的材料应当包括下列内容：

（一）住院患者的病程记录、死亡病例讨论记录、疑难病例讨论记录、会诊意见、上级医师查房记录等病历资料原件；

（二）住院患者的住院志、体温单、医嘱单、化验单（检验报告）、医学影像检查资料、特殊检查同意书、手术同意书、手术及麻醉记录单、病理资料、护理记录等病历资料原件；

（三）抢救急危患者，在规定时间内补记的病历资料原件；

（四）封存保留的输液、注射用物品和血液、药物等实物，或者依法具有检验资格的检验机构对这些物品、实物作出的检验报告；

（五）与医疗事故技术鉴定有关的其他材料。

在医疗机构建有病历档案的门诊、急诊患者，其病历资料由医疗机构提供；没有在医疗机构建立病历档案的，由患者提供。

医患双方应当依照本条例的规定提交相关材料。医疗机构无正当理由未依照本条例的规定如实提供相关材料，导致医疗事故技术鉴定不能进行的，应当承担责任。

第二十九条 负责组织医疗事故技术鉴定工作的医学会应当自接到当事人提交的有关医疗事故技术鉴定的材料、书面陈述及答辩之日起45日内组织鉴定并出具医疗事故技术鉴定书。

负责组织医疗事故技术鉴定工作的医学会可以向双方当事人调查取证。

第三十条 专家鉴定组应当认真审查双方当事人提交的材料，听取双方当事人的陈述及答辩并进行核实。

双方当事人应当按照本条例的规定如实提交进行医疗事故技术鉴定所需要的材料，并积极配合调查。当事人任何一方不予配合，影响医疗事故技术鉴定的，由不予配合的一方承担责任。

第三十一条 专家鉴定组应当在事实清楚、证据确凿的基础上，综合分析患者的病情和个体差异，作出鉴定结论，并制作医疗事故技术鉴定书。鉴定结论以专家鉴定组成员的过半数通过。鉴定过程应当如实记载。

医疗事故技术鉴定书应当包括下列主要内容：

（一）双方当事人的基本情况及要求；

（二）当事人提交的材料和负责组织医疗事故技术鉴定工作的医学会的调查材料；

（三）对鉴定过程的说明；

（四）医疗行为是否违反医疗卫生管理法律、行政法规、部门规章和诊疗护理规范、常规；

（五）医疗过失行为与人身损害后果之间是否存在因果关系；

（六）医疗过失行为在医疗事故损害后果中的责任程度；

（七）医疗事故等级；

（八）对医疗事故患者的医疗护理医学建议。

第三十二条 医疗事故技术鉴定办法由国务院卫生行政部门制定。

第三十三条 有下列情形之一的，不属于医疗事故：

（一）在紧急情况下为抢救垂危患者生命而采取紧急医学措施造成不良后果的；

（二）在医疗活动中由于患者病情异常或者患者体质特殊而发生医疗意外的；

（三）在现有医学科学技术条件下，发生无法预料或者不能防范的不良后果的；

（四）无过错输血感染造成不良后果的；

（五）因患方原因延误诊疗导致不良后果的；

（六）因不可抗力造成不良后果的。

第三十四条 医疗事故技术鉴定，可以收取鉴定费用。经鉴定，属于医疗事故的，鉴定费用由医疗机构支付；不属于医疗事故的，鉴定费用由提出医疗事故处理申请的一方支付。鉴定费用标准由省、自治区、直辖市人民政府价格主管部门会同同级财政部门、卫生行政部门规定。

第四章 医疗事故的行政处理与监督

第三十五条 卫生行政部门应当依照本条例和有关法律、行政法规、部门规章的规定，对发生医疗事故的医疗机构和医务人员作出行政处理。

第三十六条 卫生行政部门接到医疗机构关于重大医疗过失行为的报告后，除责令医疗机构及时采取必要的医疗救治措施，防止损害后果扩大外，应当组织调查，判定是否属于医疗事故；对不能判定是否属于医疗事故的，应当依照本条例的有关规定交由负责医疗事故技术鉴定工作的医学会组织鉴定。

第三十七条 发生医疗事故争议，当事人申请卫生行政部门处理的，应当提出书面申请。申请书应当载明申请人的基本情况、有关事实、具体请求及理由等。

当事人自知道或者应当知道其身体健康受到损害之日起1年内，可以向卫生行政部门提出医疗事故争议处理申请。

第三十八条 发生医疗事故争议，当事人申请卫生行政部门处理的，由医疗机构所在地的县级人民政府卫生行政部门受理。医疗机构所在地是直辖市的，由医疗机构所在地的区、县人民政府卫生行政部门受理。

有下列情形之一的，县级人民政府卫生行政部门应当自接到医疗机构的报告或者当事人提出医疗事故争议处理申请之日起7日内移送上一级人民政府卫生行政部门处理：

（一）患者死亡；

（二）可能为二级以上的医疗事故；

（三）国务院卫生行政部门和省、自治区、直辖市人民政府卫生行政部门规定的其他情形。

第三十九条 卫生行政部门应当自收到医疗事故争议处理申请之日起10日内进行审查，作出是否受理的决定。对符合本条例规定，予以受理，需要进行医疗事故技术鉴定的，应当自作出受理决定之日起5日内将有关材料交由负责医疗事故技术鉴定工作的医学会组织鉴定并书面通知申请人；对不符合本条例规定，不予受理的，应当书面通知申请人并说明理由。

当事人对首次医疗事故技术鉴定结论有异议，申请再次鉴定的，卫生行政部门应当自收到申请之日起7日内交由省、自治区、直辖市地方医学会组织再次鉴定。

第四十条 当事人既向卫生行政部门提出医疗事故争议处理申请，又向人民法院提起诉讼的，卫生行政部门不予受理；卫生行政部门已经受理的，应当终止处理。

第四十一条 卫生行政部门收到负责组织医疗事故技术鉴定工作的医学会出具的医疗事故技术鉴定书后，应当对参加鉴定的人员资格和专业类别、鉴定程序进行审核；必要时，可以组织调查，听取医疗事故争议双方当事人的意见。

第四十二条 卫生行政部门经审核，对符合本条例规定作出的医疗事故技术鉴定结论，应当作为对发生医疗事故的医疗机构和医务人员作出行政处理以及进行医疗事故赔偿调解的依据；经审核，发现医疗事故技术鉴定不符合本条例规定的，应当要求重新鉴定。

第四十三条 医疗事故争议由双方当事人自行协商解决的，医疗机构应当自协商解决之日起 7 日内向所在地卫生行政部门作出书面报告，并附具协议书。

第四十四条 医疗事故争议经人民法院调解或者判决解决的，医疗机构应当自收到生效的人民法院的调解书或者判决书之日起 7 日内向所在地卫生行政部门作出书面报告，并附具调解书或者判决书。

第四十五条 县级以上地方人民政府卫生行政部门应当按照规定逐级将当地发生的医疗事故以及依法对发生医疗事故的医疗机构和医务人员作出行政处理的情况，上报国务院卫生行政部门。

第五章 医疗事故的赔偿

第四十六条 发生医疗事故的赔偿等民事责任争议，医患双方可以协商解决；不愿意协商或者协商不成的，当事人可以向卫生行政部门提出调解申请，也可以直接向人民法院提起民事诉讼。

第四十七条 双方当事人协商解决医疗事故的赔偿等民事责任争议的，应当制作协议书。协议书应当载明双方当事人的基本情况和医疗事故的原因、双方当事人共同认定的医疗事故等级以及协商确定的赔偿数额等，并由双方当事人在协议书上签名。

第四十八条 已确定为医疗事故的，卫生行政部门应医疗事故争议双方当事人请求，可以进行医疗事故赔偿调解。调解时，应当遵循当事人双方自愿原则，并应当依据本条例的规定计算赔偿数额。

经调解，双方当事人就赔偿数额达成协议的，制作调解书，双方当事人应当履行；调解不成或者经调解达成协议后一方反悔的，卫生行政部门不再调解。

第四十九条 医疗事故赔偿，应当考虑下列因素，确定具体赔偿数额：

（一）医疗事故等级；

（二）医疗过失行为在医疗事故损害后果中的责任程度；

（三）医疗事故损害后果与患者原有疾病状况之间的关系。

不属于医疗事故的，医疗机构不承担赔偿责任。

第五十条 医疗事故赔偿，按照下列项目和标准计算：

（一）医疗费：按照医疗事故对患者造成的人身损害进行治疗所发生的医疗费用计算，凭据支付，但不包括原发病医疗费用。结案后确实需要继续治疗的，按照基本医疗费用支付。

（二）误工费：患者有固定收入的，按照本人因误工减少的固定收入计算，对收入高于医疗事故发生地上一年度职工年平均工资 3 倍以上的，按照 3 倍计算；无固定收入的，按照医疗事故发生地上一年度职工年平均工资计算。

（三）住院伙食补助费：按照医疗事故发生地国家机关一般工作人员的出差伙食补助标准计算。

（四）陪护费：患者住院期间需要专人陪护的，按照医疗事故发生地上一年度职工年平均工资计算。

（五）残疾生活补助费：根据伤残等级，按照医疗事故发生地居民年平均生活费计算，自定残之月起最长赔偿 30 年；但是，60 周岁以上的，不超过 15 年；70 周岁以上的，不超过 5 年。

（六）残疾用具费：因残疾需要配置补偿功能器具的，凭医疗机构证明，按照普及型器具的费用计算。

（七）丧葬费：按照医疗事故发生地规定的丧葬费补助标准计算。

（八）被扶养人生活费：以死者生前或者残疾者丧失劳动能力前实际扶养且没有劳动能力的人为限，按照其户籍所在地或者居所地居民最低生活保障标准计算。对不满 16 周岁的，扶养到 16 周岁。对年满 16 周岁但无劳动能力的，扶养 20 年；但是，60 周岁以上的，不超过 15 年；70 周岁以上的，不超过 5 年。

（九）交通费：按照患者实际必需的交通费用计算，凭据支付。

（十）住宿费：按照医疗事故发生地国家机关一般工作人员的出差住宿补助标准计算，凭据支付。

（十一）精神损害抚慰金：按照医疗事故发生地居民年平均生活费计算。造成患者死亡的，赔偿年限最长不超过 6 年；造成患者残疾的，赔偿年限最长不超过 3 年。

第五十一条 参加医疗事故处理的患者近亲属所需交通费、误工费、住宿费，参照本条例第五十条的有关规定计算，计算费用的人数不超过 2 人。

医疗事故造成患者死亡的，参加丧葬活动的患者的配偶和直系亲属所需交通费、误工费、住宿费，参照本条例第五十条的有关规定计算，计算费用的人数不超过 2 人。

第五十二条 医疗事故赔偿费用，实行一次性结算，由承担医疗事故责任的医疗机构支付。

第六章 罚 则

第五十三条 卫生行政部门的工作人员在处理医疗事故过程中违反本条例的规定，利用职务上的便利收受他人财物或者其他利益，滥用职权，玩忽职守，或者发现违法行为不予查处，造成严重后果的，依照刑法关于受贿罪、滥用职权罪、玩忽职守罪或者其他有关罪的规定，依法追究刑事责任；尚不够刑事处罚的，依法给予降级或者撤职的行政处分。

第五十四条 卫生行政部门违反本条例的规定，有下列情形之一的，由上级卫生行政部门给予警告并责令限期改正；情节严重的，对负有责任的主管人员和其他直接责任人员依法给予行政处分：

（一）接到医疗机构关于重大医疗过失行为的报告后，未及时组织调查的；

（二）接到医疗事故争议处理申请后，未在规定时间内审查或者移送上一级人民政府卫生行政部门处理的；

（三）未将应当进行医疗事故技术鉴定的重大医疗过失行为或者医疗事故争议移交医学会组织鉴定的；

（四）未按照规定逐级将当地发生的医疗事故以及依法对发生医疗事故的医疗机构和医务人员的行政处理情况上报的；

（五）未依照本条例规定审核医疗事故技术鉴定书的。

第五十五条 医疗机构发生医疗事故的，由卫生行政部门根据医疗事故等级和情节，给予警告；情节严重的，责令限期停业整顿直至由原发证部门吊销执业许可证，对负有责任的医务人员依照刑法关于医疗事故罪的规定，依法追究刑事责任；尚不够刑事处罚的，依法给予行政处分或者纪律处分。

对发生医疗事故的有关医务人员，除依照前款处罚外，卫生行政部门并可以责令暂停 6 个月以上 1 年以下执业活动；情节严重的，吊销其执业证书。

第五十六条 医疗机构违反本条例的规定，有下列情形之一的，由卫生行政部门责令改正；情节严重的，对负有责任的主管人员和其他直接责任人员依法给予行政处分或者纪律处分：

（一）未如实告知患者病情、医疗措施和医疗风险的；

（二）没有正当理由，拒绝为患者提供复印或者复制病历资料服务的；

（三）未按照国务院卫生行政部门规定的要求书写和妥善保管病历资料的；

（四）未在规定时间内补记抢救工作病历内容的；

（五）未按照本条例的规定封存、保管和启封病历资料和实物的；

（六）未设置医疗服务质量监控部门或者配备专（兼）职人员的；

（七）未制定有关医疗事故防范和处理预案的；

（八）未在规定时间内向卫生行政部门报告重大医疗过失行为的；

（九）未按照本条例的规定向卫生行政部门报告医疗事故的；

（十）未按照规定进行尸检和保存、处理尸体的。

第五十七条 参加医疗事故技术鉴定工作的人员违反本条例的规定，接受申请鉴定双方或者一方当事人的财物或者其他利益，出具虚假医疗事故技术鉴定书，造成严重后果的，依照刑法关于受贿罪的规定，依法追究刑事责任；尚不够刑事处罚的，由原发证部门吊销其执业证书或者资格证书。

第五十八条 医疗机构或者其他有关机构违反本条例的规定，有下列情形之一的，由卫生行政部门责令改正，给予警告；对负有责任的主管人员和其他直接责任人员依法给予行政处分或者纪律处分；情节严重的，由原发证部门吊销其执业证书或者资格证书：

（一）承担尸检任务的机构没有正当理由，拒绝进行尸检的；

（二）涂改、伪造、隐匿、销毁病历资料的。

第五十九条 以医疗事故为由，寻衅滋事、抢夺病历资料，扰乱医疗机构正常医疗秩序和医疗事故技术鉴定工作，依照刑法关于扰乱社会秩序罪的规定，依法追究刑事责任；尚不够刑事处罚的，依法给予治安管理处罚。

第七章 附 则

第六十条 本条例所称医疗机构，是指依照《医疗机构管理条例》的规定取得《医疗机构执业许可证》的机构。

县级以上城市从事计划生育技术服务的机构依照《计划生育技术服务管理条例》的规定开展与计划生育有关的临床医疗服务，发生的计划生育技术服务事故，依照本条例的有关规定处理；但是，其中不属于医疗机构的县级以上城市从事计划生育技术服务的机构发生的计划生育技术服务事故，由计划生育行政部门行使依照本条例有关规定由卫生行政部门承担的受理、交由负责医疗事故技术鉴定工作的医学会组织鉴定和赔偿调解的职能；对发生计划生育技术服务事故的该机构及其有关责任人员，依法进行处理。

第六十一条 非法行医，造成患者人身损害，不属于医疗事故，触犯刑律的，依法追究刑事责任；有关赔偿，由受害人直接向人民法院提起诉讼。

第六十二条 军队医疗机构的医疗事故处理办法，由中国人民解放军卫生主管部门会同国务院卫生行政部门依据本条例制定。

第六十三条 本条例自 2002 年 9 月 1 日起施行。1987 年 6 月 29 日国务院发布的《医疗事故处理办法》同时废止。本条例施行前已经处理结案的医疗事故争议，不再重新处理。

中华人民共和国药品管理法

目 录

第一章 总 则

第一条 为了加强药品管理，保证药品质量，保障公众用药安全和合法权益，保护和促进公众健康，制定本法。

第二条 在中华人民共和国境内从事药品研制、生产、经营、使用和监督管理活动，适用本法。

本法所称药品，是指用于预防、治疗、诊断人的疾病，有目的地调节人的生理机能并规定有适应症或者功能主治、用法和用量的物质，包括中药、化学药和生物制品等。

第三条 药品管理应当以人民健康为中心，坚持风险管理、全程管控、社会共治的原则，建立科学、严格的监督管理制度，全面提升药品质量，保障药品的安全、有效、可及。

第四条 国家发展现代药和传统药，充分发挥其在预防、医疗和保健中的作用。

国家保护野生药材资源和中药品种，鼓励培育道地中药材。

第五条 国家鼓励研究和创制新药，保护公民、法人和其他组织研究、开发新药的合法权益。

第六条 国家对药品管理实行药品上市许可持有人制度。药品上市许可持有人依法对药品研制、生产、经营、使用全过程中药品的安全性、有效性和质量可控性负责。

第七条 从事药品研制、生产、经营、使用活动，应当遵守法律、法规、规章、标准和规范，保证全过程信息真实、准确、完整和可追溯。

第八条 国务院药品监督管理部门主管全国药品监督管理工作。国务院有关部门在各自职责范围内负责与药品有关的监督管理工作。国务院药品监督管理部门配合国务院有关部门，执行国家药品行业发展规划和产业政策。

省、自治区、直辖市人民政府药品监督管理部门负责本行政区域内的药品监督管理工作。设区的市级、县级人民政府承担药品监督管理职责的部门（以下称药品监督管理部门）负责本行政区域内的药品监督管理工作。县级以上地方人民政府有关部门在各自职责范围内负责与药品有关的监督管理工作。

第九条 县级以上地方人民政府对本行政区域内的药品监督管理工作负责，统一领导、组织、协调本行政区域内的药品监督管理工作以及药品安全突发事件应对工作，建立健全药品监督管理工作机制和信息共享机制。

第十条 县级以上人民政府应当将药品安全工作纳入本级国民经济和社会发展规划，将药品安全工作经费列入本级政府预算，加强药品监督管理能力建设，为药品安全工作提供保障。

第十一条 药品监督管理部门设置或者指定的药品专业技术机构，承担依法实施药品监督管理所需的审评、检验、核查、监测与评价等工作。

第十二条 国家建立健全药品追溯制度。国务院药品监督管理部门应当制定统一的药品追溯标准和规范，推进药品追溯信息互通互享，实现药品可追溯。

国家建立药物警戒制度，对药品不良反应及其他与用药有关的有害反应进行监测、识别、评估和控制。

第十三条 各级人民政府及其有关部门、药品行业协会等应当加强药品安全宣传教育，开展药品安全法律法规等知识的普及工作。

新闻媒体应当开展药品安全法律法规等知识的公益宣传，并对药品违法行为进行舆论监督。有关药品的宣传报道应当全面、科学、客观、公正。

第十四条 药品行业协会应当加强行业自律，建立健全行业规范，推动行业诚信体系建设，引导和督促会员依法开展药品生产经营等活动。

第十五条 县级以上人民政府及其有关部门对在药品研制、生产、经营、使用和监督管理工作中做出突出贡献的单位和个人，按照国家有关规定给予表彰、奖励。

第二章 药品研制和注册

第十六条 国家支持以临床价值为导向、对人的疾病具有明确或者特殊疗效的药物创新，鼓励具有新的治疗机理、治疗严重危及生命的疾病或者罕见病、对人体具有多靶向系统性调节干预功能等的新药研制，推动药品技术进步。

国家鼓励运用现代科学技术和传统中药研究方法开展中药科学技术研究和药物开发，建立和完善符合中药特点的技术评价体系，促进中药传承创新。

国家采取有效措施，鼓励儿童用药品的研制和创新，支持开发符合儿童生理特征的儿童用药品新品种、剂型和规格，对儿童用药品予以优先审评审批。

第十七条 从事药品研制活动，应当遵守药物非临床研究质量管理规范、药物临床试验质量管理规范，保证药品研制全过程持续符合法定要求。

药物非临床研究质量管理规范、药物临床试验质量管理规范由国务院药品监督管理部门会同国务院有关部门制定。

第十八条 开展药物非临床研究，应当符合国家有关规定，有与研究项目相适应的人员、场地、设备、仪器和管理制度，保证有关数据、资料和样品的真实性。

第十九条 开展药物临床试验，应当按照国务院药品监督管理部门的规定如实报送研制方法、质量指标、药理及毒理试验结果等有关数据、资料和样品，经国务院药品监督管理部门批准。国务院药品监督管理部门应当自受理临床试验申请之日起六十个工作日内决定是否同意并通知临床试验申办者，逾期未通知的，视为同意。其中，开展生物等效性试验的，报国务院药品监督管理部门备案。

开展药物临床试验，应当在具备相应条件的临床试验机构进行。药物临床试验机构实行备案管理，具体办法由国务院药品监督管理部门、国务院卫生健康主管部门共同制定。

第二十条 开展药物临床试验，应当符合伦理原则，制定临床试验方案，经伦理委员会审查同意。

伦理委员会应当建立伦理审查工作制度，保证伦理审查过程独立、客观、公正，监督规范开展药物临床试验，保障受试者合法权益，维护社会公共利益。

第二十一条 实施药物临床试验，应当向受试者或者其监护人如实说明和解释临床试验的目的和风险等详细情况，取得受试者或者其监护人自愿签署的知情同意书，并采取有效措施保护受试者合法权益。

第二十二条 药物临床试验期间，发现存在安全性问题或者其他风险的，临床试验申办者应当及时调整临床试验方案、暂停或者终止临床试验，并向国务院药品监督管理部门报告。必要时，国务院药品监督管理部门可以责令调整临床试验方案、暂停或者终止临床试验。

第二十三条 对正在开展临床试验的用于治疗严重危及生命且尚无有效治疗手段的疾病的药物，经医学观察可能获益，并且符合伦理原则的，经审查、知情同意后可以在开展临床试验的机构内用于其他病情相同的患者。

第二十四条 在中国境内上市的药品，应当经国务院药品监督管理部门批准，取得药品注册证书；但是，未实施审批管理的中药材和中药饮片除外。实施审批管理的中药材、中药饮片品种目录由国务院药品监督管理部门会同国务院中医药主管部门制定。

申请药品注册，应当提供真实、充分、可靠的数据、资料和样品，证明药品的安全性、有效性和质量可控性。

第二十五条 对申请注册的药品，国务院药品监督管理部门应当组织药学、医学和其他技术人员进行审评，对药品的安全性、有效性和质量可控性以及申请人的质量管理、风险防控和责任赔偿等能力进行审查；符合条件的，颁发药品注册证书。

国务院药品监督管理部门在审批药品时，对化学原料药一并审评审批，对相关辅料、直接接触药品的包装材料和容器一并审评，对药品的质量标准、生产工艺、标签和说明书一并核准。

本法所称辅料，是指生产药品和调配处方时所用的赋形剂和附加剂。

第二十六条 对治疗严重危及生命且尚无有效治疗手段的疾病以及公共卫生方面急需的药品，药物临床试验已有数据显示疗效并能预测其临床价值的，可以附条件批准，并在药品注册证书中载明相关事项。

第二十七条 国务院药品监督管理部门应当完善药品审评审批工作制度，加强能力建设，建立健全沟通交流、专家咨询等机制，优化审评审批流程，提高审评审批效率。

批准上市药品的审评结论和依据应当依法公开，接受社会监督。对审评审批中知悉的商业秘密应当保密。

第二十八条 药品应当符合国家药品标准。经国务院药品监督管理部门核准的药品质量标准高于国家药品标准的，按照经核准的药品质量标准执行；没有国家药品标准的，应当符合经核准的药品质量标准。

国务院药品监督管理部门颁布的《中华人民共和国药典》和药品标准为国家药品标准。

国务院药品监督管理部门会同国务院卫生健康主管部门组织药典委员会，负责国家药品标准的制定和修订。

国务院药品监督管理部门设置或者指定的药品检验机构负责标定国家药品标准品、对照品。

第二十九条　列入国家药品标准的药品名称为药品通用名称。已经作为药品通用名称的，该名称不得作为药品商标使用。

第三章　药品上市许可持有人

第三十条　药品上市许可持有人是指取得药品注册证书的企业或者药品研制机构等。

药品上市许可持有人应当依照本法规定，对药品的非临床研究、临床试验、生产经营、上市后研究、不良反应监测及报告与处理等承担责任。其他从事药品研制、生产、经营、储存、运输、使用等活动的单位和个人依法承担相应责任。

药品上市许可持有人的法定代表人、主要负责人对药品质量全面负责。

第三十一条　药品上市许可持有人应当建立药品质量保证体系，配备专门人员独立负责药品质量管理。

药品上市许可持有人应当对受托药品生产企业、药品经营企业的质量管理体系进行定期审核，监督其持续具备质量保证和控制能力。

第三十二条　药品上市许可持有人可以自行生产药品，也可以委托药品生产企业生产。

药品上市许可持有人自行生产药品的，应当依照本法规定取得药品生产许可证；委托生产的，应当委托符合条件的药品生产企业。药品上市许可持有人和受托生产企业应当签订委托协议和质量协议，并严格履行协议约定的义务。

国务院药品监督管理部门制定药品委托生产质量协议指南，指导、监督药品上市许可持有人和受托生产企业履行药品质量保证义务。

血液制品、麻醉药品、精神药品、医疗用毒性药品、药品类易制毒化学品不得委托生产；但是，国务院药品监督管理部门另有规定的除外。

第三十三条　药品上市许可持有人应当建立药品上市放行规程，对药品生产企业出厂放行的药品进行审核，经质量受权人签字后方可放行。不符合国家药品标准的，不得放行。

第三十四条　药品上市许可持有人可以自行销售其取得药品注册证书的药品，也可以委托药品经营企业销售。药品上市许可持有人从事药品零售活动的，应当取得药品经营许可证。

药品上市许可持有人自行销售药品的，应当具备本法第五十二条规定的条件；委托销售的，应当委托符合条件的药品经营企业。药品上市许可持有人和受托经营企业应当签订委托协议，并严格履行协议约定的义务。

第三十五条　药品上市许可持有人、药品生产企业、药品经营企业委托储存、运输药品的，应当对受托方的质量保证能力和风险管理能力进行评估，与其签订委托协议，约定药品质量责任、操作规程等内容，并对受托方进行监督。

第三十六条　药品上市许可持有人、药品生产企业、药品经营企业和医疗机构应当建立并实施药品追溯制度，按照规定提供追溯信息，保证药品可追溯。

第三十七条 药品上市许可持有人应当建立年度报告制度，每年将药品生产销售、上市后研究、风险管理等情况按照规定向省、自治区、直辖市人民政府药品监督管理部门报告。

第三十八条 药品上市许可持有人为境外企业的，应当由其指定的在中国境内的企业法人履行药品上市许可持有人义务，与药品上市许可持有人承担连带责任。

第三十九条 中药饮片生产企业履行药品上市许可持有人的相关义务，对中药饮片生产、销售实行全过程管理，建立中药饮片追溯体系，保证中药饮片安全、有效、可追溯。

第四十条 经国务院药品监督管理部门批准，药品上市许可持有人可以转让药品上市许可。受让方应当具备保障药品安全性、有效性和质量可控性的质量管理、风险防控和责任赔偿等能力，履行药品上市许可持有人义务。

第四章 药品生产

第四十一条 从事药品生产活动，应当经所在地省、自治区、直辖市人民政府药品监督管理部门批准，取得药品生产许可证。无药品生产许可证的，不得生产药品。

药品生产许可证应当标明有效期和生产范围，到期重新审查发证。

第四十二条 从事药品生产活动，应当具备以下条件：

（一）有依法经过资格认定的药学技术人员、工程技术人员及相应的技术工人；

（二）有与药品生产相适应的厂房、设施和卫生环境；

（三）有能对所生产药品进行质量管理和质量检验的机构、人员及必要的仪器设备；

（四）有保证药品质量的规章制度，并符合国务院药品监督管理部门依据本法制定的药品生产质量管理规范要求。

第四十三条 从事药品生产活动，应当遵守药品生产质量管理规范，建立健全药品生产质量管理体系，保证药品生产全过程持续符合法定要求。

药品生产企业的法定代表人、主要负责人对本企业的药品生产活动全面负责。

第四十四条 药品应当按照国家药品标准和经药品监督管理部门核准的生产工艺进行生产。生产、检验记录应当完整准确，不得编造。

中药饮片应当按照国家药品标准炮制；国家药品标准没有规定的，应当按照省、自治区、直辖市人民政府药品监督管理部门制定的炮制规范炮制。省、自治区、直辖市人民政府药品监督管理部门制定的炮制规范应当报国务院药品监督管理部门备案。不符合国家药品标准或者不按照省、自治区、直辖市人民政府药品监督管理部门制定的炮制规范炮制的，不得出厂、销售。

第四十五条 生产药品所需的原料、辅料，应当符合药用要求、药品生产质量管理规范的有关要求。

生产药品，应当按照规定对供应原料、辅料等的供应商进行审核，保证购进、使用的原料、辅料等符合前款规定要求。

第四十六条 直接接触药品的包装材料和容器，应当符合药用要求，符合保障人体健康、安全的标准。

对不合格的直接接触药品的包装材料和容器，由药品监督管理部门责令停止使用。

第四十七条 药品生产企业应当对药品进行质量检验。不符合国家药品标准的，不得出厂。

药品生产企业应当建立药品出厂放行规程，明确出厂放行的标准、条件。符合标准、条件的，经质量受权人签字后方可放行。

第四十八条 药品包装应当适合药品质量的要求，方便储存、运输和医疗使用。

发运中药材应当有包装。在每件包装上，应当注明品名、产地、日期、供货单位，并附有质量合格的标志。

第四十九条 药品包装应当按照规定印有或者贴有标签并附有说明书。

标签或者说明书应当注明药品的通用名称、成份、规格、上市许可持有人及其地址、生产企业及其地址、批准文号、产品批号、生产日期、有效期、适应症或者功能主治、用法、用量、禁忌、不良反应和注意事项。标签、说明书中的文字应当清晰，生产日期、有效期等事项应当显著标注，容易辨识。

麻醉药品、精神药品、医疗用毒性药品、放射性药品、外用药品和非处方药的标签、说明书，应当印有规定的标志。

第五十条 药品上市许可持有人、药品生产企业、药品经营企业和医疗机构中直接接触药品的工作人员，应当每年进行健康检查。患有传染病或者其他可能污染药品的疾病的，不得从事直接接触药品的工作。

第五章 药品经营

第五十一条 从事药品批发活动，应当经所在地省、自治区、直辖市人民政府药品监督管理部门批准，取得药品经营许可证。从事药品零售活动，应当经所在地县级以上地方人民政府药品监督管理部门批准，取得药品经营许可证。无药品经营许可证的，不得经营药品。

药品经营许可证应当标明有效期和经营范围，到期重新审查发证。

药品监督管理部门实施药品经营许可，除依据本法第五十二条规定的条件外，还应当遵循方便群众购药的原则。

第五十二条 从事药品经营活动应当具备以下条件：

（一）有依法经过资格认定的药师或者其他药学技术人员；

（二）有与所经营药品相适应的营业场所、设备、仓储设施和卫生环境；

（三）有与所经营药品相适应的质量管理机构或者人员；

（四）有保证药品质量的规章制度，并符合国务院药品监督管理部门依据本法制定的药品经营质量管理规范要求。

第五十三条 从事药品经营活动，应当遵守药品经营质量管理规范，建立健全药品经营质量管理体系，保证药品经营全过程持续符合法定要求。

国家鼓励、引导药品零售连锁经营。从事药品零售连锁经营活动的企业总部，应当建立统一的质量管理制度，对所属零售企业的经营活动履行管理责任。

药品经营企业的法定代表人、主要负责人对本企业的药品经营活动全面负责。

第五十四条 国家对药品实行处方药与非处方药分类管理制度。具体办法由国务院药品监督管理部门会同国务院卫生健康主管部门制定。

第五十五条 药品上市许可持有人、药品生产企业、药品经营企业和医疗机构应当从药品上市许可持有人或者具有药品生产、经营资格的企业购进药品；但是，购进未实施审批管理的中药材除外。

第五十六条 药品经营企业购进药品，应当建立并执行进货检查验收制度，验明药品合格证明和其他标识；不符合规定要求的，不得购进和销售。

第五十七条 药品经营企业购销药品，应当有真实、完整的购销记录。购销记录应当注明药品的通用名称、剂型、规格、产品批号、有效期、上市许可持有人、生产企业、购销单位、购销数量、购销价格、购销日期及国务院药品监督管理部门规定的其他内容。

第五十八条 药品经营企业零售药品应当准确无误，并正确说明用法、用量和注意事项；调配处方应当经过核对，对处方所列药品不得擅自更改或者代用。对有配伍禁忌或者超剂量的处方，应当拒绝调配；必要时，经处方医师更正或者重新签字，方可调配。

药品经营企业销售中药材，应当标明产地。

依法经过资格认定的药师或者其他药学技术人员负责本企业的药品管理、处方审核和调配、合理用药指导等工作。

第五十九条 药品经营企业应当制定和执行药品保管制度，采取必要的冷藏、防冻、防潮、防虫、防鼠等措施，保证药品质量。

药品入库和出库应当执行检查制度。

第六十条 城乡集市贸易市场可以出售中药材，国务院另有规定的除外。

第六十一条 药品上市许可持有人、药品经营企业通过网络销售药品，应当遵守本法药品经营的有关规定。具体管理办法由国务院药品监督管理部门会同国务院卫生健康主管部门等部门制定。

疫苗、血液制品、麻醉药品、精神药品、医疗用毒性药品、放射性药品、药品类易制毒化学品等国家实行特殊管理的药品不得在网络上销售。

第六十二条 药品网络交易第三方平台提供者应当按照国务院药品监督管理部门的规定，向所在地省、自治区、直辖市人民政府药品监督管理部门备案。

第三方平台提供者应当依法对申请进入平台经营的药品上市许可持有人、药品经营企业的资质等进行审核，保证其符合法定要求，并对发生在平台的药品经营行为进行管理。

第三方平台提供者发现进入平台经营的药品上市许可持有人、药品经营企业有违反本法规定行为的，应当及时制止并立即报告所在地县级人民政府药品监督管理部门；发现严重违法行为的，应当立即停止提供网络交易平台服务。

第六十三条 新发现和从境外引种的药材，经国务院药品监督管理部门批准后，方可销售。

第六十四条 药品应当从允许药品进口的口岸进口，并由进口药品的企业向口岸所在地药品监督管理部门备案。海关凭药品监督管理部门出具的进口药品通关单办理通关手续。无进口药品通关单的，海关不得放行。

口岸所在地药品监督管理部门应当通知药品检验机构按照国务院药品监督管理部门的规定对进口药品进行抽查检验。

允许药品进口的口岸由国务院药品监督管理部门会同海关总署提出，报国务院批准。

第六十五条 医疗机构因临床急需进口少量药品的，经国务院药品监督管理部门或者国务院授权的省、自治区、直辖市人民政府批准，可以进口。进口的药品应当在指定医疗机构内用于特定医疗目的。

个人自用携带入境少量药品，按照国家有关规定办理。

第六十六条 进口、出口麻醉药品和国家规定范围内的精神药品，应当持有国务院药品监督管理部门颁发的进口准许证、出口准许证。

第六十七条 禁止进口疗效不确切、不良反应大或者因其他原因危害人体健康的药品。

第六十八条 国务院药品监督管理部门对下列药品在销售前或者进口时，应当指定药品检验机构进行检验；未经检验或者检验不合格的，不得销售或者进口：

（一）首次在中国境内销售的药品；

（二）国务院药品监督管理部门规定的生物制品；

（三）国务院规定的其他药品。

第六章 医疗机构药事管理

第六十九条 医疗机构应当配备依法经过资格认定的药师或者其他药学技术人员，负责本单位的药品管理、处方审核和调配、合理用药指导等工作。非药学技术人员不得直接从事药剂技术工作。

第七十条 医疗机构购进药品，应当建立并执行进货检查验收制度，验明药品合格证明和其他标识；不符合规定要求的，不得购进和使用。

第七十一条 医疗机构应当有与所使用药品相适应的场所、设备、仓储设施和卫生环境，制定和执行药品保管制度，采取必要的冷藏、防冻、防潮、防虫、防鼠等措施，保证药品质量。

第七十二条 医疗机构应当坚持安全有效、经济合理的用药原则，遵循药品临床应用指导原则、临床诊疗指南和药品说明书等合理用药，对医师处方、用药医嘱的适宜性进行审核。

医疗机构以外的其他药品使用单位，应当遵守本法有关医疗机构使用药品的规定。

第七十三条 依法经过资格认定的药师或者其他药学技术人员调配处方，应当进行核对，对处方所列药品不得擅自更改或者代用。对有配伍禁忌或者超剂量的处方，应当拒绝调配；必要时，经处方医师更正或者重新签字，方可调配。

第七十四条 医疗机构配制制剂，应当经所在地省、自治区、直辖市人民政府药品监督管理部门批准，取得医疗机构制剂许可证。无医疗机构制剂许可证的，不得配制制剂。

医疗机构制剂许可证应当标明有效期，到期重新审查发证。

第七十五条 医疗机构配制制剂，应当有能够保证制剂质量的设施、管理制度、检验仪器和卫生环境。

医疗机构配制制剂，应当按照经核准的工艺进行，所需的原料、辅料和包装材料等应当符合药用要求。

第七十六条 医疗机构配制的制剂，应当是本单位临床需要而市场上没有供应的品种，并应当经所在地省、自治区、直辖市人民政府药品监督管理部门批准；但是，法律对配制中药制剂另有规定的除外。

医疗机构配制的制剂应当按照规定进行质量检验；合格的，凭医师处方在本单位使用。经国务院药品监督管理部门或者省、自治区、直辖市人民政府药品监督管理部门批准，医疗机构配制的制剂可以在指定的医疗机构之间调剂使用。

医疗机构配制的制剂不得在市场上销售。

第七章 药品上市后管理

第七十七条 药品上市许可持有人应当制定药品上市后风险管理计划，主动开展药品上市后研究，对药品的安全性、有效性和质量可控性进行进一步确证，加强对已上市药品的持续管理。

第七十八条 对附条件批准的药品，药品上市许可持有人应当采取相应风险管理措施，并在规定期限内按照要求完成相关研究；逾期未按照要求完成研究或者不能证明其获益大于风险的，国务院药品监督管理部门应当依法处理，直至注销药品注册证书。

第七十九条 对药品生产过程中的变更，按照其对药品安全性、有效性和质量可控性的风险和产生影响的程度，实行分类管理。属于重大变更的，应当经国务院药品监督管理部门批准，其他变更应当按照国务院药品监督管理部门的规定备案或者报告。

药品上市许可持有人应当按照国务院药品监督管理部门的规定，全面评估、验证变更事项对药品安全性、有效性和质量可控性的影响。

第八十条 药品上市许可持有人应当开展药品上市后不良反应监测，主动收集、跟踪分析疑似药品不良反应信息，对已识别风险的药品及时采取风险控制措施。

第八十一条 药品上市许可持有人、药品生产企业、药品经营企业和医疗机构应当经常考察本单位所生产、经营、使用的药品质量、疗效和不良反应。发现疑似不良反应的，应当及时向药品监督管理部门和卫生健康主管部门报告。具体办法由国务院药品监督管理部门会同国务院卫生健康主管部门制定。

对已确认发生严重不良反应的药品，由国务院药品监督管理部门或者省、自治区、直辖市人民政府药品监督管理部门根据实际情况采取停止生产、销售、使用等紧急控制措施，并应当在五日内组织鉴定，自鉴定结论作出之日起十五日内依法作出行政处理决定。

第八十二条 药品存在质量问题或者其他安全隐患的，药品上市许可持有人应当立即停止销售，告知相关药品经营企业和医疗机构停止销售和使用，召回已销售的药品，及时公开召回信息，必要时应当立即停止生产，并将药品召回和处理情况向省、自治区、直辖市人民政府药品监督管理部门和卫生健康主管部门报告。药品生产企业、药品经营企业和医疗机构应当配合。

药品上市许可持有人依法应当召回药品而未召回的，省、自治区、直辖市人民政府药品监督管理部门应当责令其召回。

第八十三条 药品上市许可持有人应当对已上市药品的安全性、有效性和质量可控性定期开展上市后评价。必要时，国务院药品监督管理部门可以责令药品上市许可持有人开展上市后评价或者直接组织开展上市后评价。

经评价，对疗效不确切、不良反应大或者因其他原因危害人体健康的药品，应当注销药品注册证书。

已被注销药品注册证书的药品，不得生产或者进口、销售和使用。

已被注销药品注册证书、超过有效期等的药品，应当由药品监督管理部门监督销毁或者依法采取其他无害化处理等措施。

第八章 药品价格和广告

第八十四条 国家完善药品采购管理制度，对药品价格进行监测，开展成本价格调查，加强药品价格监督检查，依法查处价格垄断、哄抬价格等药品价格违法行为，维护药品价格秩序。

第八十五条 依法实行市场调节价的药品，药品上市许可持有人、药品生产企业、药品经营企业和医疗机构应当按照公平、合理和诚实信用、质价相符的原则制定价格，为用药者提供价格合理的药品。

药品上市许可持有人、药品生产企业、药品经营企业和医疗机构应当遵守国务院药品价格主管部门关于药品价格管理的规定，制定和标明药品零售价格，禁止暴利、价格垄断和价格欺诈等行为。

第八十六条 药品上市许可持有人、药品生产企业、药品经营企业和医疗机构应当依法向药品价格主管部门提供其药品的实际购销价格和购销数量等资料。

第八十七条 医疗机构应当向患者提供所用药品的价格清单，按照规定如实公布其常用药品的价格，加强合理用药管理。具体办法由国务院卫生健康主管部门制定。

第八十八条 禁止药品上市许可持有人、药品生产企业、药品经营企业和医疗机构在药品购销中给予、收受回扣或者其他不正当利益。

禁止药品上市许可持有人、药品生产企业、药品经营企业或者代理人以任何名义给予使用其药品的医疗机构的负责人、药品采购人员、医师、药师等有关人员财物或者其他不正当利益。禁止医疗机构的负责人、药品采购人员、医师、药师等有关人员以任何名义收受药品上市许可持有人、药品生产企业、药品经营企业或者代理人给予的财物或者其他不正当利益。

第八十九条 药品广告应当经广告主所在地省、自治区、直辖市人民政府确定的广告审查机关批准；未经批准的，不得发布。

第九十条 药品广告的内容应当真实、合法，以国务院药品监督管理部门核准的药品说明书为准，不得含有虚假的内容。

药品广告不得含有表示功效、安全性的断言或者保证；不得利用国家机关、科研单位、学术机构、行业协会或者专家、学者、医师、药师、患者等的名义或者形象作推荐、证明。

非药品广告不得有涉及药品的宣传。

第九十一条 药品价格和广告，本法未作规定的，适用《中华人民共和国价格法》《中华人民共和国反垄断法》《中华人民共和国反不正当竞争法》《中华人民共和国广告法》等的规定。

第九章 药品储备和供应

第九十二条 国家实行药品储备制度，建立中央和地方两级药品储备。

发生重大灾情、疫情或者其他突发事件时，依照《中华人民共和国突发事件应对法》的规定，可以紧急调用药品。

第九十三条 国家实行基本药物制度，遴选适当数量的基本药物品种，加强组织生产和储备，提高基本药物的供给能力，满足疾病防治基本用药需求。

第九十四条 国家建立药品供求监测体系，及时收集和汇总分析短缺药品供求信息，对短缺药品实行预警，采取应对措施。

第九十五条 国家实行短缺药品清单管理制度。具体办法由国务院卫生健康主管部门会同国务院药品监督管理部门等部门制定。

药品上市许可持有人停止生产短缺药品的，应当按照规定向国务院药品监督管理部门或者省、自治区、直辖市人民政府药品监督管理部门报告。

第九十六条 国家鼓励短缺药品的研制和生产，对临床急需的短缺药品、防治重大传染病和罕见病等疾病的新药予以优先审评审批。

第九十七条 对短缺药品，国务院可以限制或者禁止出口。必要时，国务院有关部门可以采取组织生产、价格干预和扩大进口等措施，保障药品供应。

药品上市许可持有人、药品生产企业、药品经营企业应当按照规定保障药品的生产和供应。

第十章 监督管理

第九十八条 禁止生产（包括配制，下同）、销售、使用假药、劣药。

有下列情形之一的，为假药：

（一）药品所含成份与国家药品标准规定的成份不符；

（二）以非药品冒充药品或者以他种药品冒充此种药品；

（三）变质的药品；

（四）药品所标明的适应症或者功能主治超出规定范围。

有下列情形之一的，为劣药：

（一）药品成份的含量不符合国家药品标准；

（二）被污染的药品；

（三）未标明或者更改有效期的药品；

（四）未注明或者更改产品批号的药品；

（五）超过有效期的药品；

（六）擅自添加防腐剂、辅料的药品；

（七）其他不符合药品标准的药品。

禁止未取得药品批准证明文件生产、进口药品；禁止使用未按照规定审评、审批的原料药、包装材料和容器生产药品。

第九十九条 药品监督管理部门应当依照法律、法规的规定对药品研制、生产、经营和药品使用单位使用药品等活动进行监督检查，必要时可以对为药品研制、生产、经营、使用提供产品或者服务的单位和个人进行延伸检查，有关单位和个人应当予以配合，不得拒绝和隐瞒。

药品监督管理部门应当对高风险的药品实施重点监督检查。

对有证据证明可能存在安全隐患的，药品监督管理部门根据监督检查情况，应当采取告诫、约谈、限期整改以及暂停生产、销售、使用、进口等措施，并及时公布检查处理结果。

药品监督管理部门进行监督检查时，应当出示证明文件，对监督检查中知悉的商业秘密应当保密。

第一百条　药品监督管理部门根据监督管理的需要，可以对药品质量进行抽查检验。抽查检验应当按照规定抽样，并不得收取任何费用；抽样应当购买样品。所需费用按照国务院规定列支。

对有证据证明可能危害人体健康的药品及其有关材料，药品监督管理部门可以查封、扣押，并在七日内作出行政处理决定；药品需要检验的，应当自检验报告书发出之日起十五日内作出行政处理决定。

第一百零一条　国务院和省、自治区、直辖市人民政府的药品监督管理部门应当定期公告药品质量抽查检验结果；公告不当的，应当在原公告范围内予以更正。

第一百零二条　当事人对药品检验结果有异议的，可以自收到药品检验结果之日起七日内向原药品检验机构或者上一级药品监督管理部门设置或者指定的药品检验机构申请复验，也可以直接向国务院药品监督管理部门设置或者指定的药品检验机构申请复验。受理复验的药品检验机构应当在国务院药品监督管理部门规定的时间内作出复验结论。

第一百零三条　药品监督管理部门应当对药品上市许可持有人、药品生产企业、药品经营企业和药物非临床安全性评价研究机构、药物临床试验机构等遵守药品生产质量管理规范、药品经营质量管理规范、药物非临床研究质量管理规范、药物临床试验质量管理规范等情况进行检查，监督其持续符合法定要求。

第一百零四条　国家建立职业化、专业化药品检查员队伍。检查员应当熟悉药品法律法规，具备药品专业知识。

第一百零五条　药品监督管理部门建立药品上市许可持有人、药品生产企业、药品经营企业、药物非临床安全性评价研究机构、药物临床试验机构和医疗机构药品安全信用档案，记录许可颁发、日常监督检查结果、违法行为查处等情况，依法向社会公布并及时更新；对有不良信用记录的，增加监督检查频次，并可以按照国家规定实施联合惩戒。

第一百零六条　药品监督管理部门应当公布本部门的电子邮件地址、电话，接受咨询、投诉、举报，并依法及时答复、核实、处理。对查证属实的举报，按照有关规定给予举报人奖励。

药品监督管理部门应当对举报人的信息予以保密，保护举报人的合法权益。举报人举报所在单位的，该单位不得以解除、变更劳动合同或者其他方式对举报人进行打击报复。

第一百零七条　国家实行药品安全信息统一公布制度。国家药品安全总体情况、药品安全风险警示信息、重大药品安全事件及其调查处理信息和国务院确定需要统一公布的其他信息由国务院药品监督管理部门统一公布。药品安全风险警示信息和重大药品安全事件及其调查处理信息的影响限于特定区域的，也可以由有关省、自治区、直辖市人民政府药品监督管理部门公布。未经授权不得发布上述信息。

公布药品安全信息，应当及时、准确、全面，并进行必要的说明，避免误导。

任何单位和个人不得编造、散布虚假药品安全信息。

第一百零八条　县级以上人民政府应当制定药品安全事件应急预案。药品上市许可持有人、药品生产企业、药品经营企业和医疗机构等应当制定本单位的药品安全事件处置方案，并组织开展培训和应急演练。

发生药品安全事件，县级以上人民政府应当按照应急预案立即组织开展应对工作；有关单位应当立即采取有效措施进行处置，防止危害扩大。

第一百零九条 药品监督管理部门未及时发现药品安全系统性风险，未及时消除监督管理区域内药品安全隐患的，本级人民政府或者上级人民政府药品监督管理部门应当对其主要负责人进行约谈。

地方人民政府未履行药品安全职责，未及时消除区域性重大药品安全隐患的，上级人民政府或者上级人民政府药品监督管理部门应当对其主要负责人进行约谈。

被约谈的部门和地方人民政府应当立即采取措施，对药品监督管理工作进行整改。

约谈情况和整改情况应当纳入有关部门和地方人民政府药品监督管理工作评议、考核记录。

第一百一十条 地方人民政府及其药品监督管理部门不得以要求实施药品检验、审批等手段限制或者排斥非本地区药品上市许可持有人、药品生产企业生产的药品进入本地区。

第一百一十一条 药品监督管理部门及其设置或者指定的药品专业技术机构不得参与药品生产经营活动，不得以其名义推荐或者监制、监销药品。

药品监督管理部门及其设置或者指定的药品专业技术机构的工作人员不得参与药品生产经营活动。

第一百一十二条 国务院对麻醉药品、精神药品、医疗用毒性药品、放射性药品、药品类易制毒化学品等有其他特殊管理规定的，依照其规定。

第一百一十三条 药品监督管理部门发现药品违法行为涉嫌犯罪的，应当及时将案件移送公安机关。

对依法不需要追究刑事责任或者免予刑事处罚，但应当追究行政责任的，公安机关、人民检察院、人民法院应当及时将案件移送药品监督管理部门。

公安机关、人民检察院、人民法院商请药品监督管理部门、生态环境主管部门等部门提供检验结论、认定意见以及对涉案药品进行无害化处理等协助的，有关部门应当及时提供，予以协助。

第十一章　法律责任

第一百一十四条 违反本法规定，构成犯罪的，依法追究刑事责任。

第一百一十五条 未取得药品生产许可证、药品经营许可证或者医疗机构制剂许可证生产、销售药品的，责令关闭，没收违法生产、销售的药品和违法所得，并处违法生产、销售的药品（包括已售出和未售出的药品，下同）货值金额十五倍以上三十倍以下的罚款；货值金额不足十万元的，按十万元计算。

第一百一十六条 生产、销售假药的，没收违法生产、销售的药品和违法所得，责令停产停业整顿，吊销药品批准证明文件，并处违法生产、销售的药品货值金额十五倍以上三十倍以下的罚款；货值金额不足十万元的，按十万元计算；情节严重的，吊销药品生产许可证、药品经营许可证或者医疗机构制剂许可证，十年内不受理其相应申请；药品上市许可持有人为境外企业的，十年内禁止其药品进口。

第一百一十七条 生产、销售劣药的，没收违法生产、销售的药品和违法所得，并处违法生产、销售的药品货值金额十倍以上二十倍以下的罚款；违法生产、批发的药品货值金额不足十万元的，按十万元计算，违法零售的药品货值金额不足一万元的，按一万元计算；情节严重的，责令停产停业整顿直至吊销药品批准证明文件、药品生产许可证、药品经营许可证或者医疗机构制剂许可证。

生产、销售的中药饮片不符合药品标准，尚不影响安全性、有效性的，责令限期改正，给予警告；可以处十万元以上五十万元以下的罚款。

第一百一十八条 生产、销售假药，或者生产、销售劣药且情节严重的，对法定代表人、主要负责人、直接负责的主管人员和其他责任人员，没收违法行为发生期间自本单位所获收入，并处所获收入百分之三十以上三倍以下的罚款，终身禁止从事药品生产经营活动，并可以由公安机关处五日以上十五日以下的拘留。

对生产者专门用于生产假药、劣药的原料、辅料、包装材料、生产设备予以没收。

第一百一十九条 药品使用单位使用假药、劣药的，按照销售假药、零售劣药的规定处罚；情节严重的，法定代表人、主要负责人、直接负责的主管人员和其他责任人员有医疗卫生人员执业证书的，还应当吊销执业证书。

第一百二十条 知道或者应当知道属于假药、劣药或者本法第一百二十四条第一款第一项至第五项规定的药品，而为其提供储存、运输等便利条件的，没收全部储存、运输收入，并处违法收入一倍以上五倍以下的罚款；情节严重的，并处违法收入五倍以上十五倍以下的罚款；违法收入不足五万元的，按五万元计算。

第一百二十一条 对假药、劣药的处罚决定，应当依法载明药品检验机构的质量检验结论。

第一百二十二条 伪造、变造、出租、出借、非法买卖许可证或者药品批准证明文件的，没收违法所得，并处违法所得一倍以上五倍以下的罚款；情节严重的，并处违法所得五倍以上十五倍以下的罚款，吊销药品生产许可证、药品经营许可证、医疗机构制剂许可证或者药品批准证明文件，对法定代表人、主要负责人、直接负责的主管人员和其他责任人员，处二万元以上二十万元以下的罚款，十年内禁止从事药品生产经营活动，并可以由公安机关处五日以上十五日以下的拘留；违法所得不足十万元的，按十万元计算。

第一百二十三条 提供虚假的证明、数据、资料、样品或者采取其他手段骗取临床试验许可、药品生产许可、药品经营许可、医疗机构制剂许可或者药品注册等许可的，撤销相关许可，十年内不受理其相应申请，并处五十万元以上五百万元以下的罚款；情节严重的，对法定代表人、主要负责人、直接负责的主管人员和其他责任人员，处二万元以上二十万元以下的罚款，十年内禁止从事药品生产经营活动，并可以由公安机关处五日以上十五日以下的拘留。

第一百二十四条 违反本法规定，有下列行为之一的，没收违法生产、进口、销售的药品和违法所得以及专门用于违法生产的原料、辅料、包装材料和生产设备，责令停产停业整顿，并处违法生产、进口、销售的药品货值金额十五倍以上三十倍以下的罚款；货值金额不足十万元的，按十万元计算；情节严重的，吊销药品批准证明文件直至吊销药品生产许可证、药品经营许可证或者医疗机构制剂许可证，对法定代表人、主要负责人、直接负责的主管人员和其他责任人员，没收违法行为发生期间自本单位所获收入，并处所获收入百分之三十以上三倍以下的罚款，十年直至终身禁止从事药品生产经营活动，并可以由公安机关处五日以上十五日以下的拘留：

（一）未取得药品批准证明文件生产、进口药品；
（二）使用采取欺骗手段取得的药品批准证明文件生产、进口药品；
（三）使用未经审评审批的原料药生产药品；
（四）应当检验而未经检验即销售药品；
（五）生产、销售国务院药品监督管理部门禁止使用的药品；
（六）编造生产、检验记录；
（七）未经批准在药品生产过程中进行重大变更。

销售前款第一项至第三项规定的药品，或者药品使用单位使用前款第一项至第五项规定的药品的，依照前款规定处罚；情节严重的，药品使用单位的法定代表人、主要负责人、直接负责的主管人员和其他责任人员有医疗卫生人员执业证书的，还应当吊销执业证书。

未经批准进口少量境外已合法上市的药品，情节较轻的，可以依法减轻或者免予处罚。

第一百二十五条 违反本法规定，有下列行为之一的，没收违法生产、销售的药品和违法所得以及包装材料、容器，责令停产停业整顿，并处五十万元以上五百万元以下的罚款；情节严重的，吊销药品批准证明文件、药品生产许可证、药品经营许可证，对法定代表人、主要负责人、直接负责的主管人员和其他责任人员处二万元以上二十万元以下的罚款，十年直至终身禁止从事药品生产经营活动：

（一）未经批准开展药物临床试验；
（二）使用未经审评的直接接触药品的包装材料或者容器生产药品，或者销售该类药品；
（三）使用未经核准的标签、说明书。

第一百二十六条 除本法另有规定的情形外，药品上市许可持有人、药品生产企业、药品经营企业、药物非临床安全性评价研究机构、药物临床试验机构等未遵守药品生产质量管理规范、药品经营质量管理规范、药物非临床研究质量管理规范、药物临床试验质量管理规范等的，责令限期改正，给予警告；逾期不改正的，处十万元以上五十万元以下的罚款；情节严重的，处五十万元以上二百万元以下的罚款，责令停产停业整顿直至吊销药品批准证明文件、药品生产许可证、药品经营许可证等，药物非临床安全性评价研究机构、药物临床试验机构等五年内不得开展药物非临床安全性评价研究、药物临床试验，对法定代表人、主要负责人、直接负责的主管人员和其他责任人员，没收违法行为发生期间自本单位所获收入，并处所获收入百分之十以上百分之五十以下的罚款，十年直至终身禁止从事药品生产经营等活动。

第一百二十七条 违反本法规定，有下列行为之一的，责令限期改正，给予警告；逾期不改正的，处十万元以上五十万元以下的罚款：

（一）开展生物等效性试验未备案；
（二）药物临床试验期间，发现存在安全性问题或者其他风险，临床试验申办者未及时调整临床试验方案、暂停或者终止临床试验，或者未向国务院药品监督管理部门报告；
（三）未按照规定建立并实施药品追溯制度；
（四）未按照规定提交年度报告；
（五）未按照规定对药品生产过程中的变更进行备案或者报告；
（六）未制定药品上市后风险管理计划；
（七）未按照规定开展药品上市后研究或者上市后评价。

第一百二十八条 除依法应当按照假药、劣药处罚的外，药品包装未按照规定印有、贴有标签或者附有说明书，标签、说明书未按照规定注明相关信息或者印有规定标志的，责令改正，给予警告；情节严重的，吊销药品注册证书。

第一百二十九条 违反本法规定，药品上市许可持有人、药品生产企业、药品经营企业或者医疗机构未从药品上市许可持有人或者具有药品生产、经营资格的企业购进药品的，责令改正，没收违法购进的药品和违法所得，并处违法购进药品货值金额二倍以上十倍以下的罚款；情节严重的，并处货值金额十倍以上三十倍以下的罚款，吊销药品批准证明文件、药品生产许可证、药品经营许可证或者医疗机构执业许可证；货值金额不足五万元的，按五万元计算。

第一百三十条 违反本法规定，药品经营企业购销药品未按照规定进行记录，零售药品未正确说明用法、用量等事项，或者未按照规定调配处方的，责令改正，给予警告；情节严重的，吊销药品经营许可证。

第一百三十一条 违反本法规定，药品网络交易第三方平台提供者未履行资质审核、报告、停止提供网络交易平台服务等义务的，责令改正，没收违法所得，并处二十万元以上二百万元以下的罚款；情节严重的，责令停业整顿，并处二百万元以上五百万元以下的罚款。

第一百三十二条 进口已获得药品注册证书的药品，未按照规定向允许药品进口的口岸所在地药品监督管理部门备案的，责令限期改正，给予警告；逾期不改正的，吊销药品注册证书。

第一百三十三条 违反本法规定，医疗机构将其配制的制剂在市场上销售的，责令改正，没收违法销售的制剂和违法所得，并处违法销售制剂货值金额二倍以上五倍以下的罚款；情节严重的，并处货值金额五倍以上十五倍以下的罚款；货值金额不足五万元的，按五万元计算。

第一百三十四条 药品上市许可持有人未按照规定开展药品不良反应监测或者报告疑似药品不良反应的，责令限期改正，给予警告；逾期不改正的，责令停产停业整顿，并处十万元以上一百万元以下的罚款。

药品经营企业未按照规定报告疑似药品不良反应的，责令限期改正，给予警告；逾期不改正的，责令停产停业整顿，并处五万元以上五十万元以下的罚款。

医疗机构未按照规定报告疑似药品不良反应的，责令限期改正，给予警告；逾期不改正的，处五万元以上五十万元以下的罚款。

第一百三十五条 药品上市许可持有人在省、自治区、直辖市人民政府药品监督管理部门责令其召回后，拒不召回的，处应召回药品货值金额五倍以上十倍以下的罚款；货值金额不足十万元的，按十万元计算；情节严重的，吊销药品批准证明文件、药品生产许可证、药品经营许可证，对法定代表人、主要负责人、直接负责的主管人员和其他责任人员，处二万元以上二十万元以下的罚款。药品生产企业、药品经营企业、医疗机构拒不配合召回的，处十万元以上五十万元以下的罚款。

第一百三十六条 药品上市许可持有人为境外企业的，其指定的在中国境内的企业法人未依照本法规定履行相关义务的，适用本法有关药品上市许可持有人法律责任的规定。

第一百三十七条 有下列行为之一的，在本法规定的处罚幅度内从重处罚：

（一）以麻醉药品、精神药品、医疗用毒性药品、放射性药品、药品类易制毒化学品冒充其他药品，或者以其他药品冒充上述药品；

（二）生产、销售以孕产妇、儿童为主要使用对象的假药、劣药；

（三）生产、销售的生物制品属于假药、劣药；

（四）生产、销售假药、劣药，造成人身伤害后果；

（五）生产、销售假药、劣药，经处理后再犯；

（六）拒绝、逃避监督检查，伪造、销毁、隐匿有关证据材料，或者擅自动用查封、扣押物品。

第一百三十八条 药品检验机构出具虚假检验报告的，责令改正，给予警告，对单位并处二十万元以上一百万元以下的罚款；对直接负责的主管人员和其他直接责任人员依法给予降级、撤职、开除处分，没收违法所得，并处五万元以下的罚款；情节严重的，撤销其检验资格。药品检验机构出具的检验结果不实，造成损失的，应当承担相应的赔偿责任。

第一百三十九条 本法第一百一十五条至第一百三十八条规定的行政处罚，由县级以上人民政府药品监督管理部门按照职责分工决定；撤销许可、吊销许可证件的，由原批准、发证的部门决定。

第一百四十条 药品上市许可持有人、药品生产企业、药品经营企业或者医疗机构违反本法规定聘用人员的，由药品监督管理部门或者卫生健康主管部门责令解聘，处五万元以上二十万元以下的罚款。

第一百四十一条 药品上市许可持有人、药品生产企业、药品经营企业或者医疗机构在药品购销中给予、收受回扣或者其他不正当利益的，药品上市许可持有人、药品生产企业、药品经营企业或者代理人给予使用其药品的医疗机构的负责人、药品采购人员、医师、药师等有关人员财物或者其他不正当利益的，由市场监督管理部门没收违法所得，并处三十万元以上三百万元以下的罚款；情节严重的，吊销药品上市许可持有人、药品生产企业、药品经营企业营业执照，并由药品监督管理部门吊销药品批准证明文件、药品生产许可证、药品经营许可证。

药品上市许可持有人、药品生产企业、药品经营企业在药品研制、生产、经营中向国家工作人员行贿的，对法定代表人、主要负责人、直接负责的主管人员和其他责任人员终身禁止从事药品生产经营活动。

第一百四十二条 药品上市许可持有人、药品生产企业、药品经营企业的负责人、采购人员等有关人员在药品购销中收受其他药品上市许可持有人、药品生产企业、药品经营企业或者代理人给予的财物或者其他不正当利益的，没收违法所得，依法给予处罚；情节严重的，五年内禁止从事药品生产经营活动。

医疗机构的负责人、药品采购人员、医师、药师等有关人员收受药品上市许可持有人、药品生产企业、药品经营企业或者代理人给予的财物或者其他不正当利益的，由卫生健康主管部门或者本单位给予处分，没收违法所得；情节严重的，还应当吊销其执业证书。

第一百四十三条 违反本法规定，编造、散布虚假药品安全信息，构成违反治安管理行为的，由公安机关依法给予治安管理处罚。

第一百四十四条 药品上市许可持有人、药品生产企业、药品经营企业或者医疗机构违反本法规定，给用药者造成损害的，依法承担赔偿责任。

因药品质量问题受到损害的，受害人可以向药品上市许可持有人、药品生产企业请求赔偿损失，也可以向药品经营企业、医疗机构请求赔偿损失。接到受害人赔偿请求的，应当实行首负责任制，先行赔付；先行赔付后，可以依法追偿。

生产假药、劣药或者明知是假药、劣药仍然销售、使用的，受害人或者其近亲属除请求赔偿损失外，还可以请求支付价款十倍或者损失三倍的赔偿金；增加赔偿的金额不足一千元的，为一千元。

第一百四十五条 药品监督管理部门或者其设置、指定的药品专业技术机构参与药品生产经营活动的，由其上级主管机关责令改正，没收违法收入；情节严重的，对直接负责的主管人员和其他直接责任人员依法给予处分。

药品监督管理部门或者其设置、指定的药品专业技术机构的工作人员参与药品生产经营活动的，依法给予处分。

第一百四十六条 药品监督管理部门或者其设置、指定的药品检验机构在药品监督检验中违法收取检验费用的，由政府有关部门责令退还，对直接负责的主管人员和其他直接责任人员依法给予处分；情节严重的，撤销其检验资格。

第一百四十七条 违反本法规定，药品监督管理部门有下列行为之一的，应当撤销相关许可，对直接负责的主管人员和其他直接责任人员依法给予处分：

（一）不符合条件而批准进行药物临床试验；

（二）对不符合条件的药品颁发药品注册证书；

（三）对不符合条件的单位颁发药品生产许可证、药品经营许可证或者医疗机构制剂许可证。

第一百四十八条 违反本法规定，县级以上地方人民政府有下列行为之一的，对直接负责的主管人员和其他直接责任人员给予记过或者记大过处分；情节严重的，给予降级、撤职或者开除处分：

（一）瞒报、谎报、缓报、漏报药品安全事件；

（二）未及时消除区域性重大药品安全隐患，造成本行政区域内发生特别重大药品安全事件，或者连续发生重大药品安全事件；

（三）履行职责不力，造成严重不良影响或者重大损失。

第一百四十九条 违反本法规定，药品监督管理等部门有下列行为之一的，对直接负责的主管人员和其他直接责任人员给予记过或者记大过处分；情节较重的，给予降级或者撤职处分；情节严重的，给予开除处分：

（一）瞒报、谎报、缓报、漏报药品安全事件；

（二）对发现的药品安全违法行为未及时查处；

（三）未及时发现药品安全系统性风险，或者未及时消除监督管理区域内药品安全隐患，造成严重影响；

（四）其他不履行药品监督管理职责，造成严重不良影响或者重大损失。

第一百五十条 药品监督管理人员滥用职权、徇私舞弊、玩忽职守的，依法给予处分。

查处假药、劣药违法行为有失职、渎职行为的，对药品监督管理部门直接负责的主管人员和其他直接责任人员依法从重给予处分。

第一百五十一条 本章规定的货值金额以违法生产、销售药品的标价计算；没有标价的，按照同类药品的市场价格计算。

第十二章 附 则

第一百五十二条 中药材种植、采集和饲养的管理，依照有关法律、法规的规定执行。

第一百五十三条 地区性民间习用药材的管理办法，由国务院药品监督管理部门会同国务院中医药主管部门制定。

第一百五十四条 中国人民解放军和中国人民武装警察部队执行本法的具体办法，由国务院、中央军事委员会依据本法制定。

第一百五十五条 本法自 2019 年 12 月 1 日起施行。

中华人民共和国侵权责任法

第一章　一般规定

第一条　为保护民事主体的合法权益，明确侵权责任，预防并制裁侵权行为，促进社会和谐稳定，制定本法。

第二条　侵害民事权益，应当依照本法承担侵权责任。本法所称民事权益，包括生命权、健康权、姓名权、名誉权、荣誉权、肖像权、隐私权、婚姻自主权、监护权、所有权、用益物权、担保物权、著作权、专利权、商标专用权、发现权、股权、继承权等人身、财产权益。

第三条　被侵权人的请求权

被侵权人有权请求侵权人承担侵权责任。

第四条　法律责任的聚合与民事责任优先原则

侵权人因同一行为应当承担行政责任或者刑事责任的，不影响依法承担侵权责任。因同一行为应当承担侵权责任和行政责任、刑事责任，侵权人的财产不足以支付的，先承担侵权责任。

第五条　本法与其他法律的关系

其他法律对侵权责任另有特别规定的，依照其规定。

第二章　责任构成和责任方式

第六条　过错责任原则

行为人因过错侵害他人民事权益，应当承担侵权责任。根据法律规定推定行为人有过错，行为人不能证明自己没有过错的，应当承担侵权责任。

第七条　无过错责任

行为人损害他人民事权益，不论行为人有无过错，法律规定应当承担侵权责任的，依照其规定。

第八条　共同加害行为

二人以上共同实施侵权行为，造成他人损害的，应当承担连带责任。

第九条　教唆帮助行为

教唆、帮助他人实施侵权行为的，应当与行为人承担连带责任。教唆、帮助无民事行为能力人、限制民事行为能力人实施侵权行为的，应当承担侵权责任；该无民事行为能力人、限制民事行为能力人的监护人未尽到监护责任的，应当承担相应的责任。

第十条　共同危险行为

二人以上实施危及他人人身、财产安全的行为，其中一人或者数人的行为造成他人损害，能够确定具体侵权人的，由侵权人承担责任；不能确定具体侵权人的，行为人承担连带责任。

第十一条　承担连带责任的无意思联络数人侵权

二人以上分别实施侵权行为造成同一损害，每个人的侵权行为都足以造成全部损害的，行为人承担连带责任。

第十二条　承担按份责任的无意思联络数人侵权

二人以上分别实施侵权行为造成同一损害，能够确定责任大小的，各自承担相应的责任；难以确定责任大小的，平均承担赔偿责任。

第十三条 被侵权人对连带责任人的请求权

法律规定承担连带责任的，被侵权人有权请求部分或者全部连带责任人承担责任。

第十四条 连带责任的分摊与追偿

连带责任人根据各自责任大小确定相应的赔偿数额；难以确定责任大小的，平均承担赔偿责任。支付超出自己赔偿数额的连带责任人，有权向其他连带责任人追偿。

第十五条 承担侵权责任的方式

承担侵权责任的方式主要有：

（一）停止侵害；

（二）排除妨碍；

（三）消除危险；

（四）返还财产；

（五）恢复原状；

（六）赔偿损失；

（七）赔礼道歉；

（八）消除影响、恢复名誉。

以上承担侵权责任的方式，可以单独适用，也可以合并适用。

第十六条 侵害人身的财产损害赔偿范围

侵害他人造成人身损害的，应当赔偿医疗费、护理费、交通费等为治疗和康复支出的合理费用，以及因误工减少的收入。造成残疾的，还应当赔偿残疾生活辅助具费和残疾赔偿金。造成死亡的，还应当赔偿丧葬费和死亡赔偿金。

第十七条 同一侵权导致多人死亡时死亡赔偿金的确定方法

因同一侵权行为造成多人死亡的，可以以相同数额确定死亡赔偿金。

第十八条 侵权责任请求权的主体

被侵权人死亡的，其近亲属有权请求侵权人承担侵权责任。被侵权人为单位，该单位分立、合并的，承继权利的单位有权请求侵权人承担侵权责任。被侵权人死亡的，支付被侵权人医疗费、丧葬费等合理费用的人有权请求侵权人赔偿费用，但侵权人已支付该费用的除外。

第十九条 侵害财产的财产损失计算方法

侵害他人财产的，财产损失按照损失发生时的市场价格或者其他方式计算。

第二十条 侵害人身权益的财产损失赔偿额的确定方法

侵害他人人身权益造成财产损失的，按照被侵权人因此受到的损失赔偿；被侵权人的损失难以确定，侵权人因此获得利益的，按照其获得的利益赔偿；侵权人因此获得的利益难以确定，被侵权人和侵权人就赔偿数额协商不一致，向人民法院提起诉讼的，由人民法院根据实际情况确定赔偿数额。

第二十一条 预防性侵权请求权

侵权行为危及他人人身、财产安全的，被侵权人可以请求侵权人承担停止侵害、排除妨碍、消除危险等侵权责任。

第二十二条 精神损害赔偿

侵害他人人身权益，造成他人严重精神损害的，被侵权人可以请求精神损害赔偿。

第二十三条 见义勇为者的赔偿与补偿请求权

因防止、制止他人民事权益被侵害而使自己受到损害的，由侵权人承担责任。侵权人逃逸或者无力承担责任，被侵权人请求补偿的，受益人应当给予适当补偿。

第二十四条 公平责任

受害人和行为人对损害的发生都没有过错的，可以根据实际情况，由双方分担损失。

第二十五条 损害赔偿费用的支付方式

损害发生后，当事人可以协商赔偿费用的支付方式。协商不一致的，赔偿费用应当一次性支付；一次性支付确有困难的，可以分期支付，但应当提供相应的担保。

第三章 不承担责任和减轻责任的情形

第二十六条 受害人的过错

被侵权人对损害的发生也有过错的，可以减轻侵权人的责任。

第二十七条 受害人故意

损害是因受害人故意造成的，行为人不承担责任。

第二十八条 第三人行为

损害是因第三人造成的，第三人应当承担侵权责任。

第二十九条 不可抗力

因不可抗力造成他人损害的，不承担责任。法律另有规定的，依照其规定。

第三十条 正当防卫

因正当防卫造成损害的，不承担责任。正当防卫超过必要的限度，造成不应有的损害的，正当防卫人应当承担适当的责任。

第三十一条 紧急避险

因紧急避险造成损害的，由引起险情发生的人承担责任。如果危险是由自然原因引起的，紧急避险人不承担责任或者给予适当补偿。紧急避险采取措施不当或者超过必要的限度，造成不应有的损害的，紧急避险人应当承担适当的责任。

第四章 关于责任主体的特殊规定

第三十二条 监护人责任

无民事行为能力人、限制民事行为能力人造成他人损害的，由监护人承担侵权责任。监护人尽到监护责任的，可以减轻其侵权责任。有财产的无民事行为能力人、限制民事行为能力人造成他人损害的，从本人财产中支付赔偿费用。不足部分，由监护人赔偿。

第三十三条 完全民事行为能力人丧失意识后的侵权责任

完全民事行为能力人对自己的行为暂时没有意识或者失去控制造成他人损害有过错的，应当承担侵权责任；没有过错的，根据行为人的经济状况对受害人适当补偿。完全民事行为能力人因醉酒、滥用麻醉药品或者精神药品对自己的行为暂时没有意识或者失去控制造成他人损害的，应当承担侵权责任。

第三十四条 用人者责任

用人单位的工作人员因执行工作任务造成他人损害的，由用人单位承担侵权责任。劳务派遣期间，被派遣的工作人员因执行工作任务造成他人损害的，由接受劳务派遣的用工单位承担侵权责任；劳务派遣单位有过错的，承担相应的补充责任。

第三十五条 因提供劳务致害责任与自身受害责任

个人之间形成劳务关系，提供劳务一方因劳务造成他人损害的，由接受劳务一方承担侵权责任。提供劳务一方因劳务自己受到损害的，根据双方各自的过错承担相应的责任。

第三十六条 网络侵权责任

网络用户、网络服务提供者利用网络侵害他人民事权益的，应当承担侵权责任。网络用户利用网络服务实施侵权行为的，被侵权人有权通知网络服务提供者采取删除、屏蔽、断开链接等必要措施。网络服务提供者接到通知后未及时采取必要措施的，对损害的扩大部分与该网络用户承担连带责任。网络服务提供者知道网络用户利用其网络服务侵害他人民事权益，未采取必要措施的，与该网络用户承担连带责任。

第三十七条 违反安全保障义务的侵权责任

宾馆、商场、银行、车站、娱乐场所等公共场所的管理人或者群众性活动的组织者，未尽到安全保障义务，造成他人损害的，应当承担侵权责任。因第三人的行为造成他人损害的，由第三人承担侵权责任；管理人或者组织者未尽到安全保障义务的，承担相应的补充责任。

第三十八条 无民事行为能力人受害时教育机构的侵权责任

无民事行为能力人在幼儿园、学校或者其他教育机构学习、生活期间受到人身损害的，幼儿园、学校或者其他教育机构应当承担责任，但能够证明尽到教育、管理职责的，不承担责任。

第三十九条 限制民事行为能力人受害时教育机构的侵权责任

限制民事行为能力人在学校或者其他教育机构学习、生活期间受到人身损害，学校或者其他教育机构未尽到教育、管理职责的，应当承担责任。

第四十条 第三人侵权时教育机构的侵权责任

无民事行为能力人或者限制民事行为能力人在幼儿园、学校或者其他教育机构学习、生活期间，受到幼儿园、学校或者其他教育机构以外的人员人身损害的，由侵权人承担侵权责任；幼儿园、学校或者其他教育机构未尽到管理职责的，承担相应的补充责任。

第五章 产品责任

第四十一条 生产者的产品责任

因产品存在缺陷造成他人损害的，生产者应当承担侵权责任。

第四十二条 销售者的产品责任

因销售者的过错使产品存在缺陷，造成他人损害的，销售者应当承担侵权责任。销售者不能指明缺陷产品的生产者也不能指明缺陷产品的供货者的，销售者应当承担侵权责任。

第四十三条 被侵权人的请求权和生产者与销售者之间的追偿权

因产品存在缺陷造成损害的，被侵权人可以向产品的生产者请求赔偿，也可以向产品的销售者请求赔偿。产品缺陷由生产者造成的，销售者赔偿后，有权向生产者追偿。因销售者的过错使产品存在缺陷的，生产者赔偿后，有权向销售者追偿。

第四十四条 第三人过错导致产品缺陷时生产者、销售者的追偿权因运输者、仓储者等第三人的过错使产品存在缺陷，造成他人损害的，产品的生产者、销售者赔偿后，有权向第三人追偿。

第四十五条 缺陷产品危及人身财产安全时的侵权责任

因产品缺陷危及他人人身、财产安全的，被侵权人有权请求生产者、销售者承担排除妨碍、消除危险等侵权责任。

第四十六条 缺陷产品的警示与召回

产品投入流通后发现存在缺陷的，生产者、销售者应当及时采取警示、召回等补救措施。未及时采取补救措施或者补救措施不力造成损害的，应当承担侵权责任。

第四十七条 惩罚性赔偿

明知产品存在缺陷仍然生产、销售，造成他人死亡或者健康严重损害的，被侵权人有权请求相应的惩罚性赔偿。

第六章 机动车交通事故责任

第四十八条 机动车交通事故赔偿责任的法律适用

机动车发生交通事故造成损害的，依照道路交通安全法的有关规定承担赔偿责任。

第四十九条 租赁、借用机动车造成损害时的赔偿责任

因租赁、借用等情形机动车所有人与使用人不是同一人时，发生交通事故后属于该机动车一方责任的，由保险公司在机动车强制保险责任限额范围内予以赔偿。不足部分，由机动车使用人承担赔偿责任；机动车所有人对损害的发生有过错的，承担相应的赔偿责任。

第五十条 转让机动车未办理登记时的赔偿责任

当事人之间已经以买卖等方式转让并交付机动车但未办理所有权转移登记，发生交通事故后属于该机动车一方责任的，由保险公司在机动车强制保险责任限额范围内予以赔偿。不足部分，由受让人承担赔偿责任。

第五十一条 转让拼装报废机动车造成损害时的赔偿责任

以买卖等方式转让拼装或者已达到报废标准的机动车，发生交通事故造成损害的，由转让人和受让人承担连带责任。

第五十二条 盗抢机动车发生交通事故时的赔偿责任

盗窃、抢劫或者抢夺的机动车发生交通事故造成损害的，由盗窃人、抢劫人或者抢夺人承担赔偿责任。保险公司在机动车强制保险责任限额范围内垫付抢救费用的，有权向交通事故责任人追偿。

第五十三条 机动车肇事逃逸时的赔偿与救助

机动车驾驶人发生交通事故后逃逸，该机动车参加强制保险的，由保险公司在机动车强制保险责任限额范围内予以赔偿；机动车不明或者该机动车未参加强制保险，需要支付被侵权人人身伤亡的抢救、丧葬等费用的，由道路交通事故社会救助基金垫付。道路交通事故社会救助基金垫付后，其管理机构有权向交通事故责任人追偿。

第七章 医疗损害责任

第五十四条 医疗损害责任的归责原则

患者在诊疗活动中受到损害，医疗机构及其医务人员有过错的，由医疗机构承担赔偿责任。

第五十五条 患者的知情同意权

医务人员在诊疗活动中应当向患者说明病情和医疗措施。需要实施手术、特殊检查、特殊治疗的，医务人员应当及时向患者说明医疗风险、替代医疗方案等情况，并取得其书面同意；不宜向患者说明的，应当向患者的近亲属说明，并取得其书面同意。医务人员未尽到前款义务，造成患者损害的，医疗机构应当承担赔偿责任。

第五十六条 紧急医疗措施

因抢救生命垂危的患者等紧急情况，不能取得患者或者其近亲属意见的，经医疗机构负责人或者授权的负责人批准，可以立即实施相应的医疗措施。

第五十七条 医疗过错的认定

医务人员在诊疗活动中未尽到与当时的医疗水平相应的诊疗义务，造成患者损害的，医疗机构应当承担赔偿责任。

第五十八条 医疗过错的推定

患者有损害，因下列情形之一的，推定医疗机构有过错：

（一）违反法律、行政法规、规章以及其他有关诊疗规范的规定；

（二）隐匿或者拒绝提供与纠纷有关的病历资料；

（三）伪造、篡改或者销毁病历资料。

第五十九条 药品等缺陷及不合格血液致害责任

因药品、消毒药剂、医疗器械的缺陷，或者输入不合格的血液造成患者损害的，患者可以向生产者或者血液提供机构请求赔偿，也可以向医疗机构请求赔偿。患者向医疗机构请求赔偿的，医疗机构赔偿后，有权向负有责任的生产者或者血液提供机构追偿。

第六十条 医疗机构免责的情形

患者有损害，因下列情形之一的，医疗机构不承担赔偿责任：

（一）患者或者其近亲属不配合医疗机构进行符合诊疗规范的诊疗；

（二）医务人员在抢救生命垂危的患者等紧急情况下已经尽到合理诊疗义务；

（三）限于当时的医疗水平难以诊疗。前款第一项情形中，医疗机构及其医务人员也有过错的，应当承担相应的赔偿责任。

第六十一条 病历资料的制作保管与查阅复制

医疗机构及其医务人员应当按照规定填写并妥善保管住院志、医嘱单、检验报告、手术及麻醉记录、病理资料、护理记录、医疗费用等病历资料 患者要求查阅、复制前款规定的病历资料的，医疗机构应当提供。

第六十二条 患者隐私权的保护

医疗机构及其医务人员应当对患者的隐私保密。泄露患者隐私或者未经患者同意公开其病历资料，造成患者损害的，应当承担侵权责任。

第六十三条 禁止过度检查

医疗机构及其医务人员不得违反诊疗规范实施不必要的检查。

第六十四条 医疗机构及其医务人员合法权益的保护

医疗机构及其医务人员的合法权益受法律保护。干扰医疗秩序，妨害医务人员工作、生活的，应当依法承担法律责任。

第八章 环境污染责任

第六十五条 环境污染责任的归责原则

因污染环境造成损害的，污染者应当承担侵权责任。

第六十六条 因果关系的推定

因污染环境发生纠纷，污染者应当就法律规定的不承担责任或者减轻责任的情形及其行为与损害之间不存在因果关系承担举证责任。

第六十七条 数人环境污染责任

两个以上污染者污染环境，污染者承担责任的大小，根据污染物的种类、排放量等因素确定。

第六十八条 第三人过错污染环境的赔偿责任

因第三人的过错污染环境造成损害的，被侵权人可以向污染者请求赔偿，也可以向第三人请求赔偿。污染者赔偿后，有权向第三人追偿。

第九章 高度危险责任

第六十九条 高度危险作业损害责任的归责原则

从事高度危险作业造成他人损害的，应当承担侵权责任。

第七十条 民用核事故责任

民用核设施发生核事故造成他人损害的，民用核设施的经营者应当承担侵权责任，但能够证明损害是因战争等情形或者受害人故意造成的，不承担责任。

第七十一条 民用航空器致害责任

民用航空器造成他人损害的，民用航空器的经营者应当承担侵权责任，但能够证明损害是因受害人故意造成的，不承担责任。

第七十二条 高度危险物致害责任

占有或者使用易燃、易爆、剧毒、放射性等高度危险物造成他人损害的，占有人或者使用人应当承担侵权责任，但能够证明损害是因受害人故意或者不可抗力造成的，不承担责任。被侵权人对损害的发生有重大过失的，可以减轻占有人或者使用人的责任。

第七十三条 高度危险活动致害责任

从事高空、高压、地下挖掘活动或者使用高速轨道运输工具造成他人损害的，经营者应当承担侵权责任，但能够证明损害是因受害人故意或者不可抗力造成的，不承担责任。被侵权人对损害的发生有过失的，可以减轻经营者的责任。

第七十四条 被遗失或抛弃的高度危险物的致害责任

遗失、抛弃高度危险物造成他人损害的，由所有人承担侵权责任。所有人将高度危险物交由他人管理的，由管理人承担侵权责任；所有人有过错的，与管理人承担连带责任。

第七十五条 被非法占有的高度危险的致害责任

非法占有高度危险物造成他人损害的，由非法占有人承担侵权责任。所有人、管理人不能证明对防止他人非法占有尽到高度注意义务的，与非法占有人承担连带责任。

第七十六条 高度危险区域内的损害责任

未经许可进入高度危险活动区域或者高度危险物存放区域受到损害，管理人已经采取安全措施并尽到警示义务的，可以减轻或者不承担责任。

第七十七条 高度危险责任的赔偿限额

承担高度危险责任，法律规定赔偿限额的，依照其规定。

第十章 饲养动物损害责任

第七十八条 饲养动物损害责任的一般规定

饲养的动物造成他人损害的，动物饲养人或者管理人应当承担侵权责任，但能够证明损害是因被侵权人故意或者重大过失造成的，可以不承担或者减轻责任。

第七十九条 未对动物采取安全措施的侵权责任

违反管理规定，未对动物采取安全措施造成他人损害的，动物饲养人或者管理人应当承担侵权责任。

第八十条 禁止饲养的危险动物的致害责任

禁止饲养的烈性犬等危险动物造成他人损害的，动物饲养人或者管理人应当承担侵权责任。

第八十一条 动物园动物的致害责任

动物园的动物造成他人损害的，动物园应当承担侵权责任，但能够证明尽到管理职责的，不承担责任。

第八十二条 遗弃、逃逸动物的致害责任

遗弃、逃逸的动物在遗弃、逃逸期间造成他人损害的，由原动物饲养人或者管理人承担侵权责任。

第八十三条 因第三人过错导致的动物致害责任

因第三人的过错致使动物造成他人损害的，被侵权人可以向动物饲养人或者管理人请求赔偿，也可以向第三人请求赔偿。动物饲养人或者管理人赔偿后，有权向第三人追偿。

第八十四条 动物饲养人的行为规范

饲养动物应当遵守法律，尊重社会公德，不得妨害他人生活。

第十一章 物件损害责任

第八十五条 建筑物等脱落坠落致害责任

建筑物、构筑物或者其他设施及其搁置物、悬挂物发生脱落、坠落造成他人损害，所有人、管理人或者使用人不能证明自己没有过错的，应当承担侵权责任。所有人、管理人或者使用人赔偿后，有其他责任人的，有权向其他责任人追偿。

第八十六条 建筑物等倒塌致害责任

建筑物、构筑物或者其他设施倒塌造成他人损害的，由建设单位与施工单位承担连带责任。建设单位、施工单位赔偿后，有其他责任人的，有权向其他责任人追偿。因其他责任人的原因，建筑物、构筑物或者其他设施倒塌造成他人损害的，由其他责任人承担侵权责任。

第八十七条 抛掷坠落物品致害责任

从建筑物中抛掷物品或者从建筑物上坠落的物品造成他人损害，难以确定具体侵权人的，除能够证明自己不是侵权人的外，由可能加害的建筑物使用人给予补偿。

第八十八条 堆放物倒塌致害责任

堆放物倒塌造成他人损害，堆放人不能证明自己没有过错的，应当承担侵权责任。

第八十九条 妨害通行的侵权责任

在公共道路上堆放、倾倒、遗撒妨碍通行的物品造成他人损害的，有关单位或者个人应当承担侵权责任。

第九十条 林木折断致害责任

因林木折断造成他人损害，林木的所有人或者管理人不能证明自己没有过错的，应当承担侵权责任。

第九十一条 地面施工致害责任

在公共场所或者道路上挖坑、修缮安装地下设施等，没有设置明显标志和采取安全措施造成他人损害的，施工人应当承担侵权责任。窨井等地下设施造成他人损害，管理人不能证明尽到管理职责的，应当承担侵权责任。

第十二章 附则

第九十二条 本法的生效时间，本法自 2010 年 7 月 1 日起施行。

附录二

巩固练习参考答案

第一章

单项选择题：（1）B （2）C （3）B （4）C

多项选择题：（1）ABCDF （2）ABC （3）AD （4）ABC

第十二章

选择题：（1）B （2）A （3）A （4）D

第十八章

多项选择题：1. AB

第二十章

选择题：（1）ABCD （2）ABD （3）A （4）B （5）ABCD

（6）C （7）C （8）B （9）D （10）C

（11）A （12）B （13）A （14）C

第二十一章

多项选择题：ABCDE

参考文献

[1] 樊立华. 卫生法学概论[M]. 北京：人民卫生出版社，2007.

[2] 汪建荣. 卫生法[M]. 北京：人民卫生出版社，2019.

[3] 张静，赵敏. 卫生法学[M]. 北京：清华大学出版社，2019.

[4] 陈云良. 卫生法学[M]. 北京：高等教育出版社，2019.

[5] 张绍翼，王秀红. 护理伦理与法规[M]. 北京：中国医药科技出版社，2013.

[6] 刘明清，王万荣. 预防医学[M]. 5 版. 北京：人民卫生出版社，2014.

[7] 陈君石，黄建始. 健康管理师[M]. 北京：中国协和医科大学出版社，2007.

[8] 刘建文，刘浩天. 护理伦理与法规[M]. 北京：中国医药科技出版社，2019.

[9] 张波，张琳琳. 卫生法规[M]. 北京：中国中医药出版社，2018.

[10] 谢锦灵，刘俊须. 卫生法律法规[M]. 北京：科学出版社，2012.

[11] 田侃，何宁. 卫生法规[M]. 上海：上海科学技术出版社，2017.

[12] 陈萍，姚健，刘红，等. 输血科对临床用血科室监管模式的探讨[J]. 中国医学创新，2014，11（24）：14-16.

[13] 郭永建.《医疗机构临床用血管理办法》之研读[J]. 中国输血杂志，2012，25（06）：179-182.

[14] 陈铃，薛颖泓，姜衡春，等. 医院输血管理与持续改进工作的思路及探讨[J]. 广西医学，2015，37（01）：134-137.

[15] 李宇阳，黎东生. 卫生法学案例与实训教程[M]. 浙江：浙江大学出版社，2017.

[16] 翁开源，蔡维生. 卫生法学[M]. 北京：科学出版社，2017.